Cutting edge

教育心理学の最前線

Saito Fuyuki　　Moriya Kenji
斎藤富由起／守谷賢二
編著

of

Educational

Psychology

八千代出版

はじめに

　本書は，教員採用試験を受けて教員を目指す大学生，教育心理学の基礎を
しっかり学びたい方々のために書かれました。また，教育心理学を学び直し
たい教員や教育関係の大学院に進学したい社会人の方々にも最適なテキスト
です。以下に，本書の特徴を述べます。

1. 本書は教員採用試験や公務員試験に最適なテキストを目指しました。

　本書を作成するにあたり，多くの教員採用試験問題を分析しました。アカ
デミックな教育心理学と，教員採用試験で出題される教育心理学の内容はか
なり異なっています。教員採用試験の教育心理学とは，評価の定まった伝統
的な教育心理学と，臨床心理学および基礎心理学の一部から成り立っていま
す。私たちは，教員採用試験に向けて勉強している学生を裏切らないように，
試験に出されている知識や領域については，伝統的であろうと，説明が詳し
過ぎると批判をされようと，思い切ってページを割きました。

　私たちは教員養成大学の教員ですから，学生の皆さんが教育心理学以外の
科目で何を学ぶのかも知っています。そのことも踏まえて，他の科目を勉強
しながら本書を使用して教育心理学を勉強すると，いっそうの相乗効果が出
るように編纂しています（本書は文部科学省による教職課程のコアカリキュラムにも
対応しています。次ページの対応表を参照してください）。

2. 教育心理学の最前線の知識を盛り込みました。

　本書はアカデミズムの質を落とすことなく，教員採用試験に対応できるテ
キストです。本書では，教育心理学の最先端を知りたい学生のために，生態
学的システム理論や身体化認知など，アカデミックな教育心理学の情報を記
載しました。ヴィゴツキーの発達心理学やホルツマンの生成の心理学，パ
フォーマンス評価などにもページを割きました。本書は教員採用試験のため
のテキストではありますが，教育心理学の古典から最前線までの重要項目が
説明されています。もちろん，最先端の知識は膨大な量に及び，本書はその
一端を示したに過ぎません。関心のある方は本書を土台にして専門書へ進ん

教職課程コアカリキュラムと本書の対応表

★幼児, 児童及び生徒の心身の発達及び学習の過程★

【全体目標】
幼児, 児童及び生徒の心身の発達及び学習の過程について, 基礎的な知識を身につけ, 各発達段階における心理的特性を踏まえた学習活動を支える指導の基礎となる考え方を理解する。

コアカリキュラムの内容	本書の対応する章
(1) 幼児, 児童及び生徒の心身の発達の過程 【一般目標】 幼児, 児童及び生徒の心身の発達の過程及び特徴を理解する。 【到達目標】 1) 幼児, 児童及び生徒の心身の発達に対する外的及び内的要因の相互作用, 発達に関する代表的理論を踏まえ, 発達の概念及び教育における発達理解の意義を理解している。 2) 乳幼児期から青年期の各時期における運動発達・言語発達・認知発達・社会性の発達について, その具体的な内容を理解している。	第 2 章 発達の理解 第 3 章 発達の諸相 第 4 章 記憶と知能 第 12 章 学校不適応 第 13 章 教育相談
(2) 教員の職務内容 【一般目標】 幼児, 児童及び生徒の学習に関する基礎的知識を身に付け, 発達を踏まえた学習支援について基礎的な考え方を理解する。 幼児, 児童及び生徒の学習に関する基礎的知識を身に付け, 発達を踏まえた学習を支える指導について基礎的な考え方を理解する。 【到達目標】 1) 様々な学習の形態や概念及びその過程を説明する代表的理論の基礎を理解している。 2) 主体的学習を支える動機づけ・集団づくり・学習評価の在り方について, 発達の特徴と関連付けて理解している。 3) 幼児, 児童及び生徒の心身の発達を踏まえ, 主体的な学習活動を支える指導の基礎となる考え方を理解している。	第 5 章 学習理論と認知理論による「学び」 第 6 章 学びの形式と学習方略 第 7 章 動機づけ 第 8 章 学級経営と学級集団への支援 第 9 章 教育評価 第 10 章 特別支援教育と発達障害 第 11 章 アクティブ・ラーニングと ICT 教育

でください。

3. 教育問題を考える基礎をつくるテキストを目指しました。

　教員を目指す学生は教育問題に関心のある学生でもあります。お話ししてみると, 意欲的な学生ほど, 教育領域の教養をつけたいと願っています。しかし, 教養を身につける土台がないため, 問題意識が拡散してしまい, 一まとまりの認識にならないケースもあり, とても残念に思っていました。

　たとえば, 本物の学力とは何か。主体的・対話的な深い学びを評価するに

はどうすればよいのか。発達障害に公教育として何ができるのか。公立学校の教員として不登校をどう捉えるか。いじめ防止に役立つシステムにはどのような方法があるのか。学校と地域の関係はどう変化していくのか。こうした論点を考えて，認識を深めて，自身の教育観を育てていきたいものです。意欲的な学生ほど，そのことを願っていることを知っています。

　本書で勉強した後は（勉強しながら），教育関係の新聞記事，学術書，新書，専門書に挑戦してみてください。本書の勉強が土台となって，きっと，以前よりも深い理解が得られることでしょう。また，何らかの理由で教育関係の知識と教養を得たい社会人や教員の方もいるでしょう。どうぞ，本書で勉強してみてください。教育領域に関しては十分な教養の土台が学習できます。

4. 教育現場と大学をつなぐテキストです。

　本書の最大の特徴の一つは，日本の教育行政のデータを類書にないほど詳しく説明し，その文脈の中で教育心理学を学べるように工夫されていることです。本書は日本の教育現場の中で教育心理学をどう使うかを意識して書かれたテキストです。たとえば，教育心理学のテキストで，ここまで文部科学省の定義やアクティブ・ラーニングなど，教育行政の動向を盛り込んだ本は珍しいと思います。

　本書は，古典的な知識であれ，最先端の情報であれ，それが現実の日本の教育現場ではどのように解釈され，活用されるか（活用されるべきか）を考えて記述しました。そうした文脈の中で学んでこそ，（暗記以上の）活用型の知見が得られると思います。大学を卒業後，もう一度，本書を手にとり，読み直してみてください。教育関係で働いていれば，きっと新たな発見があるでしょう。本書を通じて，読者の方々が生きた教育心理学の知識を学べることを期待しています。

　本書の執筆中に，恩師の春木豊早稲田大学名誉教授の訃報に接しました。私は，数年前，春木先生から一通のお手紙をいただきました。とても意外なことが書かれていたので，ずいぶん驚きました。その内容は明かせませんが，それは私の一生の宝物です。

教育心理学者としての春木先生は，当時最先端の理論だった社会的学習理論を日本に導入し，モデリングの研究で学位を取得されました。モデリングといえばバンデューラが有名ですが，春木先生はバンデューラとは別個にモデリングの存在に気づき，実験を重ねていた独創的な真の学者でした。モノマネを嫌い，他人の独創や工夫には必ず敬意を払い，エビデンスにもナラティブにも深い理解を示す，心理学の泰斗でした。

　私は，春木先生がご存命中，ずいぶんご迷惑をおかけした不肖の弟子でした。それでも，春木先生の弟子ですから，たくさんの独創と工夫を本書に込めました。本書を春木豊先生に捧げたいと思います。

　執筆者を代表して，春木先生に謹んで哀悼の意を表します。春木豊先生，ありがとうございました。

2019 年 5 月 15 日

斎藤　富由起

目　　次

第1章　教育心理学総論

1　教育心理学とは

　「教育心理学」と聞くと，教育系や心理系の学生が学ぶ学問だと考える人が多いだろう。もちろん，そういう側面がないわけではないが，教育心理学は，将来教職関係や心理関係の仕事に就く人以外にも役立つ学問である。

　実際，人生の中で誰もが少なからず誰かを「教育」する立場に立つことは間違いない。社会人になれば，先輩として後輩に仕事を教えることがあり，もし将来子どもが生まれれば，養育者としてわが子に何かを教える立場になる。あるいは，すでに中学，高校時代に後輩にいろいろなことを教えてきた経験のある人もたくさんいるだろう。つまり，「教育心理学」という学問は，誰にとっても学ぶ意味のある学問の一つといえる。

　教育心理学はどのような学問として定義されているのだろうか。日本教育心理学会が出版している『教育心理学ハンドブック』(2003) によれば，「教育心理学とは，『教育』という事象を理論的・実証的に明らかにし，教育の改善に資するための学問ということができる」と定義されている。つまり，「教育」の場で起こる現象について法則的・統一的に理論を組み立てたり，実験・観察・調査などを通して経験的に検証したりしながら，教育に役立つことを心理学的な視点から考える学問であるといえる。

　当初，教育心理学は一般心理学（人間の普遍的一般的原理を扱う心理学のこと）で明らかになっている知見を教育に適用する応用心理学として捉えられていた。しかし，近年では「教育」には独自の側面（教育現場や教育活動の際に生じる特有の現象）が存在していることから，教育心理学は応用心理学ではなく，独自の学問領域であるとみなされている。

2　教育心理学の内容

　子安 (1992) は，教育には「何を」「どこまで」「なぜ」教えるのかという「教育目標」の問題と，「何を用いて」「どのようにして」教えるかという「教育方法」の問題の2つがあり，この点は一般心理学では出てこない教育心理学の独自性であるとしている。

　そこで本節では，教育心理学は，上記のような独自性をどのような視点から明らかにしているか，教育心理学の研究領域を紹介しながら簡単に触れておきたい。

（1）発　　　　達

　小学校1年生の児童と高校1年生の生徒に国語を教えるとしよう。仮に教育心理学の知識がなくても，教える内容と教え方には間違いなく大きな違いが生じるはずである。なぜこの違いが生じるかといえば，経験的に「小学校1年生であればこのくらいのことができて，高校1年生であればこのくらいのことができる」ことを知っているからである。別の言い方をすれば，それぞれの年齢の発達のレベルを知っているからということになる。

　つまり，教育心理学において，人間の発達プロセスの理解は重要な領域の一つになる。何歳でどれくらいの運動ができるのか，何歳くらいになれば言葉を理解できるのか，幼児期，児童期，青年期の人間関係にはどのような特徴があるかなど，人間の一般的な発達プロセスを理解していれば，子どもにどのように教育すればよいかが理解できる。

（2）学　　　　習

　「学習」と聞くと多くの人が「勉強」をイメージすると思うが，心理学では，「学習」は「勉強」とは違う意味で使われている。心理学における学習には，「行動主義的な学習観」と「認知主義的な学習観」の2つの見解がある（藤澤 2017）。

　一つ目の学習は「行動主義的な学習観」である。ここでの学習は，「経験による比較的永続的な行動変容」と定義されている。定義だけみると難しく感じるかもしれないが，過去に犬に嚙まれた経験のある人が，それ以来，犬に近づかなくなるといったものが行動主義的な学習の意味である。

　二つ目の学習は「認知主義的な学習観」である。認知主義的な学習について，藤澤 (2017) は「人が自ら環境に働きかけ，心の中に表象を構成していく過程」と定義している。たとえば，子どもは友だちと遊ぶことによって，友だちとはこういうものだという友情に関する知識を獲得する。この「友人とはこういうものだ」というその子なりの知識が表象である。このように，認知主義的な学習は，子どもはどのように物事を理解し，知識 (表象) を得るかに焦点をあてる。

（3）「学び」の方法

　何かを教えるときは，「どのように教えれば一番理解しやすいか」「どのように教えれば一番学びが深まるか」ということを考えるのではないだろうか。教育では，「何を使って」「どのようにして」教えるかという「教育方法」を考える必要があると先に触れたが，「学び」の方法はまさにこの部分にあたる。

　これまで学校や塾で数多くの授業を受けてきたと思う。そのとき，先生の教え方にはいろいろな方法があったのではないだろうか。一方的に先生の話を聞く授業の形態もあれば，グループ全員で何かを調べて発表するといった授業もあっただろう。最近ではコンピュータを使った授業も行われている。こうした「学び」の方法は，すべて「どのようにすれば教えたい内容を効果的に伝えることができ，学びを深めることができるか」という目的で考えられた方法であり，教育心理学の重要な領域の一つとなっている。

（4）動 機 づ け

　授業で教わった知識を定着させたり，部活などで監督やコーチから指導を受けたことを定着させるためには，教えてもらったことを復習したり，反復

練習したりするなど自ら能動的にそれに取り組む必要がある。また，そもそも「これについて知りたい」「これをできるようになりたい」という欲求がないと授業を真面目に受けることはなく，監督やコーチの指導を受けようとも思わないだろう。つまり，教育において，教育を受ける側の「やる気」は，教育的な成果を上げるための重要な要素の一つになる。心理学ではこのやる気のことを「動機づけ」と呼んでいる。

　動機づけはどのようにすれば上がるのだろうか。ゲームや音楽などの趣味は積極的に行うのに，勉強はやる気が起きないという経験をした者も多いだろう。また，ご褒美がもらえれば一時的に勉強への動機づけは高まるものの，長続きしないといった経験もしたことがあるはずである。

　このように，子どもの動機を高めたり，逆に低めたりする要因については多くの研究の成果が報告されている。教員は子どもの動機づけを高め，それを維持するメカニズムを理解しておく必要がある。

（5）学 級 経 営

　学校教育に携わる教員は学級という集団を対象に教育活動を行うことが多い。1対1の個別で教育活動を行うのと，集団に対して教育活動を行うのでは，明らかに質が異なる。集団になると，1対1では生じないさまざまな現象が生じるため，教員はいわゆる「集団心理」と呼ばれる現象について理解しておく必要がある。

　たとえば，一人では普段やらないようなことを，いわゆる「その場のノリ」でやってしまったという経験は集団心理の一つである。こうした現象はいじめがエスカレートする現象に通ずるものがあり，看過できない。

　さらに，教員が子どもにかかわる際に影響を与えるものとして，「対人認知」と呼ばれる領域がある。これは，「教員が子どもをどのように捉え，理解するか」というものだが，人間は他者を冷静，客観的にみているつもりでも，対人認知にはさまざまなバイアス（先入観や偏見など）が入り込んでいる。教員が先入観や偏見をもって子どもたちと接すれば，当然子どもたちはそれを感じ取り，結果として子どもたちからの信頼を失い，学級経営がうまくいか

なくなることは容易に想像できる。そのため，教育心理学では，こうした対人認知を扱っている。

（6）学習評価

　自分の出した答えや結論が正解なのか，それとも不正解なのかがわからないとどのようなことが起こるだろうか。おそらく，「評価」がないと今後どのようなことに取り組めばよいか方向性が定まらないだけではなく，「やっても意味がない」という気持ちになり，最終的には動機づけの低下にも大きな影響を及ぼす。つまり，「評価」は教育活動において重要な意味をもっている。

　一方，「評価」は単純に正誤の評価をすればよいだけではない。評価は習得や動機づけにつながる形で行われなければならないため，少なくとも「いつ評価するか」というタイミングの問題と，「どのように評価するか」という方法の問題，そして「どのような基準で評価するか」という基準の問題から考えなくてはならない。

　評価は目的に応じて行われるものであり，どのやり方がよいか正解はない。また，評価をする人とされる人の特性や関係性によっても効果的な評価のあり方は変わってくるため，教育心理学では「評価」を扱っている。

（7）特別支援教育

　2007 年 4 月に「特別支援教育」が学校教育法に位置づけられて以降，特別支援教育は依然として学校現場で重要な課題の一つとして取り上げられている。特別支援教育とは，簡単にいえば障害のある子どもたち一人ひとりの教育的ニーズを把握し，生活や学習上の困難さなどに対して適切な指導や支援を行う教育のことである。

　障害のある子どもへの教育は明治時代から行われており，特別支援教育と呼ばれる以前は，「特殊教育」という名称のもとで教育が行われていた。しかし，対象となる子どもの数が増加してきたことや対象となる障害の種類が多様化してきた（文部科学省 2003）という背景から，教育を「特別な場」では

なく，「すべての場」で行う特別支援教育へと変化した。

特別支援教育の中でも，近年最も注目されているものが**発達障害**である。文部科学省（2012）の行った「通常の学級に在籍する発達障害の可能性のある特別な教育的支援を必要とする児童生徒に関する調査」によれば，約6.5％程度の割合で発達障害のある子どもたちが通常学級に在籍していることが報告されており，35人学級でいえば，約2人ということになる。教育相談のニーズを踏まえても，特別支援教育における発達障害は教員を目指す学生にとって必須の知識といえる。

（8）学 校 適 応

社会に適応することは，どんな人にとっても重要な課題であろう。集団生活を営むうえで，まったく社会に適応しないで生活することは難しい。子どもにとっての社会といえば，「学校」である。そのため「学校適応」は，教育心理学の重要な領域になっている。

学校適応は，教育の世界では，「生徒指導」の範疇に入るが，文部科学省は，生徒指導の基本書として，2010年に「生徒指導提要」を出版している。「生徒指導提要」には「教育相談」（第5章）が加えられている。

「生徒指導提要」における教育相談とは，子どもの発達に合わせて，良好な人間関係の構築，生活への適応，自己理解の促進，人格の成長を促すことである。これを実現するために，臨床心理学の理解も必要とされている。

3　教育心理学の研究方法

教育心理学は，「何となくこうだ」といった感覚的・直観的な理解や，頭の中の理解だけで研究をする分野ではない。本節では教育心理学で行われている研究方法について代表的なものを取り上げて解説する。

（1）観　察　法

観察法は，教育現場で比較的よく用いられる研究方法である。観察法とは，

人間の行動を注意深く観察し，観察した内容を記録・分析しながら，行動の特徴や法則性を明らかにする研究方法である。たとえば「幼児が絵を描くときどこから書き始めるのか」といった疑問や「小学生の喧嘩はどのように始まってどのように終わっていくのか」といった疑問は観察法を用いて明らかにできる。

　観察法は，**自然的観察法**と**実験的観察法**の 2 つに大別できる。自然的観察法は，人間の行動を自然な状況下で観察する方法であり，教育現場でも簡単に利用できる方法の一つである。一方，実験的観察法は，ある行動が生起しやすい状況をあらかじめ設定して，人間の行動を観察する方法である。

　観察法は，非常に使いやすく，言葉が未発達な乳幼児なども対象にできる利点がある一方で，観察者の主観が入りやすいといった問題もあるため，研究をする際には観察する行動をしっかりと定義づける必要がある。また，複数で観察する際には観察する行動を共有し，観察のレベルをある程度一致させるためのトレーニングが必要になる。

（2）実　験　法

　実験法とは，行動の因果関係を検討するために，人為的に統制された状況下で，その因果関係を実証的に明らかにする研究方法である。たとえば「自分の考案した教え方は本当に効果があるのか」といった疑問や「数学を教えるときに板書の授業とコンピュータを使った授業ではどちらが効果的か」といった疑問は実験法を用いて明らかにできる。実験法は，因果関係を特定するのに有効な研究方法であるが，多くの変数を統制しなくてはならない大変さがある。

　たとえば先に挙げた「自分の考案した教え方は本当に効果があるのか」を明らかにするためには，次のようなことを統制しなくてはいけない。まず，「自分の考案した教え方」の授業を受ける群（実験群）と「一般的な教え方」の授業を受ける群（統制群）の 2 群を設定しなくてはならない。また，群の質に違いがあってもいけないため，両群の実験を始める前の成績，人数，男女比，年齢に差があってはいけない。また，両方とも同じ人が教える必要があ

り，教える時間に差が生まれてもいけない。つまり，「自分の考案した教え方の効果」を実証するためには，「教え方」以外の部分をほぼ同じ条件で行って初めて効果があるといえる。もちろん，変数の統制には限界はあるが，実験法ではこうした変数の統制が求められる。

（3）調　査　法

　調査法とは，人間の意識や態度を明らかにするために，一定の質問を用意してそれに回答してもらう研究方法である。たとえば「教員は不登校に対してどのような意見をもっているか」といった疑問や「子どもたちは自分の担任の先生のことをどう思っているか」といった疑問はこの調査法を使って明らかにすることができる。また，調査法は，回答形式によって統計的に処理できる方法（たとえば「非常にあてはまる：5点」〜「まったくあてはまらない：1点」など）と，自由に意見を記述できる方法でデータを収集することができる。一般的に前者を量的データ，後者を質的データと呼ぶ。

　量的データの解析には基礎統計学と実験計画法，または社会調査法の知識が必須である。近年，多くの教育心理学の研究は統計的検証を求めており，エビデンスが求められる傾向にある。質的データは面接法によるインタビュー調査を通じて得ることが多い。面接の際，あらかじめ尋ねる項目を決めておき，それ以外を尋ねない方法は**構造化面接法**と呼ぶ。あらかじめ尋ねる項目を決めておくが，それ以外の自由な質問も認める方法は**半構造化面接法**である。

　調査法は，一度に多くのデータをとることができ，量的データの場合には，採点が客観的で容易であるという利点がある。しかし，回答する人の言語能力に依存するため，年少児を対象に研究を行うことが難しいといった問題や，回答者が自分をよくみせようとしたり，意図的に虚偽の回答ができるといった短所もある。

（4）事例研究法

　事例研究法は，一つの事例あるいは少数の事例を対象に行われる研究方法

で，さまざまな情報を収集しながら，その対象の個性や事例の構造と機能を明らかにしていく研究方法である。たとえば「不登校の A 君が学級復帰するまでのプロセス」を明らかにしたり，「年少〇〇組の子どもたちの1学期の遊びの変化」を明らかにしたりする場合，事例研究法によって明らかにできる。

　事例研究法は，対象としている事例が少ないため，明らかになった結果を一般化できない欠点がある。他方，対象をさまざまな視点から深く詳細に理解できるという利点もある。一般的に，事例研究法は，法則性を明らかにするというよりは，事例を深く理解したり，何らかの法則性の前提となる仮説を立てるために用いられる研究法である。

コラム1：心理学への誤解

　心理学は読み手次第で，とても魅力的に思えたり，逆に人を操作する悪者にみえたりします。また事実ではないことも流布しているようですね。古い教科書に「オオカミに育てられた」と書かれているアマラとカマラは，本当はオオカミに育てられたのではなく，知的障害のある孤児だったという説が有力です。

　最近，こんな説を聞きました。「日本の教育は行動理論から認知心理学へパラダイムシフトをした。行動理論は全身で動く習慣を教え込み，認知心理学は頭から行為をコントロールする心理学だ。現在は認知心理学が主流ですが，現代の産業社会が要請するような身体のあり方は頭だけでコントロールできない。だから，行動を含んだアクティブ・ラーニングをやらなければならない」という意見です。

　行動心理学の「学習」観（訓練や経験による比較的永続的な行動の変容過程）は一時期の心理学を支配しました。しかし，日本の教育政策の原理になるほどの影響をもった事実はありません。1970年代の認知心理学も同様です。それに，認知心理学が「頭の中だけ」を強調しているというのは大変古い認識です。現在，心身の一体性を最も科学的に主張しているのは認知心理学の「身体化認知」研究です。

　教育制度と教育課程をつくってきたのは，産業構造の影響を前提に，国（政

表　心理学に対する誤解の例

迷信	事実
アマラとカマラはオオカミに育てられた。	アマラとカマラはいましたが，オオカミには育てられていません。知的障害のある孤児であったと推測されています。
行動主義に心はない。	行動主義者の中にも心を扱いたい人は当然いました。バンデューラやマイケンバウムなどはそうした人たちです。バンデューラの理論をみると，実に常識的に心を扱っています。
行動主義と認知心理学が日本の教育の原理である。	ワトソンやスキナー派の行動主義は日本の教育にはそれほど影響を与えていません（現在の認知行動療法は療育と医療に大きな影響を与えています）。2000年代以降の認知心理学は割合日本の教育に影響を与えています。ただし認知革命などはあまり関係のない話です。
カウンセリングに効果はない。	多くの実証研究により効果は確認されています。
臨床心理学は社会問題を心の問題にしてしまう。	多業種連携が公認心理師の法的義務になった今，社会福祉士との連携も増え，閉鎖的な対応は減っていくでしょう。

治家と文部科学省の官僚）と教育委員会，そして学問でいえば主に教育学の人々が中心です（小川 2016）。さらにいうと，戦前から続く日本の教育文化と，高度経済成長での産業界の要請，伝統的な共同体の解体などが絡み合い，教育体系の大筋が決まっています（天野 2006：橘木 2016）。教育心理学者の市川（2017）は「ひと頃，教育心理学者は，学校現場や教育行政にほとんど関わらないといわれた時代もあった」と述べて，心理学の成果が教育政策に反映されていなかった過去を指摘しています。

　2008 年の学習指導要領あたりから，ようやく中央教育審議会教育課程部会に教育心理学者が入るようになり，教育政策にも影響を与えるようになりました。これは「『生きる力』を育むためには知育だけではだめだ」という論旨ですから，「教科の心理学」やヴィゴツキー派の発達心理の影響が強いのです。

　センセーショナルで巷に流布しやすい説はたくさんありますが，たいていは一部のデータの拡大解釈が多いと思います。丁寧に基礎を勉強していきましょう。

第2章　発達の理解

1　発達心理学の基礎理論

（1）発達とは

　私たちは，胎児である段階を含めて生を受けてから死ぬまで，あらゆる面で変化し続けている。そうした生涯にわたる変化を**発達**という。

　心身のあらゆる発達に，量的変化，質的変化として捉えられる事象がある。たとえば身体発達でいえば，身長や体重の増加は量的変化，性的成熟は質的変化とみなせる。そして特に後者のような質的変化を大きな節目として発達過程を段階的に捉えることがあり，これを発達段階と呼ぶ。次項ではピアジェ，エリクソンによる代表的な発達段階説について概説する。

（2）ピアジェとエリクソンの発達段階説

　ピアジェは子どもの認知（思考）発達の過程を，シェマ（認知的枠組み）の**同化と調節の原理**によって説明し，大まかに4段階に分類した（表2-1）。

　シェマ（shema）とは，認知的枠組みのことであるが，人間がその時点でもっている知識のことを指す。

　人はシェマを通して環境（外界）とかかわりながら，新たな対象を取り込む（同化）。シェマをうまく取り込めない場合は，外界に合わせてシェマの方を変容させる（調節）。

表 2-1　ピアジェの発達段階

感覚運動期（〜2歳）　　感覚（触覚，視覚，など）と運動（吸う，つかむ，など）を通して外界のものを認識する。はじめは自分の感覚，運動の対象とならないものは認識できず，たとえばオモチャを覆いで隠されると，その存在がなくなったかのように振る舞う。指しゃぶりに始まり，自分の手をみつめながら動かす（**ハンドリガード**），ガラガラを振って音を鳴らすなど，運動と感覚の間を反復する活動を繰り返しながら，両者の協応関係，因果関係を学習していき，**対象の永続性**も理解するようになる（オモチャを隠されても覆いの下を探そうとする）。また1歳頃からは試行錯誤，その後，洞察（活動を起こす前に状況を考える）もみられだす。
前操作期（〜7歳）　　言葉やイメージを使用して，あるものを別のもの（言葉やイメージを含む）に置き換えて**表象**することが可能になり，模倣や振り・ごっこ遊びが出現する。しかし思考はまだ論理的でない。自分とは違う他者の視点をなかなか理解できなかったり（**自己中心性**，図2-1），物事のある面に注意を向けるとその他の面を無視してしまったりする（**中心化**）。**保存の概念**がなく（図2-2），直観（感）的な判断を行う。
具体的操作期（〜11歳）　　現実の具体的な事柄については論理的思考（**操作**）が可能になる。自分の視点を離れて複数の面（次元）から物事を捉えられるようになり（**脱中心化**），保存概念も順次，獲得していく。
形式期操作期（11，12歳〜）　　抽象的事柄についても論理的思考が可能になる。

　たとえば，「吸う」という行為（反射）のシェマを通して「（母親の）乳房」という対象を取り込んだ乳児が，新たに「おしゃぶり」という対象に出会ったとしよう。おしゃぶりは乳房のようには吸うことができない。そこでシェマの方，つまり「吸い方」を変えると同時に，「乳房」と「おしゃぶり」の区別もできるようになる。認知発達とはこうしたシェマの発達であるとしている。

　ピアジェと同様に，発達心理学の基礎を築いた**エリクソン**は，生涯にわたる心理社会的発達（パーソナリティの発達）を表2-2のような8段階にまとめた。エリクソンの理論は，それまでの子ども中心の発達論とは異なり，青年期（思春期）以降にも視野を広げており（とりわけ青年期のアイデンティティを重視した），**ライフサイクル論**とも呼ばれる。各段階には「〜 vs. 〜」という形でその時期の核心となる危機（葛藤）が示されている。たとえば乳児期の危機は「基本的信頼 vs. 不信」であるが，この段階では，親を通して周囲の他者や自己への基本的信頼を不信より優位に発達させることが最も重要な課題となる（ただしこの段階でその課題が終結するわけではない）。そしてその達成によって

表2-2　エリクソンの発達段階

	危機	活力	重要な関係の範囲
乳児期	基本的信頼 vs. 不信	希望	母親（的な人物）
幼児期前期	自律性 vs. 恥・疑惑	意志	両親
幼児期後期	自発性 vs. 罪悪感	目的	核家族
児童期	勤勉性（生産性）vs. 劣等感	有能感	家族
青年期	アイデンティティ（獲得）vs. アイデンティティ拡散	誠実	仲間
成人期	親密性 vs. 孤立	愛情	友情，恋愛，競争・協力の相手
中年期	世代性 vs. 停滞	世話	家族
老年期	統合性 vs. 絶望	知恵	"人類"・自分らしさ

パーソナリティに備わった「活力」は以降の課題達成（危機の乗り越え）の基盤にもなるとしている。

（3）発達を規定する要因—遺伝-環境論争

人間の発達のあり方を規定するのは遺伝（成熟）か環境（経験）か。この問いを巡って，心理学では 20 世紀初頭から論争が行われてきた。

遺伝（成熟）重視の考え方を**成熟（優位）説**という。この立場を代表するのは**ゲゼル**である。彼らは一卵性双生児（1 組）を対象にした実験結果から，新たな行動の獲得には，訓練して経験を積ませることよりも，遺伝的なスケジュールに沿って現れる自然な変化（成熟）を待つことの方が重要だと主張した。

一方，環境（経験）重視の考え方は**環境（優位）説**という。代表的な研究者として，「私に 1 ダースの乳児と，私が望む育児環境を与えてくれたら，その子どもたちをどんな専門家でも，あるいは泥棒でも，何にでもしてみせよう」と豪語したという**ワトソン**が挙げられる。乳児への恐怖条件づけを行った研究者としても有名な彼は，行動の獲得を刺激（環境）への反応の結合（条件づけ）と捉え，本能行動といわれるものも，実際にはほとんどが条件づけ学習によるものだと考えた。

だが無論，遺伝・環境のどちらも重要である。なおかつ両者は互いに切り

離せない関係にある。現在ではそのように「遺伝・環境要因は（足し算的にではなく）互いに作用し合いながら発達を規定していく」という**相互作用説**が浸透している。

（4）初期環境 (経験) と臨界期・敏感期，発達の可塑性

　人生初期の環境（経験）は後々まで発達に大きく影響しうるため，とりわけ重視されてきた。発達心理学において初期環境（経験）を特別視するこのような流れは，比較行動学（動物行動学）研究の影響を受けている。

　マガモやハイイロガンなど，大型鳥類のヒナは，生まれてすぐ目にした動くもの（刺激）を「親」として追いかけるようになる。ローレンツはこうした現象を**インプリンティング**（刻印づけ）と名づけた。それはたった 1 回の刺激提示で成立し，永続的な効果を示すが，その成立は生まれてからごくわずかな期間（マガモでは 32 時間）に限られ，これを過ぎればもう取り返しがつかないという性質（非可逆性）をもっている。この期間を**臨界期**という。

　哺乳類でもインプリンティングに類似した現象がみられる。たとえば，チンパンジーの赤ちゃんを母親や仲間から隔離して育てたり，感覚（視覚や触覚）を遮断して育てたりした実験では，行動の異常や知覚・学習の障害が成長後まで残ることが明らかにされた。

　では，私たちの発達についてはどうか。人間の場合，厳格な臨界期の存在が示されることはあまりないが，言語学習の領域などで，「ある特定の経験（学習）をしておくのに適切な時期」を意味する**敏感期**の存在は示唆されている。ただ同時に，たとえ初期環境（経験）に阻害・剝奪があって発達に遅れや問題が生じても，その後，環境が適切に整えられればかなりの程度，回復可能であることを示した事例もある。藤永ら（1987）は，6 歳と 5 歳のきょうだいが劣悪な環境下で育ち，心身ともに大きな発達の遅れを伴う状態で救出・保護されながら，専門家チームによる長期の養護・教育によって驚異的な回復を遂げた経過を詳細に報告している。

2　乳幼児期の発達理解

（1）　乳児期とは—生理的早産

　生後1年くらいを**乳児期**という。また，そのうち生後4週間までを**新生児期**と呼ぶ。乳児はおおよそ50 cm，3 kg の身長・体重で生まれるが，その後，わずか1年で75 cm，9 kg へと成長する。これは胎児期に次いで最も急速な発達である。そのほか，あらゆる領域で乳児は急激な発達を遂げる。

　ポルトマンによると，ヒトは進化の結果，脳が大型化したことによって，本来より身体的に未熟な状態で生まれてくること（**生理的早産**）を余儀なくされたという。いわゆる高等哺乳類の子どもは基本的に成熟した状態で少数生まれ，その直後から自分で母親にしがみつき，乳を飲む。が，ヒトの乳児にはそれだけの身体運動機能が備わっていない。自力での移動（自立）が可能になるまでにはちょうど生後1年くらいかかる。その意味で，ヒトの乳児期は本来まだ胎児であるはずの期間（子宮外胎児期）と考える。そこで，おとな（親）たちによる長期の世話・保護が不可欠となる。

　しかし，乳児はただ無力で受動的な存在というわけではない。確かに身体運動機能（姿勢・移動）は未熟だが，多くの不随意運動（身体内・外部の特定の刺激に対して，意思とは無関係に生じる反応）を生まれながらに備えている。原始反射（新生児反射）もその一つである。

　また，乳児は生後まもなくから，人の顔のような刺激を選択的に注視したり（選好注視），聴覚刺激についても人の声（中でも胎児期から聞きなじみのある母親の声）に注意を向けたりしやすいことが知られている。赤ちゃんにかかわるおとな，とりわけ親は，たとえば赤ちゃんからじっとみつめられるだけで，思わず自分もみつめ返したり，何か話しかけたりしてしまうだろうし，もっとそばにいたいなどと思うことだろう。そのように，乳児の側もおとな（親）からの世話や保護を「ひき出し」ている。

（2）社会的存在としての赤ちゃん—自発的微笑，原始模倣

　寝顔を眺めているときなどに，赤ちゃんが「ニヤリ」という感じの表情を浮かべるところをみたことはないだろうか。これは**自発的微笑**（新生児微笑）と呼ばれ，生後すぐから示される不随意運動の一種である。生後3カ月も経てば他者への応答としての**社会的微笑**がみられるようになるが，その頃までに自発的微笑の方は消失してしまう。生後5，6カ月を過ぎたあたりから，見慣れた親しい人にだけ微笑み，見知らぬ人にはあまり微笑まないといった反応の分化がみられ，8カ月頃になると見知らぬ人が近づいてきたら泣くなどの人見知りが生じる（**8カ月不安**）。

　また，新生児に顔の前でゆっくり口の開閉や舌出しをしてみせると，彼らはそれらの動作の真似をすることがある。これも生後まもなくからみられる現象で，**原始模倣**（新生児模倣）と呼ばれるが，やはり生後2カ月ほどで消失する。通常の意味での模倣，つまり新たな行動の獲得（学習）につながるような意図的な模倣がみられるのは少し先で，おおよそ生後8カ月以降である。乳児は舌出しなどのほかにも「喜び」「悲しみ」「驚き」の表情を模倣したり，おとなの動作に自らの動きを同調させたりもする。

　自発的微笑の段階から，親たちは赤ちゃんの微笑みに積極的に意味をみいだして反応し（たとえば，微笑み返す），赤ちゃんの方もまたそれに反応する，といった形で親子の相互作用は盛んに展開される。乳児は，生まれた当初から他者とのコミュニケーションに対して開かれた，社会的存在である。おとな（親）とのそうしたやりとりは，愛着（アタッチメント）の形成や言語の獲得をはじめ，あらゆる側面の発達の基盤になっている。

（3）赤ちゃんの認識世界

　乳児期は，ピアジェの認知発達段階でいえば感覚運動期と大きく重なる（表2-1）。前節で述べたように，基本的には，運動（初期は反射）と感覚の間を反復する活動を通して，自分自身の身体や外界の事象と相互作用しながら世界を認識していく時期ということになる。そして，たとえばガラガラを振る

と音が鳴ることがおもしろくてそれを繰り返すといったことは，活動主体としての自己の発見，あるいは**コンピテンス (有能感)** につながっていくと考えられる。そしてこのような乳児期 (感覚運動期) を経て，対象の永続性概念 (表2-1) が獲得される。

　また9カ月以降，乳児は親 (他者) の意図を理解してその対象に自分も興味を向けたり (共同注意)，乳児の方も指さしによって自分の注意や興味を他者と共有しようとするようになる。このようなモノ (事象) を挟んだ子と親のやりとりが，子どもの言語の獲得・発達に非常に重要だとされている。言葉を話し始めるずっと以前から，子どもは「発声練習」をしており，親の方も抑揚が大きくピッチの高い声で子どもに話しかけること (**マザリーズ**) で，積極的にコミュニケーションが図られ，言語発達の基礎ができあがっていく。

（4）思考の発達—自己中心性

　幼児期は，ピアジェの認知発達段階でいえば，感覚運動期の終盤 (試行錯誤や洞察による問題解決が可能に) から前操作期全体にまたがる時期である (表2-1)。表象能力 (目の前にないものを心の中にありありと思い浮かべる力) の発達により，遅延模倣 (目の前にモデルがいなくても模倣が可能) やごっこ遊びは出現するのだが，思考は**自己中心的**である (自分とは違う他者の視点をなかなか理解できない)。その自己中心性を評価する「3つ山課題」(図2-1) では，たとえばAから山

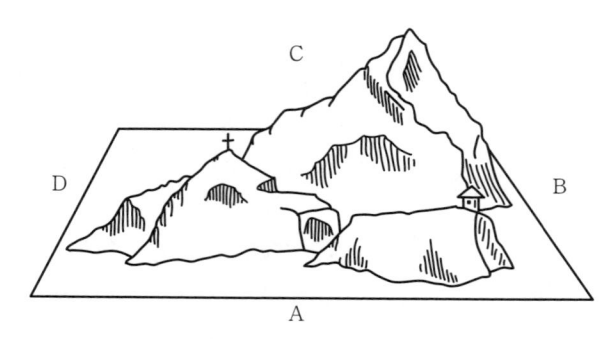

図2-1　3つ山課題
出典：Butterworth & Harris 1994 pp.204–205.

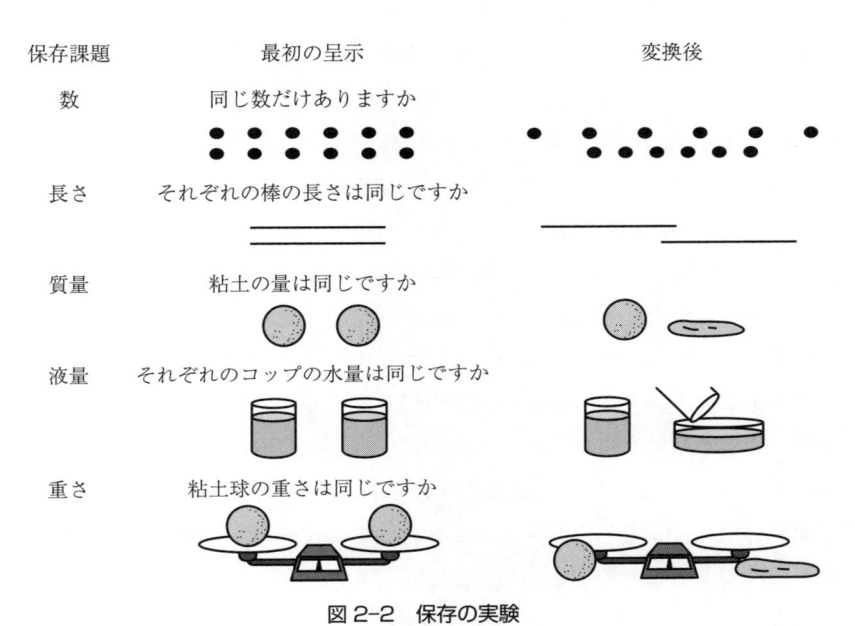

保存課題　　　　　　最初の呈示　　　　　　　　　　　　変換後

数　　　　　同じ数だけありますか

長さ　　　それぞれの棒の長さは同じですか

質量　　　　粘土の量は同じですか

液量　　　それぞれのコップの水量は同じですか

重さ　　　　粘土球の重さは同じですか

図 2-2　保存の実験

出典：野田　2007　p.126。

をみている子どもがいて，人形が C の位置に（山向きに）置かれたとき，その人形からの山のみえ方を写真群から選ぶようにいわれる。ここで自己中心性を脱していない子ども（4~6 歳）であれば，人形の視点がどうであれ，彼ら自身にみえているもの（A からの景色）を答えてしまうわけである。

　また幼児はみかけに捉われてしまって論理的思考ができないので，保存概念の獲得も難しい。さまざまな保存の概念を確かめる課題（図 2-2）があるが，右側のみかけ上の"変化（変形）"を示されても，（「数」から「重さ」にかけて順次）「増えても減ってもいない」と答えられるのは，論理的思考が可能になる具体的操作期である。

（5）自己の発達―自我の目覚めと反抗期

　子どもが自分で自分を意識できるようになるのは，1 歳半から 2 歳頃にかけてである。その一つの指標として，鏡に映る自分の姿をみて，子どもがどのような反応を示すかを調べる課題（**マーク・テスト**）の結果がある。子ども

の鼻の頭に気づかれないように口紅を塗り，鏡にその姿を映して，子どもが実際の自分の鼻に触るかどうかをみるという方法である。子どもが（鏡映像ではなく）自分の鼻に触れば，その子は鏡の中に映る自己像（つまり，客体としての自己）と，それをこちら側でみている自分自身（主体的な自己）を同一視できたことになる。1歳半から2歳くらいの間に，多くの子どもでそれが可能になる。同時期に，幼児は自分を名前で呼んだり，所有意識を表したりするようになる。ただし過去の自分の映像をみて同一視できたり，未来の自分を思い描いて「将来〜になりたい」と述べるのは4，5歳以降となる。

　このような1歳半から2歳前後の自己意識の確立（いわゆる自我の芽生え）に加え，この時期は身辺自立も進むために，自己主張やおとなへの反抗が顕著にみられるようになる（**第一次反抗期**）。反抗は，おとなからの拒否や仲間との衝突を招く。こうした経験を通じて，幼児は「いつも自分の思い通りにいくわけではないこと」「他者には他者の意図があること」を学びながら，自己制御の能力（自己主張や自己抑制）を発達させていく。

（6）感情の発達――一次的感情と二次的感情

　ルイスによれば，感情の発達にも自己意識が深くかかわる。子どもは生後6カ月くらいまで（乳児期）に，喜び，驚き，悲しみ，嫌悪，怒り，おそれという，文化に関係なく確認されるという**基本的感情**を表すようになる。これらは一次的感情と呼ばれる。

　一方，1歳半から2歳前後の自己意識の確立以降に出現する照れや共感，妬み，また誇り，恥，罪悪感といった感情を二次的感情と呼ぶ。一次的感情は必ずしも自己意識を前提にしなくても生じるのに対して，二次的感情の方は自己意識を前提に，自己と他者が明確に区別され，自分に対する彼らの注目や評価を意識して生じる。二次的感情の中でも誇りや恥や罪悪感は，周囲のおとなの基準を内在化し，行動の良し悪しを自分で評価できるようになる2歳から3歳にかけて，出現するようになる。

　感情の調整・表出に関しては，3，4歳になると社会的な表示ルールを理解している。たとえばプレゼントにがっかりしている場合でも，それをくれた

相手の前では気持ちを隠して微笑みを浮かべることもできるようになる。

3　児童期・思春期の発達理解

（1）児童期とは―学校環境への移行

　児童期は小学校入学から高学年ないしは卒業までをさす。幼児期・思春期に比べると，心身ともに発達の緩やかな安定期とされる。

　小学校入学は子どもたちにとって大きな環境移行である。保育園や幼稚園の生活は「遊び」を中心とした比較的自由な雰囲気のものであるのに対して，学校は多くの規律に沿って「学習」を中心に進めていくところである。その達成にはさまざまな形の評価も伴う。エリクソンはこの時期の発達危機（課題）を**勤勉性（生産性）vs. 劣等感**と表した。読み書きをはじめ，さまざまな基本的知識・技能を身につけ，生産的な活動を忍耐強くやり遂げることの喜びと，それによって周囲から認められることを学ぶ（他方では，それらの失敗により劣等感を根づかせる危険もある）。また生産的な活動は他者たちとの協働も含むことから，この時期は社会的に最も決定的な意味をもつという。

　ピアジェの認知発達段階でいえば，この時期はちょうど**具体的操作期**にあたる。それまで主観的，直観的だった思考が客観的，論理的になる。自分の視点を離れて複数の面から物事を捉えたり（脱中心化），具体的な事柄であれば論理的に思考したりすること（具体的操作）が可能になる。

（2）道徳性の発達

　集団・社会としての学校で仲間と互いを尊重したり，助け合ったりしながらやっていくには，道徳（モラル）が必要となる。ピアジェは道徳性（道徳判断）の発達についても複数の研究を行い，「他律」から「自律」へという方向性を示した。「他律」段階では，たとえばゲームの規則は一方的に尊敬するおとなによる拘束そのもので，絶対的なものである。そこから，児童期を通して，規則とは相互的尊敬に基づく仲間との協同（協力）の中で守るもので，

表 2-3　道徳性の発達段階

Ⅰ　慣習以前のレベル
それぞれの文化の中で意味づけられた規則や言葉（「善い」「悪い」「正しい」等）の意味を，物理的結果から考える。
第1段階―罰と服従への志向　　権威的人物が自分にもたらす物理的結果によって善悪が決まる。単純に罰の回避と力への絶対的服従を価値あることと考える。
第2段階―道具・相対主義志向　　自分の求めるものを物理的に満たすような行為が「正しい」。またその観点から他者たちと互いに公正であることが重要と考える。
Ⅱ　慣習的レベル
忠誠心から，家族・集団・国の期待にそって社会秩序を積極的に維持，正当化し，他者（構成員）たちと一体になろうとする。それがもたらす直接的結果は問わない。
第3段階―対人関係の調和，「良い子」志向　　多数意見や紋切り型の行動に従う。人を喜ばせたり助けたりといった「良い子」の行動が善である。動機が重視され，「彼は善意でやっている」ということが重要になる。
第4段階―「法と秩序」志向　　規則を守り，義務を果たし，権威を尊重し，既存の社会秩序を秩序そのもののために維持することが「正しい」行動だと考える。
Ⅲ　慣習以後の自律的，原理的レベル
道徳的な価値・原理を，集団の権威やそれとの一体感から区別してもなお妥当性をもち，適用されるべきものとして規定しようとする。
第5段階―社会契約的遵法主義志向　　個人的価値・意見の多様性を認めつつ，社会全体で民主的に吟味，合意された法に従う。が，法を（前段階のように固定的には捉えずに）社会的効用を合理的に勘案して変更する可能性を重視する。法の範囲外では，自由意志に基づく合意と契約が，人間を拘束する義務の要素と考える。
第6段階―普遍的な倫理的原理志向　　正しさは論理的包括性，普遍性，一貫性に訴えて自ら選択した倫理的原理，すなわち良心によって規定される。それはすべての人間の権利・尊厳の平等性を基調とした，正義の普遍的諸原理である。

出典：コールバーグ　1987 をもとに作成。

同意によって修正もありうるという「自律」的な考え方ができる。

　コールバーグ（1987）はピアジェの考えを発展させ，思春期以降も視野に入れた3水準6段階の発達段階を提唱した（表2-3）。判断の「具体的内容」ではなく「形式」が問われるが，それは認知発達レベルを単純に反映しているわけではない。たとえば，抽象度の高い論理的思考（形式的操作）が可能であっても，第三水準の道徳判断を行うとは限らない。道徳的な葛藤（ジレンマ）と役割取得（他者の立場に立つこと）の「経験」が重要とされる。

（3）思春期とは―身体的変化と思春期心性

　思春期を特徴づけるのは「急激な身体的成長」（思春期スパート）と「性的成熟」（第二次性徴）である。おおよそ小学校高学年（男子では12歳以降，女子では10歳以降）から中学校卒業くらいまでを思春期と呼ぶ。この時期は青年期の入り口にあたり，青年期初期（前期）ともいう。青年期は「子ども（児童期）」から「おとな（成人期）」への移行期，つまり「もう子どもではないが，まだおとなでもない」という不安定な時期であり，その初期である思春期は，まず身体的に「子どもでなくなる」というところから始まる。

　顕著な身体的変化に伴って，「子ども」として比較的安定してきた自己像（セルフイメージ）は大きく揺らぐことになる。もちろん彼らに対する周囲のおとなたちの見方，接し方も変化する。これらのことから，「自分は人からどのようにみえるか」「どう思われているか」と自分自身に過剰に意識を向け，捉われる傾向（いわゆる自意識過剰）もこの時期の大きな特徴となる。

　認知発達的にはピアジェのいう形式的操作期に入り，抽象的思考力が高まる。また「自らの認知過程を認知する」といったメタ認知能力の向上によって内省力が高まる。自身に向ける眼差しそのものも変わってくるといえる。

　そして社会的には進路選択をそろそろ迫られるようになってくる。将来の姿を見据えて自己を問い直し，再統合を試みる作業，すなわち**アイデンティティの発達課題**に向かい始める。

（4）アイデンティティと親子／友人関係

　エリクソンは青年期の危機を「アイデンティティ（獲得）vs. アイデンティティ拡散」とした。アイデンティティ（〔自我〕同一性）とは「私は（他の誰でもない）私である」といった感覚のことだが，それは内的な斉一性の感覚（「私は私という一個の存在である」），連続性の感覚（「私はこれまでも，これからもずっと私である」），そしてそれらが他者・社会からも（「職業」のような具体的な形で）認められるという自信からなる。

　青年期初期である思春期には，前述したように自己像が大きく揺らぐ。そ

して実際の社会への参入（職業選択）までには少し時間がある。その意味で，アイデンティティは「拡散」（自分が何者なのかわからない状態）に傾きやすいといえる。思春期にはちょうど，親（や教師）への反抗・拒否的態度が多くの若者に表れるが（第二次反抗期），この現象も，彼らがアイデンティティ獲得過程のスタート地点にあって，まずはそれまで大きな影響を受けてきた親の監督下を離れ，主体的に進んでいこうとする姿勢の表れのようにみえる（ただし，反抗期を経験しない者も多いという指摘があり，児童期とは対照的に「荒れる思春期」という捉え方も見直す必要がある）。

　一般に，反抗期を境に，親より友人との関係の比重が増す。同時にその関係性も変容し，それまでの「遊び仲間」から，より情緒的な結びつきを重視した**親友（チャム）**を彼らは求めるようになる。自己開示を通して互いの共通点や類似性を共有することで親密さを確かめるのが特徴である。エリクソンによれば，彼らがそうした排他的な関係・グループに没頭するのは「アイデンティティ拡散の感覚に対する防衛」であるが，アイデンティティ（「他の誰でもない私」）を明確化していくには，むしろ互いの相違（個性）を理解，尊重し合えるような友人関係の展開が重要な意味をもつだろう。

4　愛着理論の基礎と展開

　かつて，施設で養育される乳児たちの著しい死亡率の高さやさまざまな心身発達の遅れなど（**ホスピタリズム：施設病**）が問題視されていた。第二次世界大戦後，ボウルビィは WHO（世界保健機関）からの要請で研究をまとめ，そうした問題が生じる原因を**マターナル・ディプリベーション**（母性的養育の剥奪）にあると結論づけた。すなわち，親密かつ継続的で満足や喜びに満ちた親子関係が，子どもの健全な発達の基盤になると主張した。

（1）愛着とは

　きわめて未成熟な状態で誕生するヒトの子どもにとって，おとなによる長期の世話・保護は必要不可欠となる。そしてその主な担い手という意味での

親（必ずしも生物学的親とは限らない）との間に，子どもは相互作用を通して情緒的な絆を形成する。このような絆，言い換えれば「子が親を特別な対象として近接を求める性向」を**愛着（アタッチメント）**という。ボウルビィはそれが幼少期にはもちろん，生涯にわたって重要な機能を果たし続けると主張した。標準的な愛着の形成・発達過程について，ボウルビィは表2-4のような発達段階の考えを示している。おおよそ6カ月を経て，親への愛着は明確に表れるようになる。

　愛着は広く「愛情」一般を意味する概念ではない。あくまでさまざまある情緒的絆（ほかには，たとえば「友情」）の一種である。そして親から子への絆も「愛着」とは呼ばない。愛着は，子が親（をはじめとする愛着対象）との間に近接（状況に応じた適度な距離）を維持することで，危険から守られると同時に，探索を通じた学習によってよりよく環境に適応し，生き残っていくために進化してきたシステムである。親は子が危険にさらされたときにはいち早く守

表 2-4　愛着の発達段階

第1段階─人物の弁別を伴わない定位と発信（生後2, 3カ月頃まで）
追視（定位）や泣き・微笑・発声（発信）といった，本能行動としての愛着行動（他者との近接維持を結果として可能にする行動）を誰にでも向ける。
第2段階──一人または数人の弁別された人物への定位と発信（6, 7カ月頃まで）
愛情のこもった社会的相互作用に参加し，子どもの愛着行動によく反応する人物に対して，より顕著な形でそれらの行動がとられるようになる。
第3段階─特定対象への発信・移動による接近維持（2, 3歳まで）
移動が可能になり，愛着（特に定位）行動の種類が広がる。また「永続性」概念を獲得し，よくかかわる人の行動を，十分ではないが予測できるようになる。そして特定対象への（絆としての）愛着が一目瞭然となる。つまりその人物（愛着対象）に対して，出ていけば追う，帰ってくれば迎える，安全基地としながら探索を行う，というように，近接維持を目標とした愛着行動の組織化がなされるようになる。見知らぬ人をますます警戒し，おそれるようになる。
第4段階─目標修正的パートナーシップの形成（2, 3歳以降）
認知（表象・言語）能力がいっそう高まり，愛着対象の一連の行動を，その背後にある感情や動機も含めて（自分なりに）推察できるようになる。そして相手に合わせて自分の行動の目標（近接の程度や手段など）を変更したり，相手の行動を変えさせようと働きかけたりするような，パートナーシップと呼べる愛着関係を発達させる。行動より表象レベルでの愛着が重要となる。

出典：ボウルビィ 1991 をもとに作成。

り，平常時にも安心して探索に向かえるよう見守ってやる（子の安全基地となり，ケアを提供する）側である。

（2）愛着の個人差―乳児期の愛着パターン

愛着には質的な個人差がある。Ainsworth et al (1978) は新奇場面（**ストレンジシチュエーション**：以下 SS）法という実験法を開発し，乳児の場合，その個人差が行動パターンとして表れることを明らかにした。SS 法は，満 1 歳児とその（母）親との 2 度の分離-再会（母親が実験室を退室，3 分後戻る）や，ストレンジャー（見知らぬ女性の実験協力者）の在室などの場面から構成される。

実験室での乳児の行動パターン（愛着パターン）は表 2-5 のように A，B，C 型に分類することができる。そして後に Main & Solomon (1990) により，第四のパターンとして D 型が加えられることとなった。D 型はもともと「分類不能」とされていた乳児たちの行動（録画）が再検討され，みいだされたものである。

表 2-5　乳児の愛着パターン

A（回避）型	母親との分離に苦痛を示さず，再会場面では無視する，目をそらすなど，顕著な回避がみられる。自ら母親に接近・接触を求めることはほとんどなく，ストレンジャーへの反応が母親へのものとあまり変わらない。全般に泣きが少なく，"探索" が活発である。
B（安定）型	母親との分離に苦痛を示し，（ストレンジャーにいくらか慰められることはあっても）母親を求める。再会場面では母親との接近・接触を積極的に求め，それらで容易になだめられる。母親を（同室にいるときは）安全基地として活発に探索する。
C（両極／抵抗）型	分離前から泣きが多く，探索行動は乏しい。再会場面では母親に接近・接触を求める一方で，それに顕著な抵抗を示し，なかなかなだめられない。乳児によって，分離時に極端な苦痛を示し，再会時の抵抗や怒りがストレンジャーにまで向けられる場合もあれば，再会時の抵抗は強いものの，行動全般が受動的な場合もある。
D（非組織化／無指向）型	たとえば再会場面で親に顔を背けながら近づく，ストレンジャーとの分離に対して苦痛や後追いを示す，というように矛盾した行動や場面にそぐわない行動をとる。再会場面で "フリーズ" や異常なポーズ，親に対するより直接的な恐怖を表すこともある。

（3）個人差の要因と幼児期以降の発達への影響—A，B，C 型

　SS での行動パターンは，母親が安全基地としてどれほど信頼できるか（「助けが必要なとき，求めに応じて助けてくれるかどうか」）という乳児の信念を反映している。

　B（安定）型の乳児は，シグナルやコミュニケーションに敏感に応答してもらう経験を通して，少なくとも満 1 歳時点で母親を「必ず助けてくれるだろう」と信頼し，SS での分離の間も基本的には母親のそのような行動を予期できていた，とみなせる。したがって子どもは，母親との再会・接触によってスムーズになだめられ，安心感を取り戻す。それに対して，A（回避）型とC（両極／抵抗）型は（行動レベルでは対照的だが）不安定な愛着のヴァリエーションと考えられている。どちらも安全基地としての母親の有効性に確信がもてないといえる。そこで，SS のような"危機的状況"ではその有効性を担保すべく，C 型は愛着行動の表出を最大限に行い，逆に A 型は（母親に接近・接触すると拒絶されるおそれがあるので）最小限に抑え込んでいる，と考えられる。

　なお，A 型乳児は一見母親との分離に影響を受けず，再会時も単に探索に熱中しているようにみえるが，実はそうした活発な"探索"行動も高い緊張・不安を抑えるための防衛的反応であることが，家庭での行動との比較や生理指標を用いた研究から示されている。

　また乳児期の愛着の質とその後の発達との関連をみた研究では，B 型（安定した愛着）は A 型や C 型（不安定な愛着）に比べ，幼児期・児童期において社会的コンピテンス（仲間関係での有能さなど）や情緒的安定性，自我弾力性などが高かった，とする報告が多い。

（4）D 型への注目

　A 型から C 型の行動パターンがいずれにせよ「組織化」されているのに対して，D（非組織化／無指向）型の乳児の行動は組織化されておらず，どこに向かおうとしているのかよくわからないという特異性を示している。この D 型については，一般的なサンプルでも 15％程度の割合でみられるが，親の精神

障害や虐待などを含む社会的リスクの高いサンプルではその割合がかなり高くなることがわかってきた。そして近年，**マルトリートメント（不適切な養育）**との関連で注目が高まっている。D 型の一部は，親の未解決のトラウマ経験（喪失・虐待）と関連があると指摘されている。この場合，親はトラウマに起因する（子にとっては不可解な）恐怖や不安を表出することで，（本来それらから守ってやるはずの親自身が）子に恐怖を与える源になっているのではないかと考えられている。仮説だが，精神医学の**愛着障害**は D 型と通底する部分をもつだろう。

　また縦断研究により，D 型乳児は児童期に入る頃には，親に対して支配・統制的な行動を示し，自身が親的な役割をとる（役割逆転）傾向があることも確認されている。

（5）愛着パターンの変わりにくさと変化の要因

　「早期の親子関係の質はその後の親しい他者との関係を予測する」といわれる。それは，愛着対象との関係性が心的表象として内在化するからである（これを内的ワーキングモデルという）。そのとき相補的に，自身が愛着対象（他者）から受容され，ケアを与えられるに値する人物かどうかという，自己に関する表象もつくられる。そして，それらは新たな状況や関係の中でも象徴的に機能するようになる。

　ボウルビィはこのように，人生初期に形成される関係性（他者‐自己）についての表象モデルの重要性と，その変わりにくさを強調している。Main & Solomon (1990) によって，幼少期の両親との経験を回想してどのように語るか，主にその語り方で成人の愛着の質を測定する面接法が開発されて以降，①成人にも乳児の 4 型に符号する愛着パターンがみられること，②それらは乳児期から成人期にかけて（個人内で）一貫しやすいこと，また親と子（乳児）の間，つまり世代を超えても連続しやすいこと（愛着の世代間伝達）がわかってきた。

　一方で，個人内の一貫性（の高／低）は，育ってきた環境の安定性（社会的リスク要因の無／有）によっても大きく左右される。また乳児の B 型に相当する

成人の安定 (自律) 型の中には，幼少期の過酷な被養育経験をもちながら，そのことを混乱せず，冷静に振り返って語れる**獲得安定型**と呼ばれる人たちが一定数，含まれていることも事実である。彼らには親以外の信頼できるおとなとの出会いがよい影響をもたらしたと考えられている。

（6）親子関係を越えて―保育士・教師への愛着

　子どもにとって愛着対象は親だけとは限らない。むしろ多くの子どもが複数の愛着関係を発達させると考えられる。子どもの生活に一貫した役割をもって存在し，その子どもにコミットしながら身体的・情緒的ケアを行うなどの条件を満たす人物であれば，愛着対象になりうる。

　たとえば祖父母や年長のきょうだい，そして保育士や教師がそうである。子どもにとって，長時間過ごす園や学校が安心して活動に従事できるような場であるためには，保育士や教師が「安全基地」としての機能を十分果たすことは重要である。また母親への愛着ではなく，保育士への愛着の質が児童期の教師や友人との関係に対する認識に影響を与えていたとする縦断研究もある。保育士や教師への愛着は，親への愛着の補償的役割を果たしうるというだけでなく，それとは独立に機能しながら，子どもたちのその後の発達をも左右する可能性がある。

5　ヴィゴツキー派の発達理論

（1）レディネス

　ゲゼルは「教育を可能にする発達的・能力的・経験的な準備条件」を**レディネス**と呼んだ。たとえば算数の 10 以下の足し算を学ぶのに最低限必要な精神年齢は 6 歳後半であり，それを学ぶのに最適の精神年齢は 7 歳を過ぎたあたりである。つまり，ある物事を学ぶには，学びの前提となる一定の準備条件 (レディネス) が整う必要がある。レディネスには，神経学的発達や遺伝の影響が含まれている。

ところで「10 の足し算ができるようになるのは 6 歳からなので，それまでは教えても無駄」という考え方があったとしよう。これはレディネスが年齢で固定されており，それを早めることができないという考えである。この考えを**レディネス待ち**と呼ぶ。しかし，現実には 5 歳でも 10 以下の足し算ができる子どもがいる。「レディネス待ち」の考え方からいくと，「5 歳でも 10 以下の足し算ができる子どもは早熟」ということになる。**早熟**とは「認知能力の獲得が同じ年齢の子どもの平均より早い」という意味である。

　一方，特別に早熟でなくても保護者が 10 以下の足し算を丁寧に教える環境だったなら，多くの 5 歳児は 10 以下の足し算ができるようになるだろう。つまり，環境次第で，適切な学びの年齢は変化する。

　学びの環境を整えることで，レディネスを促進し，学ぶ年齢を早めることができる。この考え方は**レディネス促進**と呼ばれる。**ブルーナー**は「知的能力の発達には環境要因の影響が大きい」と考え，適切な刺激（経験）を与えることでレディネスの形成は促進できる（早められる）と主張している。

　大枠としては，年齢によるレディネスが存在することは否定できないが，細かくみると，教育の環境次第，つまり教員や保護者，きょうだい，友人のかかわり方次第，教え方次第で，レディネスは促進できる。そこで，大枠としてのレディネスを認めながらも，その子どものレディネスを促進できるという理論を提唱した心理学者が注目された。それが**ヴィゴツキー**である。

（2）社会文化的アプローチ

　ヴィゴツキーの立場は現在，**社会文化的アプローチ**と呼ばれている。ヴィゴツキー以外の心理学は，定義はそれぞれ違っていても，「学習は個人の営み」と考えていた。「A 君が何かを考えられるようになり，何かができるようになること」「B さんが何かを記憶し，書けるようになり，独創的な意見がいえるようになったこと」「乳児が出産後，3 カ月経つと，〇〇という行動ができるようなること」など，学習は個人の営みであった。

　社会文化的アプローチでは，保護者，きょうだい，幼なじみ，親戚，教員，クラスメイトとの学び合い（共同行為）で学習は行われると主張する。子ども

にとって社会とは，「家族（保護者やきょうだい）」や「学校（教員，クラスメイト）」，「地域（幼なじみ，保護者と仲のよいおとなたち，習い事の先生など）」であり，そのそれぞれの場所に「やるべきこと」「やってはいけないこと」「その場での振る舞い方」などのルールや作法（文化）がある。現実の学習はこの社会と文化の中で起きている。社会と文化のありようでレディネスが促進するか，後退するかが決まってくる。

（3）内言と外言

　ピアジェのように個人の認知発達を重視する立場と，ヴィゴツキーのように社会との相互作用，すなわち，コミュニケーションを重視する立場とでは同じ現象を捉えるときでも理解が異なる。ここでは言語発達を参考にピアジェの個人内モデルとヴィゴツキーの社会文化的アプローチを比較してみる。

　ピアジェは子どもが言葉を使用している場面を観察し，幼児の言葉は2つの種類があることを発見した。第一は，他人とのコミュニケーションを目的としていない「ことば」である。「ドウシヨウカナ」「コマッタナァ」「オーキイナァ」「アレ，ドコダロウ？」など，子どもたちは頻繁に独り言をいっている。これは**自己中心語**と呼ばれる。第二は「ママ，トッテ」「マンマ（おなかすいた）」「ダッコ」など，コミュニケーションを前提とした発言である。これは**社会的言語**という。

　ピアジェは，子どもはまず自己中心語を獲得し，その後，認知が発達するにつれて，自己中心語は減少し，そして社会的言語が増加すると考えた。これは自己中心語が獲得されて，その後にコミュニケーションの言語が発達するという方向性である。

　一方，ヴィゴツキーは，言語ははじめからコミュニケーションの道具として発達すると考える。乳児期から子どもは保護者と相互作用を繰り返しており，言語は誰かに働きかけようとして発せられている。この言語を**外言**と呼ぶ。そして，その後，子どもは言葉を思考の道具として使えるようになる。言葉を出さないで，思考の道具として使用される言語を**内言**と呼ぶ。ヴィゴツキーは言語発達を外言から内言へという方向性で捉える。ヴィゴツキーか

らみると，自己中心語は外言が内言される過渡的な現象で，不完全な内言である。現在の研究では，ヴィゴツキーの理論が有力視されている。

（4）発達の最近接領域

どういう社会（家庭，学校，地域）に所属しているかによって子どものレディネスは大きく変化する。学校の勉強でいうならば，どういう先生が担任か，どんなクラスメイトがいるのか，どんなクラスの雰囲気なのか，その子どもの人間関係はどうかなどの要因で，学びのレディネスが早まったり，遅くなったりする。これを理論化したものがヴィゴツキーによる**発達の最近接領域**（Zone of Proximal Development：**ZPD**）である（図2-3参照）。

ヴィゴツキーは「子どもが一人でもできること」と「周囲の助けがあればできること」に注目した。子どもが一人でできることは**現在の発達水準**と呼ばれる。「今現在，一人でもできること」は，「それについての行動や認知が獲得されていること」と言い換えられる。この「一人でできること」のうえに，一人ではできず，おとながヒントを出したり，手助けしたりすればできる水準がある。これを**潜在的な発達可能水準**と呼ぶ。

たとえばA君は合計が10以下の足し算ならば，指を折るなどしてできる。しかし，合計が10以上の足し算になると，指が折れず，一人で計算することはできない。合計が10以下の足し算は「現在の発達水準」であり，合計が10以上の足し算は潜在的な発達可能水準である。合計が10以上の足し算は

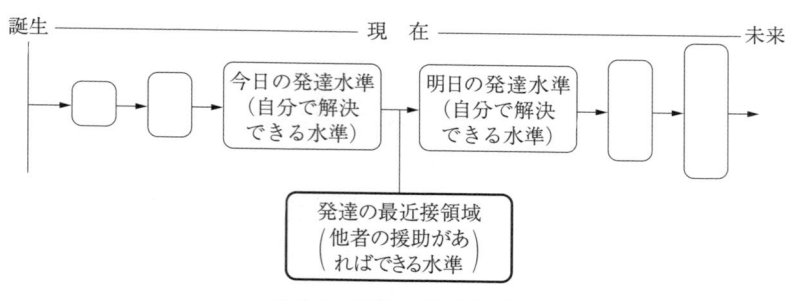

図2-3 発達の最近接領域
出典：ヴィゴツキー 1962 より小野瀬 1991 が作成。

発達の最近接領域であり，おとながここに働きかけると，「潜在的な発達可能水準」は「現在の発達水準」へと促進されやすくなる。

　ここで教員が紙にリンゴの絵を描いて，合計が10以上になる足し算を，リンゴの絵を数えればできるようにしたとしよう。そのようなやり方を教えれば，子どもは合計が10以上の足し算もできるだろう。これを繰り返すことにより，子どもが一人で絵を描くようになれば，「合計が10以上の足し算」という水準が（絵で描ける程度の数ならば）乗り越えられたことになる。教員だけではなく，周囲の友だちがやり方を教えてくれたり，保護者が教えてくれたりすれば「発達の最近接領域」（この場合でいうと，合計が10以上の足し算）はより早く「現在の発達水準」へと移行するだろう。このようなおとなからのヒントを**ブルーナー**は**足場がけ**と呼んでいる。

　ここで発達の最近接領域が教育に与える影響をまとめてみたい。

　①　レディネスを促進するには，発達の最近接領域を適切に見定め，そこに働きかけることである。

　②　その子どもにとって難し過ぎる問題とはおとなが手伝ってもまったくわからない問題である。またその子どもにとってやさし過ぎる問題とは誰かが手伝わなくても一人でできる問題である。

　③　その子どもを伸ばす問題とは，ヒントを出されたり，友だちと話し合ったりすれば解ける程度に難しい問題である。やさし過ぎる問題も，難し過ぎる問題もレディネスの促進には効果的ではない。教員は子どもに少し難しい問題を与えることが重要である。

　④　子どもを伸ばすには，教員の発達の最近接領域の理解と教え方のスキル，学級の状態，子どものメタ認知能力（自分はどこまでがわかっていて，どこからわからなくなるのかを理解する能力）が関係している。

　社会文化的アプローチは，教育的なスキルや学級経営の重要さ，家庭教育の大切さを再認識させる発達観といえる。現在注目されるヴィゴツキーの理論だが，根本的には「学校現場で，この子に何ができるか」「家庭教育で，この子に何ができるか」を考えている点に留意したい。

コラム2：体罰と脳

　2012年に大阪府の桜宮高等学校で体罰が発覚し，体罰を受けていた男子生徒が自殺した事件が起きました。事件の概要は以下の通りです。

　大阪府立桜宮高等学校2年生のバスケットボール部主将の男子生徒（17歳）が，2012年12月に自殺しました。男子生徒は，前日の練習試合でミスをしたと顧問の男性教諭から体罰を受けていたようで，男子生徒が書き残した手紙には，体罰が「つらい」と記されていたようです。

　実は2011年9月には，大阪市の公益通報制度に顧問教諭の体罰に対して通報があったにもかかわらず，顧問への聞き取りのみの対応で，結果「体罰はなかった」との判断で終わってしまいました。こうした経緯を経て，当時の大阪市長によって翌年の入試の中止が決められるなど，学校の体制には変化がみられたものの，強豪校における部活内の体罰はまだまだ氷山の一角といえるでしょう。

　教員の体罰の禁止に関する法律は，学校教育法第11条にて規定されています。また文部科学省は，2013年に「体罰の禁止及び児童生徒理解に基づく指

表　体罰の具体例

体罰（通常，体罰と判断されると考えられる行為）
○身体に対する侵害を内容とするもの ・体育の授業中，危険な行為をした児童の背中を足で踏みつける。 ・帰りの会で足をぶらぶらさせて座り，前の席の児童に足をあてた児童を，突き飛ばして転倒させる。 ・授業態度について指導したが反抗的な言動をした複数の生徒らの頬を平手打ちする。 ・立ち歩きの多い生徒を叱ったが聞かず，席につかないため，頬をつねって席につかせる。 ・生徒指導に応じず，下校しようとしている生徒の腕を引いたところ，生徒が腕を振り払ったため，当該生徒の頭を平手で叩く。 ・給食の時間，ふざけていた生徒に対し，口頭で注意したが聞かなかったため，もっていたボールペンを投げつけ，生徒にあてる。 ・部活動顧問の指示に従わず，ユニフォームの片づけが不十分であったため，当該生徒の頬を殴打する。
○被罰者に肉体的苦痛を与えるようなもの ・放課後に児童を教室に残留させ，児童がトイレに行きたいと訴えたが，一切，室外に出ることを許さない。 ・別室指導のため，給食の時間を含めて生徒を長く別室に留め置き，一切，室外に出ることを許さない。 ・宿題を忘れた児童に対して，教室の後方で正座で授業を受けるよういい，児童が苦痛を訴えたが，そのままの姿勢を保持させた。

導の徹底について」という通知を発表しています。体罰の具体例は表の通りです。

　脳科学者の友田は，2003 年にハーバード大学の研究者と共同し，体罰の経験によって，子どもの脳のどのあたりにダメージが与えられるのかを明らかにしました。その結果では，厳格な体罰を経験したグループでは，そうでないグループに比べ，前頭前野の中で感情や思考をコントロールし，行動抑制力にかかわる「(右) 前頭前野」の容積と「(左) 前頭前野」の容積が，いずれも小さくなっていました。

　こうした実証的研究を受け，日本では厚生労働省によって 2016 年に「愛の鞭ゼロ作戦」という取り組みが行われています。

　現在も「体罰は悪くない」と主張する意見があります。その背景には，「体罰を受けたこと」が成功体験の要因になっているケースが多いでしょう。自分も体罰を受けて成長したから，やはり体罰は必要だという経験的な強い信念をもつ人は体罰を肯定しやすくなります。

　この心理的なメカニズムは，体罰を受けている間は辛いのですが，辛さの後に得られた大きな勝利が辛さを忘れさせてしまい，「体罰があったからうまくいった」と，体罰による指導を肯定してしまうのでしょう（体罰以外の指導でもうまくいった可能性は意識されません）。

　しかし，体罰や虐待などの強いダメージは脳の萎縮という医学的に見過ごせない変化を生み出す事実を忘れてはなりません。体罰は法的にも医学的にも否定されているのです。

第3章　発達の諸相

　教育は，教育を受ける側の特徴や特性を理解しながら行われるべきものである。特性理解においては，一人ひとりを理解することが大前提ではあるが，学校教育においては集団指導が基本であるため，ある特定の年齢での全体的な特性理解も重要になってくる。そこで本章では，「身体・運動の発達」「言語の発達」「認知の発達」「社会性の発達」の4領域について発達段階に分けながら解説する。

1　身体・運動の発達

（1）乳 幼 児 期

1）スキャモンの発達曲線

　発達曲線とは，心身の発達的変化を示したものであるが，**スキャモンの発達曲線**が有名である。Scammon (1930) は，心身の発達を「一般型」「生殖型」「神経型」「リンパ型」の4つに分け，20歳時の重量を100としたときに，それぞれがどのような形で発達していくかを表した（図3-1）。

　一般型とは，体格，筋肉，内臓などの全体的な身体器官のことである。一般型は，乳幼児期と思春期に勾配が急になり，それ以外の時期はある程度緩やかに発達していくことを示している。

　生殖型とは，男の子であれば陰茎や睾丸，女の子であれば卵巣や子宮などいわゆる生殖機能のことである。生殖型は，出生から児童期まではほとんど発達はしないが，思春期に入った頃から急激に発達するという曲線を示す。

　神経型とは，脳髄，脊髄，神経系，感覚器官のことである。神経型は，誕

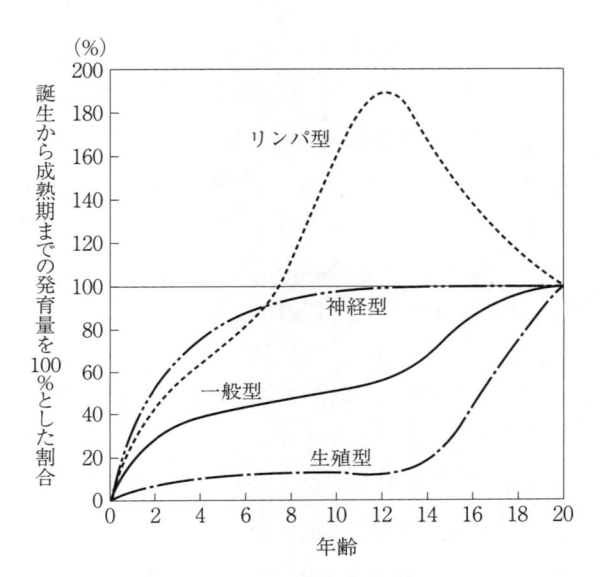

図 3-1　スキャモンの発達曲線
出典：Scammon 1930.

生してから児童期の終わりまでに急激に発達し，思春期に入るとほぼおとな
と変わらないレベルまで発達するという曲線を示す。

　リンパ型とは，扁桃腺，リンパ腺など免疫系のことである。リンパ型は，
誕生から思春期にかけて急激に発達し，思春期の頃には 100 をはるかに超え，
その後 20 歳頃まで下降線を示すという発達を示している。

　スキャモンの発達曲線は，非常に古い概念であるが，これまでさまざまな
分野で利用されてきた。最近では，スポーツ科学の分野で提唱されている
ゴールデンエイジ理論（9〜12 歳頃に運動神経がよくなる）の根拠としても利用さ
れている。しかし一方で，藤井（2013）は，スキャモンの発達曲線は，スキャ
モンが一定の事実の推定から導き出した仮説のモデル曲線であり，科学的な
検証はなされていないことを指摘している。そのため，さまざまな概念の理
論的根拠とするには，慎重な姿勢が求められる。

2）原 始 反 射

　意思とは無関係に生じる運動（不随意運動）の一つに反射があり，反射は適

応能力の一つとされている。反射については，乳幼児期にだけみられる特徴的な反射があることが知られており，この反射のことを**原始反射**と呼ぶ。原始反射にはさまざまなものがある（表3-1）。

　反射は適応能力の一つであることから，原始反射も生まれたばかりの子どもが外の世界に適応していくための反射である。実際，生まれたての赤ちゃんは母乳やミルクを飲むための行動は学習していない。つまり，もしこうした行動が学習性のものであれば，人間の子どもは生まれてからすぐに死んでしまうことになる。しかし，原始反射が備わって生まれてくることで，赤ちゃんは母乳やミルクを飲むことができるといえよう。つまり，原始反射は生命維持のための反射であるともいえる。

　なお，原始反射は生後数カ月してから消失していく反射であり，原始反射の出現や消失については中枢系の正常な発達の指標としても用いられている。

表3-1　原始反射の種類

種類	内容	出現時期
把握反射	掌に指や物を乗せるとそれを握ろうとする反射。	誕生～1歳頃
バビンスキー反射	足の裏を踵からつま先にかけてなでると，足の親指が甲の方に曲がり，ほかの指は外側に向かって広がる反射。	誕生～2歳頃
モロー反射	背中と頭を支えた状態で急に頭部を落下させると，両手を広げて抱きつこうとする反射。大きな音を与えた際にも生じる。	誕生～4, 5カ月頃
探索反射	頬や唇の周りに指などを触れると，その方向に顔を向ける反射。	誕生～6カ月頃
吸啜反射	口の中に乳首などが入ったときに吸おうとする反射。	誕生～6カ月頃
歩行反射	赤ちゃんを支えて，両足で立たせたときに，足を左右に出して歩くような動きをみせる反射。	誕生～2カ月頃
非対称性緊張性頚反射	仰向けに寝かせた状態で首を左右のどちらか一方に向けたときに，同じ側の手足が伸び，反対側の手足が曲がる反射。	誕生～6カ月頃
対称性緊張性頚反射	四つんばいの状態のときに頭を後ろに反らすと腕が伸びて脚が曲がり，顎を下に向けると腕が曲がり脚が伸びる反射。	6カ月頃～11カ月頃

3）身体の発達

　人間の子どもは，生後1年くらいで身体のさまざまな部分が飛躍的に発達していくが，小野寺（2009）は，身体発達には8つの基本原理があることを示している（表3-2）。この中でも特に「個人差」の理解は重要である。

　乳幼児期の発達は，身体的発達に限らず個人差が非常に大きく，たとえば1歳前に歩き始める子どももいれば，1歳3カ月を過ぎてから歩き始める子どももいる。言葉においても1歳前に初語がみられる子どももいれば，1歳を過ぎてから初語がみられる子どももいる。いずれにしても，注意しなくてはいけないのは，発達のスピードはあくまでも個人差であり，優劣を意味するわけではない点である。養育者に限らず，一般的におとなは「早くできることはよいことである」と認識している傾向が強く，このことが無用な育児不安を引き起こすことがある。

　ただし，個人差については別の視点からも理解を深めておかなくてはならない。個人差と障害の見極めの問題である。平均的な基準よりも発達がゆっくりであった場合，これが個人差によるものなのか，それとも何らかの障害によるものなのかについての見極めが，乳幼児期は非常に難しい。そのため，発達を理解するにあたっては，安易に個人差であるとか，障害であると決めつけず，子どもの発達のプロセスも踏まえ，さまざまな視点から総合的に理

表3-2　発達の基本原理

基本原理	内容
連続性	発達は急激に起こるものではなく，連続性を保ちながら進んでいく。
方向性	発達には一定の方向性があり，身体発達では頭部から尾部，中枢から抹消へと進んでいく。
分化と統合	発達は未分化な状態から分化し，複雑な体制に統合されていく。
相互作用性	発達は遺伝と環境の相互作用によって生じる。
相互関連性	発達はそれぞれが独立して発達するのではなく，相互に関連しながら進んでいく。
順序性	発達は一定の順番で進んでいく。
個人差	発達には時期に個人差がある。
周期性	発達のプロセスでは，以前現れていたものが繰り返し現れる。

出典：小野寺　2009　p.65 を参考に作成。

解することが大切である。

4）運動能力の発達

　身体の発達と並行して，運動能力も同時に発達していく。生後3カ月頃から首が据わり始め，6カ月頃から腰が据わり，10カ月頃からハイハイをするようになり，15カ月頃には一人で歩くことができるようになる（図3-2）。運動能力が向上すると，移動範囲も広くなるため，自然と知的発達，社会性の発達なども促進していく。

　乳児期を経て，幼児期に入っても子どもはさまざまな運動能力を獲得していく。乳幼児の発達検査で使用されている**遠城寺式乳幼児分析的発達検査法**（九州大学小児科改定新装版）（遠城寺 2009），**KIDS 乳幼児発達スケール**（三宅1989），**新版K式発達検査**（西尾 2001）の検査項目をみてみると，1歳6カ月頃から走ったり，ボールを蹴ったり投げたりできるようになり，2歳頃からは両足でジャンプしたり，足を交互に出して階段を登れるようになる。さら

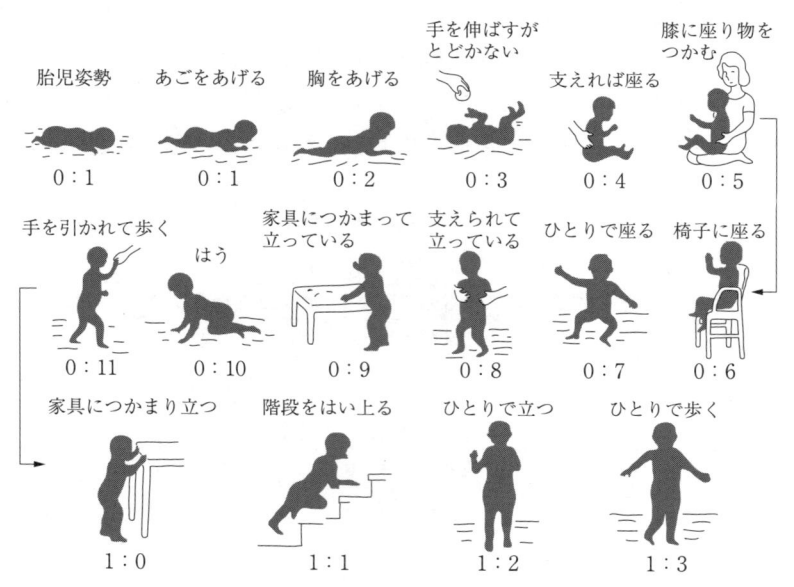

図 3-2　二足歩行までの発達的変化

出典：白佐 1982 p.196。

に3歳頃からは片足で数秒立ち，ケンケンなどもできるようになり，4歳頃からはブランコに立ち乗りできたり，スキップもできたりするようになる。5歳，6歳になると縄跳びや補助輪なしの自転車にも乗れるようになる。

　また，全身運動だけではなく，手の運動機能も並行して発達し，1歳頃から殴り書きをするようになり，1歳6カ月頃になるとぐるぐると丸を描くようになる。2歳を過ぎるときれいな丸を書けるようになり，靴を一人で履けるようにもなる。3歳頃からははさみを使って紙を切ったり，ボタンもはめられるようになり，4歳，5歳頃になると線に沿ってはさみで紙を切ったり，折り紙もつくれるようになったりする。

　さらに，こうした運動発達に伴って，生活習慣も確立し始め，3歳頃上着を一人で脱げるようになり，4歳を過ぎると入浴時に自分の体を洗うことができるようになったり，着衣ができるようになったりする。

（2）児童期・青年期

1）体格の発達

　先に示したスキャモンの発達曲線によれば，児童期（特に後半）から思春期にかけて体格，筋肉，内臓などが急激に発達する。一般的に男児は筋肉質になり，女児は丸みを帯びた体形になるとされ，古くからこの時期は第二次性徴の時期といわれている。

　学校教育では，「学校保健統計調査」が毎年実施されており，文部科学省によって発表されている。これによれば，身長，体重ともに，たとえば1948年度の同年代の子どもたちと比較すると，現在の子どもたちの平均身長は高くなっており，平均体重も重くなっている。

　このように前の世代と比較して，身長や体重の平均値が高くなったり，発育量が最大になる年齢が早くなったりしている現象を**発達加速現象**と呼ぶ。発達加速現象には，身長や体重など量的側面の増加を指す**成長加速現象**と初潮や精通などの性的成熟の早期化を指す**成熟前傾現象**がある。この背景には，生活様式の変化や食べるものの変化などがあることが指摘されている。

２）肥満と痩身

　近年，子どもの肥満および痩身傾向が大きな問題として取り上げられるようになってきている。小田切ら (2013) は，肥満傾向・痩身傾向の出現率に年齢，時代，コホートの要因がどのような影響を与えているかについて研究を行っている。

　この結果によると，肥満傾向の出現率については，年齢要因が最も大きな影響を与えており，男子，女子ともに9歳から10歳に達する以前の小学校低学年期から肥満に対する保健指導が必要であることが示されている。また，コホートによる影響もみられ，男子では1981年以降に生まれた世代以降，女子では 1975 年以降に生まれた世代で肥満の出現傾向が高く，生まれた世代が後半になるほど肥満のリスクが高いことが示されている。こうした背景について，生活習慣の変化（テレビ視聴時間の延長や習い事などによる外遊びの減少など）や食生活の変化（孤食や夜食の摂取による栄養過多）があることが指摘されている。

　痩身傾向の出現率についても年齢要因が最も大きな影響を与えており，低学年から徐々に増えていき，男子では10歳で出現率が最大になり，女子では12 歳で最大になることが示されている。また，コホートによる効果もみられ，男子の場合には 1985 年生まれから 1990 年代半ば生まれの出現率が高く，女子の場合には 1976 年生まれから 1990 年代半ば生まれの出現率が高いことが明らかにされている。こうした背景として，小学校低学年から高学年にかけての不適切な食習慣（少食や欠食），身体活動量の低下などが影響していることが指摘されている。また，性差がみられる点については，女子の方が痩せ願望とそれに付随したダイエット行動などが背景にあると指摘されている。ただし，痩身傾向については，2000 年頃より低下傾向にあり，1993 年生まれ世代以降低下傾向にあることから，何らかの形で抑制が働いていることが示されている。しかしながら，今後痩身志向の強かった世代が保護者になる時代がやってくることから，適切な親子指導の必要性も指摘されている。

2　言語の発達

（1）乳幼児期

1）言語発達の基礎

　人間は，狭義の意味での「言葉」をもって生まれてはこないが，「泣く」という行動を通して周囲の人とコミュニケーションを行っている。実際，お腹が減ったとき，おむつが汚れてしまったとき，眠くて抱っこしてほしいときなど，「泣く」ことによって自分の状況を周囲に知らせ，養育者や保育者は子どもの「泣き」から子どもの気持ちを読み取って，抱っこしたりあやしたりしながら子どもとコミュニケーションを図っている。子どもの言語発達には，こうしたやりとりが重要であり，言語発達の大きな基礎となる。

　言語発達に関する理論については，「生得説」「模倣説」「認知説」などいくつかの仮説があるが，Tomasello（1999）は言語発達には**共同注意（ジョイント・アテンション）**が重要であるとしている。共同注意とは，「自分と他者が同じものに対して注意を向ける」ことであり，「他者が何をみているかを知っている」という能力も共同注意の条件に含まれている。共同注意の能力は，生後9カ月頃から獲得されるようになる（トマセロはこれを「9カ月革命」と呼んでいる）。具体的な行動として養育者の視線の先を追ったり，他者の指さした方向に視線を向けたりするようになるだけでなく，他者の動作を模倣したり，自発的に指さし行動をしたりするようになる。トマセロは，共同注意によって，他者の気持ちや考え方を理解できるようになり，さらに言葉の獲得ができるようになると考えている。

2）話し言葉の発達

　言葉の中でも最初に発達する言葉が「話し言葉」である。一般的に初めて意味のある言葉（**初語**）を話すのは1歳頃であるとされているが，1歳頃に突然言葉が発達するのではなく，それ以前から言葉を発するための準備は行われている。

生後1〜2カ月頃から**叫喚発声**や**クーイング**がみられ，この時期には養育者の口の動きを模倣する「共鳴動作」と呼ばれるものもみられる。その後，単音の**喃語**（例：「アー」「ウー」など）がみられるようになり，続いて「反復喃語」（例：「ババババ」「ママ」など）が生じ，その後「バブ」などの「子音＋母音要素の異なる母音」へと進んでいく。

そして，1歳頃になると初語が生じ，しばらくすると1語で文章のような意味をもつ**一語文**（「ワンワン」という1語の中に「あそこに犬がいる」というような意味が含まれること）が生じる。そして，1歳後半頃になると「パパ，バイバイ」といった2語で文章をつくる**二語文**を話すようになり，その後は，複数の単語を使った文章（多語文）へと発達していく。

2歳を過ぎると単語数はどんどん増えていき，「これ何？」「なぜ，どうして？」といった名称を尋ねたり，因果関係を知りたがったりする質問期がやってくる。そして，3〜4歳頃になると文法が発達し，「だからね」などの接続詞を使うようになり，5〜6歳頃になると会話の基礎的な能力を獲得するといわれている。このように，子どもの言語発達は1歳頃から6歳頃にかけて飛躍的に発達するといえる。

（2）児　童　期

1）読み・書き・計算の発達

近年では，就学前からひらがなを書いたり，読んだりすることができる子どもや簡単な計算ができる子どもが増えているが，それでも読み書き計算の力が飛躍的に発達するのは児童期である。一般的に読み書きの発達については，読みの能力が先に発達し，その後書き言葉が発達する。書き言葉の発達の過程では，文字を逆に書く鏡文字がみられたりするが，小学校に入ると急速に発達していく。計算能力については，幼児期の日常生活の経験から計算を習得するための5つの原理とされている**カウンティングの原理**（Gelman & Galistel 1978）を習得しており，小学校に入ってから3年生くらいまでに加減乗除の基礎的な力が発達していく。

このように，読み，書き，計算など算数の能力は小学校に入る児童期に発

達していくが，一方で**学習障害**（Learning Disorder：LD）の状態像が顕著に
なってくるのもこの時期である。LD には，**読字障害（ディスレクシア）**，**書字
障害（ディスグラフィア）**，**算数障害（ディスカリキュア）**があり，こうした特徴
を示す子どもたちには，療育的支援や合理的配慮を行う必要がある。

２）二次的ことば

　乳幼児期は，特定の対象との対話を中心とした言葉が発達するのに対し，
児童期に入ると不特定多数の人に向けたコミュニケーションが発達するとさ
れている。これについて，岡本（1985）は前者を**一次的ことば**，後者を**二次的
ことば**と呼び区別している。また，一次的ことばは「会話」のためのことば
であるのに対し，二次的ことばは「思考」のためのことばであるともいえる。

　二次的ことばとは，「具体的な場面から切り離され，多数の相手に向けら
れた，一方的な伝達行為であり，音声言語に加えて書字言語を用いる特徴が
あることば」のことである（深谷 2011）。二次的ことばは，学校教育を通して
獲得され，読み書きの経験，多くの人の前での発表などの経験を通して獲得
されていくことばとされている。

3　認知の発達

（1）乳 幼 児 期

１）認知発達の生得性

　第２章で詳述したが，認知の発達については，ピアジェの認知発達理論が
有名であるが，ピアジェの研究以降，脳の活動を計測する技術の進歩もあい
まって，特に乳児の認知の発達に関する研究は目覚ましい発展をみせている。
たとえば，乳児の物理的法則の認知については，生得的な側面が強いことが
示されており，「物体は，他の物体と接触しない限り，作用を及ぼし合うこ
となく，一定の軌跡をたどる」という前提のもと物理的法則の情報処理を
行っているとされている（明和 2012）。また，物理的法則だけではなく，乳児
には数を直感的に理解して，弁別する能力（数覚）も備わっていることが研

究で明らかになっている。

2）素朴理論の発達

　幼児期に入ると言語発達とともに，表象が発達し，記憶やカウンティング
の原理も発達していく。さらに，幼児期には「素朴理論」と呼ばれるものが
発達する。**素朴理論**とは，誰かに教えられて獲得した知識ではなく，日常生
活の中での経験を通して自然に獲得した知識のことである。たとえば，物を
上に投げると必ず下に落ちるなどの物理的な法則に関するもの（素朴物理学），
生き物に関するもの（素朴生物学），人間の心に関するもの（素朴心理学）など
がある。素朴理論は，日常生活の中から一定の規則性を発見して身につけた
一つの知識体系であり，日常生活を営むうえで便利な機能をもっているが，
一方で「思い込み」による知識の側面も強く，学校教育においてはこの素朴
理論の修正が大きな課題になることがある。

3）心の理論

　人間関係を円滑に進めていくためには，「相手がどう感じているか」「相手
が今どんな気持ちか」「相手が何を知っているか」などを理解しておく必要
がある。こうした他者の心の状態，知識，意図，信念などを類推する力のこ
とを**心の理論**と呼ぶ。心の理論は，そもそも「チンパンジーは心の理論をも
つか」という霊長類研究から始まった。

　心の理論の発達を調べる際に使われるのが，**誤信念課題**であり，代表的な
課題に Baron-Cohen et al (1985) によってつくられた「サリーとアンの課題」
がある（図3-3）。「部屋に戻ってきたサリーはビー玉がどこにあると思って探
すか？」が質問になり，心の理論が成立していると，「サリーはアンがビー
玉を箱の中に入れたのをみていないので，ビー玉が移動したのを知らない」
ことを類推できるため，「カゴの中」と答えるが，心の理論が成立していな
い場合には，この類推ができないため「箱の中」と答えるというものである。
これまでの研究から，3歳くらいまでの子どもは「箱の中」と答えるが，4, 5
歳頃になると「カゴの中」と答えるようになり，心の理論が成立していると
されている。

　また，**バロン・コーエン**らは，自閉スペクトラム症の子どもがサリーとア

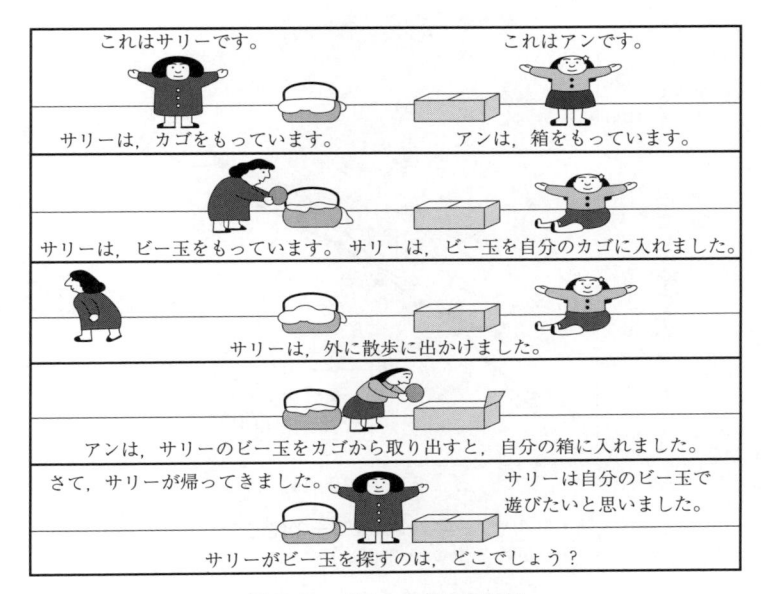

これはサリーです。　これはアンです。

サリーは，カゴをもっています。　アンは，箱をもっています。

サリーは，ビー玉をもっています。　サリーは，ビー玉を自分のカゴに入れました。

サリーは，外に散歩に出かけました。

アンは，サリーのビー玉をカゴから取り出すと，自分の箱に入れました。

さて，サリーが帰ってきました。　サリーは自分のビー玉で遊びたいと思いました。

サリーがビー玉を探すのは，どこでしょう？

図 3-3　サリーとアンの課題

出典：フリス 1991 p.271。

ンの課題の正答率が低いことから，心の理論と自閉スペクトラム症の関係について言及している。

（2）児童期・青年期

1）ワーキングメモリーの発達

　児童期に入ると，**ワーキングメモリー（作動記憶）**（第 4 章参照）と呼ばれる記憶の機能が発達する。ワーキングメモリーとは，情報処理を行いながら，同時に情報を保持する能力のことである。ワーキングメモリーは，一般的に 4 歳頃から 15 歳頃にかけてほぼ直線的に発達していく（図3-4）。

　ワーキングメモリーは，さまざまな場面で必要となる力である。たとえば，暗算をするときにも必要であるし，読書をする際や誰かと会話をする際にも必要となる。学校現場では，たとえば，先生が子どもたちに「A をやった後に B をやり，それが終わったら C をやってください」という指示を出した際，

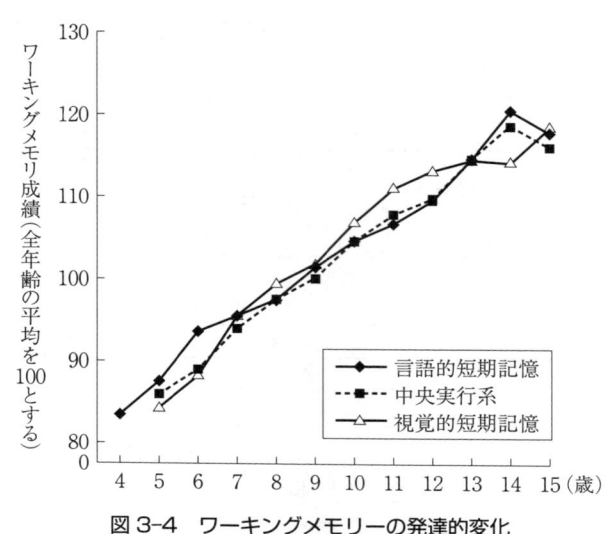

図 3-4　ワーキングメモリーの発達的変化
出典：Gathercole & Alloway 2008.

この課題を達成するためには，ワーキングメモリーの力が必要になる。

　このように，ワーキングメモリーは勉強だけでなく，日常生活のさまざまな場面でも必要となる力である。そのため，ワーキングメモリーが苦手な子どもは，授業についていけなくなる可能性が高く，学習の遅れを引き起こしたり，結果として学校不適応にもつながったりしていく。現在教育現場や臨床現場で頻繁に使われている**ウェクスラー式知能検査**の児童版（WISC-Ⅳ）においても知能を構成する要素の一つとなっている。

2）メタ認知の発達

　児童期は，もう一つ**メタ認知**と呼ばれる能力も発達する。メタ認知の「メタ」とは，「高次の」という意味であり，メタ認知とは「自分の認知活動の認知」のことである。別の言い方をすると，「自分を客観的にみているもう一人の自分」のようなものである。メタ認知は，学習，人間関係，日常生活のさまざまなものに大きな影響を与える能力の一つである。

　たとえば，勉強を効率的に行うためには，どんなことが必要だろうか。ただやみくもに勉強しても効率は悪いし，理解していることをずっとやってい

てもあまり意味はない。つまり，勉強を効率的に進めるためには，「自分が何を理解していて，何を理解していないか」を知る必要がある。こうしたときに働く力がメタ認知である。

　また，メタ認知は，ある活動の計画や実行にも影響を与える。ある目標を達成するためには，何らかの計画を立て，それに沿って実行していく必要があるが，実際に実行してみると計画通りに行かないことも多い。その際，計画のどこでうまくいかなくなったのかを把握し，それに合わせて実行も修正していかなくてはならない。こうした能力を**モニタリング**と呼ぶが，これもメタ認知の一つである。

　メタ認知が苦手な子どもには，メタ認知を促進するような支援や教員がメタ認知の役割を担うなどの支援が必要になってくる。

4　社会性の発達

（1）乳 幼 児 期

1）人への関心とベビーシェマ

　人間の赤ちゃんは，人への関心をもって生まれてくるといわれている。たとえば，Fants（1961）は**選好注視法**と呼ばれる方法で実験を行っているが，いくつかの図形を乳児にみせて注視時間を図ったところ，人の顔の図形を注視する時間が最も長かったことを明らかにしており（図3-5），人間の赤ちゃんはさまざまな刺激がある中で，人に関心を示す能力をもっていると考えられている。

　また，おとなからみて赤ちゃんは「かわいい」と思える存在であるが，おとなが赤ちゃんをみて「かわいい」と思うことにも大きな意味があるといわれている。人間の赤ちゃんは，ほぼ無力な状態で生まれてくるため，成長していくためにはおとなから多くの世話を受ける必要があるが，赤ちゃんにはおとなからの世話を引き出す特徴があるとされている。ローレンツ（1998）はこの特徴を**ベビーシェマ**と呼んだ。その特徴は，体に対する頭の割合が大

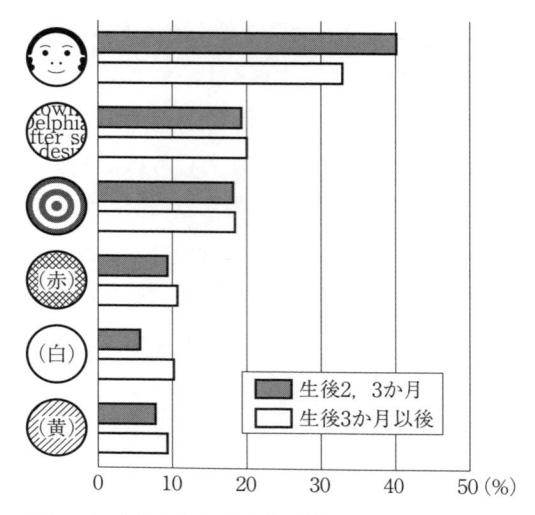

**図 3-5　注視時間からみた乳児の図形パターンに対
する好み**
出典：Fants 1961.

きい，目が大きくて丸く顔の低い位置にある，頰がふくらんでいる，体が丸
くずんぐりしている，動きがぎこちないといったものである。ローレンツは
おとなの養育行動はベビーシェマによって自動的に生じるような仕組みに
なっているとしている。また，こうした仕組みは**生得的解発機構**（動物に生得
的に備わった，特定の刺激に対して特定の反応が生じる仕組みのこと）とも呼ばれてい
る。

2）遊びの発達

　乳幼児期の人間関係については，親子関係だけでなく，同世代の子ども同
士の関係も重要な側面の一つである。特に，現在の日本では，ほとんどの子
どもが乳幼児期から保育園や幼稚園に通うが，一般的に幼児教育では「遊
び」を通して保育を行う。しかし，子どもたちは最初から同世代の子どもと
一緒に遊ぶわけではなく，遊びにも発達的な変化がみられることが明らかに
なっている。遊びの発達的変化で有名なのが，Perten (1932) の示した遊びの
分類である（表 3-3）。

表 3-3　パーテンの遊びの分類

遊びの種類	内容	時期
何もしない行動	何もせず，興味があるものがあればそれを眺めるといった行動をしている状態。	1歳頃
一人遊び	ほかの子どもにほとんど関心を示さず，玩具を相手に一人で遊んでいる状態。	1歳頃
傍観者行動	ほかの子どもが遊んでいるとそれを傍観しているが，一緒に遊ぼうとはしない状態。	2〜2歳半頃
平行遊び	近くで同じような遊びをしているが，やりとりはない状態。	3歳頃
連合遊び	子ども同士で一緒に遊び，やりとりは行われているが，役割分担はとれていない状態。	3〜4歳頃
協同遊び	目的やイメージを共有して遊んでおり，役割分担も明確になっている状態。	5歳以降

　表 3-3 からもわかるように，子どもは最初それぞれ一人で遊んでいるが，少しずつ場を共有するようになり，最終的にやりとりをしながらの遊びへと発達していく。一般的に，一人遊びは幼児期前期にみられ，2〜3歳頃になると平行遊びをするようになり，4〜5歳頃になると協同遊びがみられるようになる。

（2）児童期・青年期

1）社会性の発達

　社会性とは，人間関係を円滑に進めていく能力のことであるが，そのためにはどんな能力が必要になるだろうか。たとえば，自分のいいたいことを我慢し過ぎず，主張し過ぎないといった力が求められる。このような自分自身をコントロールする力を「自己制御」と呼ぶが，自己制御能力は，すでに幼児期から発達が始まっている。

　柏木 (1988) は，自己制御の能力を**自己主張**（自己を主張すること）と**自己抑制**（自分の要求などを我慢すること）の視点から研究を行っており，一般的に自己主張は 3 歳後半から 4 歳頃にかけて急激に伸びるのに対して，自己抑制は 3〜7 歳にかけて少しずつ伸びていくことを明らかにしている。そして，児童期以降は自己主張と自己抑制の 2 つを状況や相手に応じてバランスよくでき

るようになり，協調性などの力も発達していく。

　ほかにも社会性の発達として**向社会的行動**と呼ばれる行動が挙げられる。向社会的行動とは，他者の利益のために生じる自発的行動のことであり，自発的な援助行動のことである。向社会的行動は，幼児期にも生じるが，アイゼンバーグは幼児期と児童期の向社会的行動の違いをその動機づけから説明している。Eisenberg (1992) によれば，幼児期の向社会的行動は，身近な他者からの要求（お母さんがそうしなさいといったから等）から生じるのに対して，児童期以降は善悪に関する一般的な法則（そうするべきだと思うから）によって生じるとしている。

　このように社会性は，幼児期から発達しているが，児童期に入ると認知の発達とあいまって，同じ行動でも別の動機づけから生じるようになったり，より洗練された形で表現されたりするようになってくるといえる。

２）友人関係の発達

　乳幼児期は，一人でできることも限られており，養育者の世話がないと生活できない。そのため，この時期の子どもたちの人間関係は，親子関係の占める比重が大きい。しかし，児童期に入ると人間関係の枠組みは変化し，親子関係よりも，友人関係の比重が少しずつ大きくなってくる。

　保坂・岡村 (1986) は，児童期から青年期にかけての友人関係について３つの発達段階を提唱している。これによれば，児童期後半（小学生高学年）になると**ギャング・グループ**と呼ばれるグループが形成される。このグループには，同一行動による一体感が重視され，一緒に同じ遊びをしている人が仲間であるとみなされ，おとなに隠れて悪いことをしたり，秘密を共有したりするといった特徴がある。また，ギャング・グループには，同じ行動をしない者を仲間外れにするといった排他性と閉鎖性が存在する。

　思春期前半（中学生）に入ると**チャム・グループ**と呼ばれるグループが形成される。このグループの特徴は，内面や価値観の共通性が重視され，自分たちの共通性を言葉で確かめ合うことで仲間関係を形成することにある。一方，この時期は友人との異質性を受け入れ，認めることができる段階ではないため，ギャング・グループ同様，排他的・閉鎖的な特徴は依然として残ってい

る時期でもある。

　思春期後半（高校生）に入ると，**ピア・グループ**と呼ばれるグループが形成
される。この時期に入ると，友人との共通性だけではなく，友人との違い，
つまり異質性を理解し，受け入れることができるようになる。そして，共通
性と異質性を認め，お互いが独立した個人として尊重し合いながら関係をつ
くることができるようになってくる。

　以上のように，児童期以降の友人関係の発達が 1980 年代半ばに明らかに
されているが，近年の子どもたちの仲間関係には変化が生まれているとして
いることも指摘されている。保坂（2010）は，子どもたちの置かれている社会
的な背景から，ギャング・グループの消失，チャム・グループの肥大化，ピ
ア・グループの蔓延化が生じており，結果として表面的な仲間関係，いじめ
の深刻化などが生じていると指摘している。

コラム3：イーガン—生きた知識を育むための想像力

　宇宙，恐竜，危険生物，魔法使い……。子どもたちが夢中になる「定番」というべきものがほかにもいくつか思い当たります。しかし，どうして子どもたちはこういうものが好きなのでしょう。イーガンの著作に触れるまではそのことを少しも疑問に思ったことはありませんでした。

　イーガンはフレーザー大学教育学部で40年以上にわたって教育と研究を行った教育学者です。同校にIERG (Imaginative Education Research Group) を設立するなど，精力的に活動を行っており，著作や論文も多数執筆しています。

　イーガンは，現行の教育思想は3つの大きな教育理念からできていると考えます。3つの教育理念とは，「社会化」「文化的適応」「個性化」です。これらの教育理念は，異なる教育過程の目的をそれぞれの本質としてもっているために競合しています。そして，それが原因となって多くの教育上の論争が生じているとイーガンは指摘します。イーガンの教育理論はこうした理念的対立の図式は誤ったものとして，それらを批判的に乗り越えようとしています。

　イーガンの教育理論の独自性については，言語の発達とそれに伴う「認知的道具」の習得を軸に理論を構築している点にあるといわれています。「認知的道具」という言葉からも明らかですが，イーガンの教育理論の骨子はロシアの心理学者ヴィゴツキーの認知理論です。

　ヴィゴツキーは，われわれの世界の理解の仕方は認知的道具によって形づくられていると考えます。認知的道具の最たる例は言語です。われわれは言語を媒介することで世界の理解の仕方を構築しています。

　子どもを例に考えてみましょう。子どもは年齢を重ねるごとに話し言葉，書き言葉，理論的思考という言語段階を経ていきます。それぞれの段階で習得された言語は，やがて子どもの理解の仕方を形成する認知的道具として機能するようになります。このように子どもの知的発達とは，「習得した文化的道具を認知的道具として自分のものにすることに伴って起こる」とイーガンは考えます。

　イーガンはこのような認知的道具としての言語の発達に注目し，言語の発達に伴って生み出される5つの理解様式 (understandings) を示しています。この5つの理解様式はそれぞれ「身体的理解」「神話的理解」「ロマン的理解」「哲学的理解」「アイロニー的理解」と呼ばれています。

　イーガンにとって教育とは主要な認知的道具の獲得の過程であり，その目指すところは「知るとはどういうことか」という知識観の育成にまで及んでいます。そのような深淵な知識観を得るための鍵としてイーガンが重視しているのが想像力 (imagination) です。

　子どもたちが広大な宇宙や太古の恐竜に夢中になるのは，彼らの想像力の働きによるとイーガンは考えます。こうした対象に向けられる彼らの知ろうとする意欲は，これまでの学校教育において見過ごされてきたものです。イーガン

は，子どもの想像力を重視する教育こそが，生きた知識を豊かに育む糸口であると考え，「深く学ぶ；LiD（Learning in Depth）」というプロジェクトは大きな成果を挙げています。今後は，日本でもこのような想像力を重視した学びが行われていくことでしょう。

1　記憶の種類と方略

（1）記憶の貯蔵庫モデル

　記憶とは，意味のある内容を覚え，必要なときに必要なことを思い出せる心理的な働きである。通常，記憶のプロセスは「覚える→覚えている→思い出す」という3つの段階に分けられる。心理学では「覚える」段階を**記銘**，「覚えている」段階を**保持**，「思い出す」段階を**想起**と呼ぶ。一方，情報科学では，「覚える」を「符号化」，「覚えている」を「貯蔵」，「思い出す」を「検索」と呼ぶ。これは記憶のシステムをコンピュータのアナロジーで考えているためである。

　心理学では伝統的に記憶を短期記憶（Short-Term Memory：STM）と長期記憶（Long-Term Memory：LTM）に分けて考えてきた。確かに日常的な感覚からも，記憶には「すぐに忘れてしまうような内容（短期記憶）」と，「簡単には忘れない内容（長期記憶）」がある。

　アトキンソンとシェフリンは，短期記憶と長期記憶が保持される貯蔵庫があると考え，**短期記憶貯蔵庫（short-term storage）**と**長期記憶貯蔵庫（long-term storage）**からなる**記憶の貯蔵庫モデル（二重貯蔵モデル）**を提唱した。外界から入った刺激は感覚記憶として把握され，その中で必要な情報が短期記憶貯蔵庫に入る。多くの記憶は短期記憶であり，やがて忘却されるが，重要で印象深い内容については長期記憶貯蔵庫に入るというモデルである（図4-1）。

　感覚記憶とは，目や耳といった感覚器官から入力された視覚情報や聴覚情

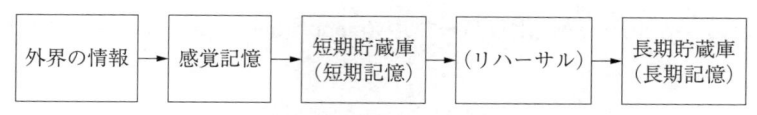

図 4-1　記憶の貯蔵庫モデル

注：記憶の貯蔵庫モデルにおける記憶の種類は感覚記憶，短期記憶，長期記憶
　　の 3 つ。

報が，ごくわずかの時間，**感覚登録器**（sensory registers）で保持される記憶で
ある。感覚記憶の保持時間は非常に短いので，感覚記憶を保持しようとしな
ければ，すぐに忘却されてしまう（視覚情報は数百 mm 秒，聴覚情報は数秒）。た
とえば朝，学校へ行くために歩いていたとする。そのとき，「今どんな音が
した？」と聞かれたら「電車の音」「鳥の鳴き声」など，何か答えられるだろ
う。しかし，「10 秒前にどんな音が聞こえた？」と聞かれても，ほとんどの
場合，答えられないだろう。「20 秒前にどんな人が歩いていた？」と聞かれ
てもなかなか答えられないだろう。通学路の風景は長期記憶化されていて，
そこを歩いている人や音などは聞こえているし，みえてもいるが，特別なこ
とがない限り瞬時に忘れてしまう（しかしほんのわずかな時間は覚えている）。感
覚記憶とはこの瞬間的な記憶を指す。

　短期記憶とは「数秒から数分程度，保持される記憶」である。感覚器官を
通して入力された情報の中で，注意を向けた情報は，短期記憶として短期記
憶庫に貯蔵される。メモができない状況で，初めて聞く電話番号を覚えて，
すぐに電話をかけなければならない場合，電話番号を忘れないように，頭の
中で数字を復唱（リハーサル）するだろう。

　この例からわかるように，短期記憶の容量には**直接記憶範囲**（immediate
memory span）と呼ばれる限界があるため，忘却をしない努力をしないと記憶
を保持できない。一般成人の場合，覚える内容が数字，文字，単語のいずれ
であっても，直接記憶範囲は 7±2 項目程度である。この 7±2 項目は**マジカ
ルナンバー**（Miller 1956）と呼ばれている。

　忘却を防ぎ，長期記憶に転送するために，情報を復唱する処理を**リハーサ
ル**と呼ぶ。リハーサルには，**維持型リハーサル**（maintenance rehearsal：タ

イプ I リハーサル）と**精緻化リハーサル**（elaborative rehearsal：**タイプ II リハーサル**）がある。

維持型リハーサルとは「復唱により短期記憶にとどめる処理」である。たとえば，紙に書き留めるまでのわずかな間，電話番号を復唱するのは維持型リハーサルである。一方，精緻化リハーサルとは「復唱により長期記憶に転送するための処理」である。英単語を何度も紙に書き，何十年も覚えてしまうのは精緻化リハーサルといえる。

短期記憶を長期記憶化するには，「紙に書く」「何度も復唱する」「イメージを使う」などの方法があり，それらは記憶方略として後述するが，いずれにしても，短期記憶庫にあった情報の多くは忘却されるが，リハーサルの回数や印象の強さ，重要度などの影響で，その一部は長期記憶庫へと移行する。なお，すべての短期記憶がリハーサルをしないと長期記憶にならないわけではない。英単語の勉強のように，リハーサルをして長期記憶化されるものもあれば，印象が強くて1回の学習で一生覚えているような長期記憶化もある。

長期記憶とは「数時間から永続的な期間にわたる記憶」である。短期記憶とは異なり，長期記憶は容量の大きさに制限がない点が特徴である。長期記憶は主として意味の形で保存されており，必要に応じて情報が短期記憶に転送され，想起が行われる。

長期記憶には，**陳述記憶**（**エピソード記憶，意味記憶**）と**非陳述記憶**（**手続き記憶，プライミング記憶**など）など，多様な種類があることも特徴になっている。長期記憶の種類については後述する。

長期記憶は半永久的な記憶から数分単位の記憶を含む広い概念である。「自分の名前」は特別な理由がない限り永続的な（死ぬまで忘れることがない）長期記憶の一つである。

また「昨日の夜，何を食べたか」「3分前に友だちと何を話したか」なども長期記憶である。

（2）系列位置効果

記憶の貯蔵庫モデルの妥当性は自由再生法でも確認されている。**自由再生**

法とは，①実験協力者にいくつかの単語を一つずつ提示し，それらを暗記してもらう課題を出す。②それらの単語をどんな順番でもよいので想い出してもらうという記憶の検査法である。

「単語が提示された順番」を**系列位置**という。すると，最初の方に提示された単語と，終わりの方にあった単語の再生率がよく，中間くらいに提示された単語の再生率は低い現象がみられる。これは「系列位置（何番目に提示されたか）が記憶の再生に与える効果」があるために生じた現象である。この効果を**系列位置効果**という。

示された単語のうち，終わりの方で提示された単語が再生しやすいのは，記憶してから時間があまり経っていないため，忘却効果が弱いからである。後半の再生率の高さを生む記憶の効果を**親近効果**と呼ぶ。

自由再生法では，記憶の成績は図 4-2 のような U 字型の曲線を描く。この曲線を**系列位置曲線**という。

実験が始まって単語が提示されたら，実験協力者は単語を暗記しようと（頭の中でその単語を繰り返すなど）何らかの努力をすることだろう。しかし，短期記憶の容量には限界があるので，やがて新しい単語を覚えようとしても，前に覚えた単語が新しい単語の暗記を妨害するようになる。これは**順行抑制**と呼ばれる。逆に，後半に覚えた単語が前半に覚えた単語を忘却しやすくす

〈系列位置効果〉最初と最後の刺激が記憶に残りやすい

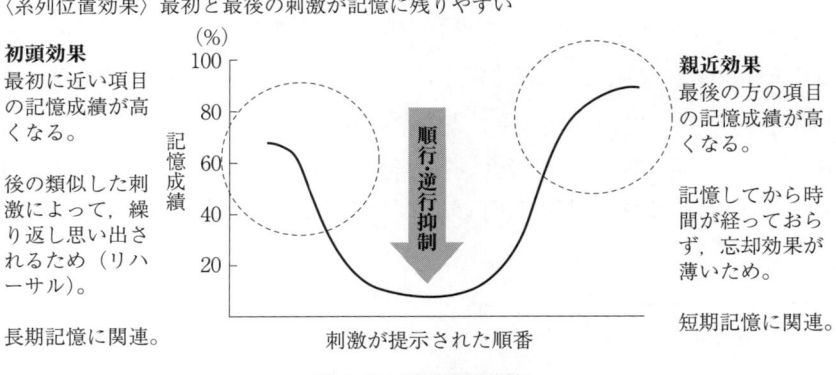

初頭効果
最初に近い項目の記憶成績が高くなる。

後の類似した刺激によって，繰り返し思い出されるため（リハーサル）。

長期記憶に関連。

親近効果
最後の方の項目の記憶成績が高くなる。

記憶してから時間が経っておらず，忘却効果が薄いため。

短期記憶に関連。

図 4-2　系列位置曲線

るのは**逆行抑制**と呼ばれる。順行抑制と逆行抑制の双方の影響を受けて，中間の単語は忘却されやすくなる。

　系列位置効果は単語の記銘だけにあてはまるわけではない。意味のある刺激ならば多くの場合にあてはまるとても強い効果である。

（3）想　　起

　想起とは「記憶された情報の中から，必要に応じて情報を取り出すこと」である。想起には**再生**，**再認**，**再学習**などの種類がある。再生とは保持された記憶がそのままの形で再現されることである。漢字のテストで「きおく」という問題が出て，解答欄に「記憶」と書くのは再生である。

　再認とは，記憶した内容を特定できることである。歴史のテストで「大政奉還は何年か」という選択問題があり，複数の選択肢の中から「1867年」を選べる（特定できる）のは再認である。再学習とは，一度記憶した内容と同じ内容をもう一度学習する方法である。一般に再学習では最初の学習よりも2回目の方が速く学習される。

　想起される保持量は再生，再認，再学習の順に大きくなる。つまり，何もみないで想起する再生が最も難しく，再認がそれに次ぎ，同じ勉強を繰り返す再学習は最も想起がしやすい。

（4）処理水準説

　記憶をしようとするとき，人間は何らかの処理を行っている。Craik & Lockhart (1972) は記憶の処理の深さには，①物理的処理，②音響的処理，③意味的処理の3つの領域があると考えた。物理的処理とは対象をそのまま覚えようとすることで，音響的処理は音として覚えることである。また意味的処理は覚えようとする対象に何らかの意味を付与して覚えようとするものである。

　たとえば，attend（参加する）という英単語と，その意味を覚えようとする場合，物理的処理ならば「えー，てぃ，てぃ，いー，えぬ，でぃ」と，アルファベットを一つずつつなげて attend のつづりを書いて，その後「参加す

る」といいながら暗記しようとする。音響的処理ならば，「アテンド」という音とともに，一つのまとまりとしてattendのつづりを覚え，参加すると続ける。意味的処理ならば語源を使い，atは「〜の方へ」という意味があり，tendは「伸ばす」という意味があるので，attendは「どこかに向かって足を伸ばすこと」，つまり，「参加すること」と覚える。

　記憶の処理の水準が文字水準，音韻水準，意味水準と深くなるに従って，より強く情報が記憶される。

（5）忘　却　曲　線

　いったん記銘された情報は時間の経過とともに失われていく。これを**忘却**という。忘却する時間と節約率をグラフ化したものを**忘却曲線**という（図4-3）。

　節約率とは一度記憶した内容を再び完全に記憶し直すまでに必要な時間（または回数）をどれくらい節約できたかを表す割合である。

〈節約率の算出法〉

$$節約率 = \frac{節約された時間または回数}{最初に要した時間または回数}$$

　たとえばpsychologyという英単語を覚えるために，最初に10分かかったとしよう。20分後に覚え直したときには4分で覚えられたとする。最初の学習では10分かかったものが，20分後の学習では4分で済んだ。つまり6分の短縮がみられる。節約率は6÷10＝0.6。したがって60％の記憶時間の節約がみられたことになる。エビングハウスによる忘却曲線はこの節約率を示したものである。たとえば「20分後に何％忘れてしまうか（忘却の度合い）」を示したものではないので注意したい。

　忘却が生じる理由については，時間の経過によって忘れるという**減衰説**，古い記憶が新しい記憶に干渉したり，新しい記憶が古い記憶に干渉したりし

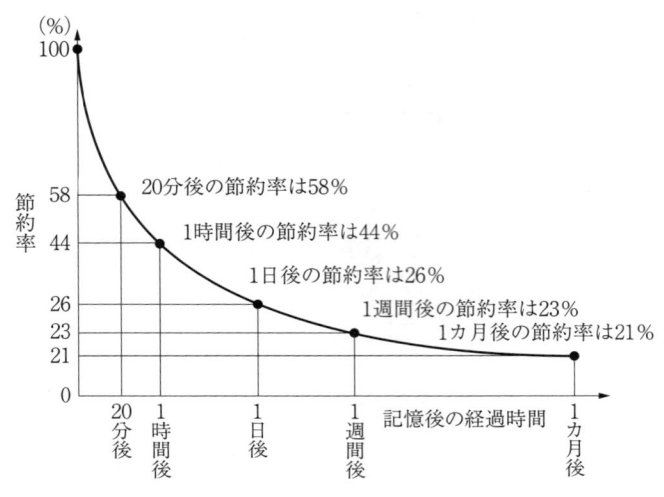

図4-3　エビングハウスの忘却曲線

て忘却が起こるという**干渉説**などがある。

　一般に記憶は時間とともに忘却されると考えてよいだろう。しかし，条件によっては，学習直後よりも一定時間を経てからの方がよく想起できる現象を**レミニッセンス**という。レミニッセンスは成人よりも児童によくみられる。

（6）記憶の種類

1）長 期 記 憶

　よく電話をかける相手の電話番号を覚えてしまうことはないだろうか。それは，短期記憶としての電話番号の記憶が，その電話番号に何度もかけるうちに長期記憶の情報として長期記憶貯蔵庫に転送されたといえる。長期記憶は記憶や知識といった情報が保持される。短期記憶の情報を長期記憶へと転送するためにさまざまな記憶の方略があるが，それらに関する詳述は項を改める。長期記憶に蓄えられたさまざまな知識は，その記憶された情報によって，宣言的記憶と非宣言的記憶について区分され，それぞれの記憶はさらに下位に区分される（図4-4参照）。

　宣言的記憶は，さまざまな事実に関する記憶である。長期記憶に蓄えられ

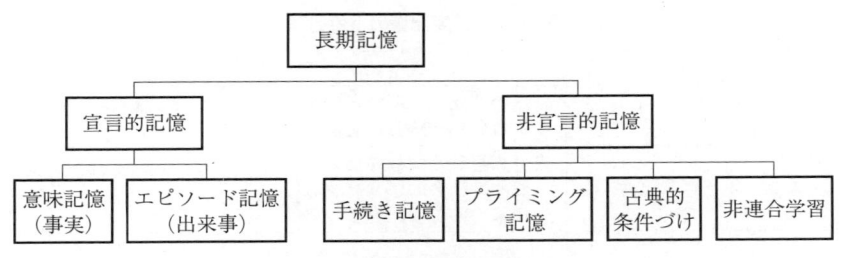

図 4-4　長期記憶の分類
出典：Squire & Zola　1996　pp.13515-13522 より作成。

た知識という観点から，宣言的知識，また言葉で宣言・陳述することが可能なことから，**陳述記憶**ともいう。宣言的記憶は，さらに**エピソード記憶**と**意味記憶**に区分される。エピソード記憶とは，個人的体験や出来事に関する記憶である。「昨日，近くのお店でお昼ごはんを会社の同僚と食べた」というように，いつ，どこで，どんな体験をしたかといったような記憶である。意味記憶とは，言語や概念，規則に関する意味の記憶である。先ほどのエピソード記憶で挙げた例を意味記憶の観点からみると，「昨日」は時間に関する意味をもった言葉で，「近く」はこの場合は距離に関する意味をもった言葉である。また「同僚」は自分との関係に関する意味をもった言葉で，このように言葉の意味の記憶があることで，上記の文章を理解することができる。

　非宣言的記憶は，非宣言的知識，非陳述記憶とも呼ばれる。意識的な想起を伴わない潜在記憶にも位置づけられ，言葉で表すことが困難な記憶で，**手続き記憶**や**プライミング記憶**，**非連合学習**などがある。手続き記憶は，言葉で表すことが困難で，感覚運動などに関する記憶である。お箸のもち方や自転車の乗り方などがある。ちなみに宣言的記憶が手続き記憶に移行していくことを**熟達化**という。プライミング記憶は，先行的に獲得された記憶が意識的な想起なく，後続する事柄に影響を与えるようなプライミング効果に関する記憶をいう。

　非連合学習とは，単一刺激の連続提示によって生じる行動や反応の変化のことで，**馴化**と**鋭敏化**に分類される。馴化は，単一の無害の刺激の連続提示によって，行動や反応が低下していくという特徴がある。馴化の例として，

表4-1　長期記憶の下位分類

		長期記憶の種類	定義	例
長期記憶	宣言的記憶	エピソード記憶	特定の期間，場所などに関する自分が体験した記憶。	昨日のお昼ご飯は，ラーメン。
		意味記憶	自分の経験と関係のない，一般的で社会的に共有する知識についての記憶。	静岡の県庁所在地は，静岡市だ。
	非宣言的記憶	非連合学習	単一刺激の連続提示によって生じる行動や反応の変化。	花火が打ち上げられたときは，ビクッとするかもしれないが，ずっと鳴り続けていると，だんだんと気にならなくなる。
		古典的条件づけ	無条件反応を誘発する無条件刺激に中性刺激を対提示することで，中性刺激が条件刺激に，無条件反応が条件反応になること。	犬にエサをあげるたびに，ベルを鳴らしていたら，ベルの音で唾液が出るようになった。
		プライミング記憶	以前に体験したこと（見聞き）が，その後の経験に意識することなく影響する記憶。	「にんじん」「きゅうり」「じゃがいも」という単語を提示した後，「○くさい」というものをみたら，「はくさい」という単語を思い浮かべる。
		手続き記憶	やり方・技能など，体で覚えた記憶で，一度記憶すると自動的に機能する記憶。	箸のもち方（使い方），自転車の乗り方，竹馬の乗り方。

夏の花火を思い出してほしい。花火が打ち上げられたときは，ビクッとするかもしれないが，ずっと鳴り続けていると，だんだんと気にならなくなる。一方，単一の強烈な刺激（有害もしくはおそろしい刺激）を連続提示することにより行動や反応が増大する様式の非連合学習を鋭敏化という。夜の道を一人歩いているときに，急に声をかけられたりすると驚愕反応が増強されるといったようにである（表4-1）。

2）作業記憶

　電話で相手の大事な話をメモするとき，メモするまでの間大事な話を記憶しつつ，会話を続けたという体験をしたことはないだろうか。私たちは短期記憶において，単に記憶を保持するだけでなく，それと同時に情報の処理も行う。記憶を保持しながら，**心的作業領域**（mental working place）において情

報を処理する機能をもつ記憶であることから，作業記憶という。短期記憶を発展させた新たな情報モデルとして，**バドリーとヒッチ** (1974) によって提唱された。

　作業記憶モデルでは，言語理解や推論のための音韻情報を一時的に保存する**音韻ループ**，視覚的・空間的情報を保持したり，操作したりする**視空間スケッチパッド**，そして上記した下位システムを制御・管理したり，長期記憶との情報のやりとりを行う**中央実行系**などの機構から成り立っているとされている。音韻ループとは，内的に言語情報や音響情報のリハーサルを行うことで一定期間，言語情報や音響情報を記憶にとどめておく仕組みである。視空間スケッチパッドは，視覚情報や空間情報を音韻ループと同じ仕組みで記憶にとどめておく仕組みである。中央実行系とは，音韻ループ，視空間スケッチパッドの調整だけでなく，どこに注意の焦点をあてるかという志向性等の基本的な機能に加えて，新しい知識の獲得や問題解決といった課題に対して，志向的な活動を支える仕組みをもっている。前述のように，バドリーのモデルは，音韻ループ，視空間スケッチパッドという 2 つの従属システムと，中央実行系の 3 つの下位システムからなっているが，バドリーがこのモデルを提唱した以降，さまざまな研究がなされ，バドリーの作業記憶のモデルに今まで欠けているとされた情報統合機能への注意を促し，さらに長期作業記憶理論との橋渡しを担う**エピソードバッファ**も加えたモデルが注目されている（三宅・齊藤 2001 pp.336-350：図 4-5 参照）。エピソードバッファとは，音韻ループ，視空間スケッチパッドの両方で同時に処理をする必要がある事象

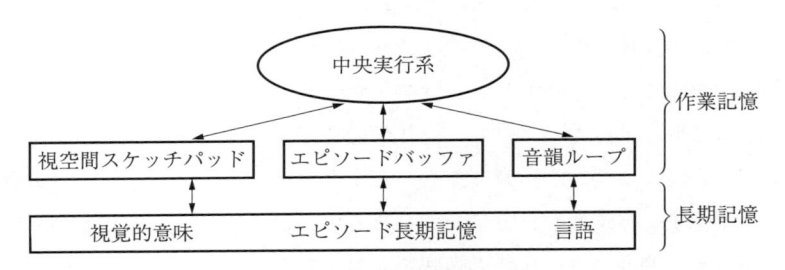

図 4-5　作業記憶モデル

出典：三宅・齊藤 2001。

に際し，それらをつなぐメカニズムとして仮定された概念である。もう少し簡単に説明すると，音韻ループで記憶された情報と視空間スケッチパッドで記憶された情報を，時系列に沿ったエピソード記憶として形成する仕組みをエピソードバッファは担っている。

（7）記 憶 方 略

　感覚器官を通して入力された情報は，符号化され短期記憶に転送される。先には維持型リハーサルと精緻化リハーサルについて説明した。本節ではそれ以外の代表的な記憶法略について説明する。

1）体 制 化

　長期記憶に転送する必要がある情報をバラバラに覚えるのではなく，類似しているもの，同じカテゴリーのもの，同じ意味のものといったように，何かしらのまとまりにして覚える方略を体制化という。たとえば，動物を覚える際，動物のカテゴリー（哺乳類，爬虫類，両生類など），花を覚える際，花のカテゴリー（バラ科，キク科，ボタン科）といったように，何らかのまとまりとして捉え記憶する方略である。

2）チャンク化

　チャンクとは「情報の心理的単位」のことである。記憶することが容易になるような既有の知識を利用して，情報を適当なグループにまとめることをいう。たとえば，固定電話番号の構成もある種チャンク化といえよう（市外局番，市内局番など）。情報量が多い場合，マジカルナンバー7±2の範囲内にチャンク化（チャンキング）することが重要である。

3）その他の記憶方略

　記憶の方略では，維持型リハーサル・精緻化リハーサル，体制化，チャンク化を主に取り上げたが，ほかにも化学の元素記号や歴史の年表の語呂合わせなど，記憶する情報を，意味をもったまとまりにして記憶していく**有意味化**や，記憶すべき情報が自分にあてはまるか，自分にとって意義があるかなどの**自己との関連づけ**，複数の情報を記憶する際，それらの情報を関連づけるイメージを生成して記憶する**イメージ化**など多くの方略がある。有意味化

の例としては，「はがき」と「コップ」といった無関連や単語の対を覚えるとき，「コップの絵が描かれたはがき」と覚えることなどが挙げられる。自己との関連づけの例としては，「反抗期」を覚える際に自分の反抗期と関連づけて覚えるような方法が挙げられる。イメージ化の例として，「figs（いちじく）」という英単語を覚える際，いちじくの絵や写真と一緒に覚えるといったような方法が挙げられる。

2　知能の理解

（1）知能の構造

「あの子は地頭がよい」という表現がある。これは単に勉強の成績がよいだけではなく，さまざまな領域で頭の回転が速く，適切な回答を出すという意味である。知的な働きには基盤のようなもの（地頭）があり，そのうえに個々の領域の学力があると考える立場である。一方，地頭は存在せず，個々の領域の勉強をこつこつと積んでいけば，全体的な知的な働きも向上すると考える立場もある。地頭の存在を仮定するか，しないかで，「頭のよさ」の理解はずいぶん異なる。知能を考えるとき，地頭に相当するのが一般知能である。

　知能を構造的に捉えようとする学説は一般因子を仮定するか，しないかで二分される。一般因子があると考える説（スピアマンの二因子説やバーノンの階層群因子説）では，すべての知的機能に共通して働く一般因子（一般因子：g 因子）と個別の領域の特殊因子が存在すると考える。

　一般因子はないと考える説には**サーストンの多因子説，キャッテルの結晶・流動知能説，ギルフォードの知能の立体モデル**あるいは**モジュール説**（相対的に独立してさまざまな機能によって構成されているという考え方）などがある。モジュール説のモジュール（module）とは，工学用語やソフトウェアのプログラミング用語で，「相対的に独立して機能するもの」もしくは「いくつかの機能を集めて，まとまりをもった機能」といった意味である。

一般因子説における一般因子とはいわばパソコンの OS（Operation System：オペレーティング・システム）のようなものである。一般因子説は知的活動を行う際，OS である一般因子が欠かせない。それに対し，モジュール説の立場をとる知能理論は，OS である一般因子は必要ないとする立場で，その状況に合わせて，さまざまな各領域の知能が独立して，ときに複数の知能がまとまって機能する知能観に支えられている。

（2）一般因子を仮定する説

1）スピアマンの二因子説

　スピアマンの二因子説は，知的活動全般に共通して働く**一般因子（g 因子）**と個々の知的活動に働く**特殊因子（s 因子）**の存在を仮定するものである。一般因子は，認知的な処理が必要な状況全般において共通に働く因子とした。スピアマンによってみいだされた特殊因子は，古典（S1），仏語（S2），英語（S3），数学（S4），弁別力（S5），音楽（S6）で，これらの特殊因子はその状況に合わせて働く因子で，他の特殊因子とは独立しているとした（図 4-6）。

2）バーノンの階層群因子説

　バーノンの階層群因子説は，階層という言葉からもわかる通り，一般因子と特殊因子を階層構造によって捉えた知能の構造モデルである。一般因子

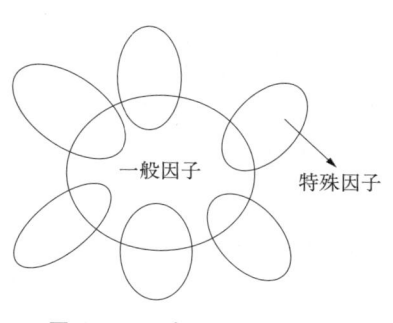

図 4-6　スピアマンの二因子説

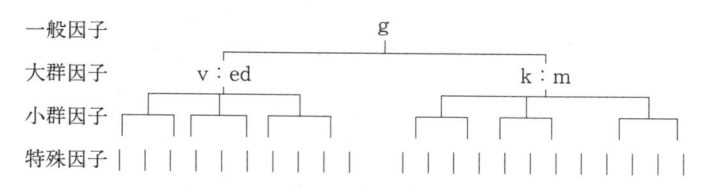

図 4-7　バーノンの階層群因子説

出典：Vernon 1950.

（g 因子）を最も上位の因子として設定している。一般因子の下位に，v：ed 大群因子（言語−教育的因子）と k：m 大群因子（筋肉運動的−機械的因子）の 2 因子を設定し，さらにこれらの大群因子の下にいくつかの小群因子，そして小群因子の下に特殊因子があるとした（図 4-7）。

（3）一般因子を仮定しない説

1）サーストンの多因子説

スピアマンの二因子説があまりにも単純であるという見解をもっていたサーストンは，多因子説を唱えた。知能検査に用いられるさまざまな下位検査を被験者に実施し，その結果を因子分析によって分析を行った。その結果，①数量因子，②語の流暢性因子，③言語理解因子，④記憶因子，⑤推論因子，⑥空間因子，⑦知覚因子の 7 因子によって知能は構成されているとした。この 7 因子は，**基本的精神能力（primary mental abilities）** と名づけられ，指揮者のような一般因子を仮定するのではなく，7 つの因子が等しく重要であるという知能構造論を説いた。それぞれの因子は，単体でも発展および機能するが，行う知的活動の特徴に応じて必要な因子が働くと考えた。つまりモジュール説の先がけといえる説である（図 4-8）。

2）ギルフォードの知能の立体モデル

ギルフォードは知能の形態学的な分類モデル（立体モデル）を提唱した。ギルフォードは，**情報の内容（内容：content）・情報が伝えるものや情報の形式（所産：product）・情報に加える心的操作（操作：operation）** の 3 次元から立体

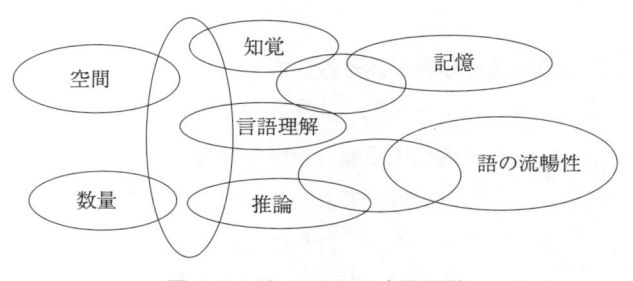

図 4-8　サーストンの多因子説

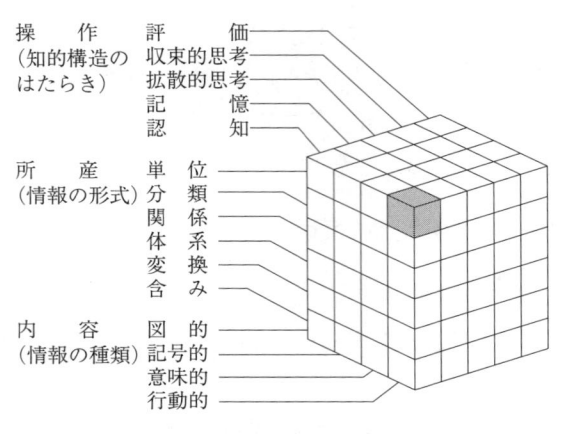

操　作　　評　　　価
（知的構造の　収束的思考
はたらき）　拡散的思考
　　　　　　記　　　憶
　　　　　　認　　　知

所　　産　　単　　　位
（情報の形式）分　　　類
　　　　　　関　　　係
　　　　　　体　　　系
　　　　　　変　　　換
　　　　　　含　　　み

内　　容　　図　　的
（情報の種類）記号的
　　　　　　意味的
　　　　　　行動的

図 4-9　ギルフォードの知能の立体モデル
出典：Guilford 1967 より滝沢 1971 作成。

モデルを仮定している。それぞれの次元を説明すると，内容の次元は，図的，記号的，意味的，行動的の 4 つに分類されている。所産の次元は，単位，分類，関係，体系，変換，含みの 6 つに分類されている。操作の次元は，評価，収束的思考，発散的思考，記憶，認知の 5 つに分類されている。つまり内容 (4)×所産(6)×操作(5)＝120 個の知能因子を仮定した。

　ギルフォードの知能構造論は，従来の知能構造論にはみられなかった**収束的思考**と**発散的 (拡散的) 思考**が含まれている。すでにある情報をもとに，一つの正しい答えへたどり着くような思考を収束的思考といい，情報をもとにさまざまな方向に考えを巡らせ，新しいアイデアを生み出すような思考を発散的思考という。発散的思考は創造性 (creatively) の本質として重要視されている（図 4-9）。

3）キャッテルの結晶性知能と流動性知能

　キャッテルは，バーノンとは違う知能観の立場に立ちながら，多因子説の理論を提唱した。これは**結晶性知能**と**流動性知能**として知られている。

　結晶性知能とは，経験や獲得してきた知識の豊かさに関連した知的能力で，文化や教育の影響を受ける。他方，流動性知能とは，新しい知識を獲得したり，計算などの心的作業のスピードに関連したりする能力で，文化や教育の

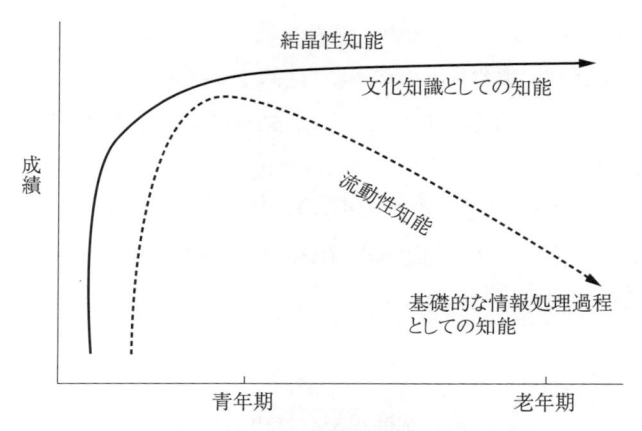

図 4-10　結晶性知能と流動性知能の生涯発達
出典：Baltes et al 1984.

影響を比較的受けにくい。流動性知能は，青年期までは急速で着実な発達曲
線を示すが，10 代の終わりか 20 代のはじめに発達の頂点に達してしまう。
その後，緩やかに能力は衰退していき，60 歳頃を境にさらに低下する。一方，
結晶性知能は顕著な低下は示さず，その知能は維持される（図 4-10）。

3　知能を測る

　知能を測定しようとする試みは，ビネーによって始まったといわれている
（中村・大川 2003 pp.93-111）。そこで知能の測定の歴史的な流れをビネーから
追っていく。最後に個別式知能検査としてビネー式知能検査と同様に広く使
用されているウェクスラー式知能検査についても触れておく。

（1）ビネー式知能検査

　ビネーは，1905 年，学校教育についていけない精神遅滞の子どもたちの早
期のスクリーニング法の開発を要請され，**シモン**と協力して**シモン・ビネー
知能検査**を開発した。そして 1908 年，ビネー式知能検査は，検査を受けた児
童が解答できた課題の難易度を判定の材料とした**精神年齢**（MA：Mental

Age）を測定できるようになった。精神年齢とは，知能検査を受けた人の知能の発達の水準が何歳ぐらいの平均に相当するかを表した指標である。1916年，スタンフォード大学の教授であった**ターマン**は，**スタンフォード・ビネー知能検査**を開発した。このスタンフォード・ビネー知能検査において**知能指数（IQ）**が知能の指標として用いられている。

　知能指数は，精神年齢を**生活年齢（CA：Chronological Age）**で割って100をかけたものをいう。

〈知能指数の算出法〉

$$知能指数（IQ）= \frac{精神年齢（MA）}{生活年齢（CA）} \times 100$$

　知能指数の算出法を知ったところで，教員採用試験に実際に出された問題を解いてみてほしい。

【問題】　満10歳5カ月になるA君が知能検査を受けたところ，その得点は85点であり，これを精神年齢に換算すると12歳6カ月であった。10歳5カ月児の集団の平均点は73点，標準偏差は8.0である。A君の知能指数と偏差値を求めなさい。

　上記の問題は，偏差値の算出も求められるので，偏差値の算出法についても説明する。

〈偏差値の算出法〉

$$偏差値= \frac{個人の得点 - 全体の平均点}{標準偏差} \times 10 + 50$$

　上記の問題の解答は得られたであろうか。この問題を解くポイントは，年齢を月齢に換算することである。たとえば，A 君の精神年齢 12 歳 6 カ月，これを月齢に換算すると，12 歳×12 カ月（1 年）＋6 カ月なので，精神年齢は150 となる。次に生活年齢は 10 歳 5 カ月，これを月齢に換算して，125 となる。これらの数字を知能指数を算出する式に入れて解くと，以下のようになる。

〈A 君の知能指数を算出する式〉

$$\frac{150}{125} \times 100 = 120 \qquad\qquad 答え\quad IQ120$$

　次に，偏差値を算出する式に，問題に出ている個人の得点（85 点），集団の平均点（73 点），標準偏差（8.0）を入れて計算してみると以下のようになる。

〈A 君の偏差値を算出する式〉

$$\frac{85 - 73}{8.0} \times 10 + 50 = 65 \qquad\qquad 答え\quad 偏差値 65$$

　なお，伝統的知能の指標である「IQ：知能指数（Intelligence Quotient）」という概念を最初に提唱したのは，ビネーではなく，「発達を規定するのは遺伝か環境か」というテーマで輻輳説を唱えた**シュテルン**である。日本におけるビネー式知能検査は，教育心理学者の**田中寛一**によって，**田中ビネー知能検査**が開発されている。

（2）ウェクスラー式知能検査

　ビネー式知能検査と並ぶ代表的な知能検査に**ウェクスラー式知能検査**がある。ウェクスラー式知能検査は，1939 年，医師の**ウェクスラー**によって開発された。ウェクスラー式知能検査の知能観は，多因子説的，モジュール説的

な知能観に基づいている。ウェクスラー式知能検査は，総合的な知能指数だけでなく，**言語性知能指数**と**動作性知能指数**が算出できる。ウェクスラー式知能検査は，**WPPSI-Ⅲ**（2～7歳用），**WISC-Ⅳ**（5～16歳用），**WAIS-Ⅲ**（16～89歳用）などが開発されている。

　言語性知能指数を測定する下位検査は，知識，類似，算数，単語，理解，数唱で構成されている。動作性知能指数を測定する下位検査は，絵画完成，符号，絵画配列，積木模様，組み合わせ，記号探し，迷路で構成されている。

　言語性知能指数と動作性知能指数のプロフィールだけでなく，それらの下位の検査のプロフィールから，個人の知能を明らかにできる。

　ウェクスラー式知能検査は，ビネー式知能検査で用いている知能指数を指標として用いず，**偏差知能指数**という指標を算出し，それを指標として用いている。偏差知能指数の算出法は以下の通りである。

〈偏差知能指数の算出法〉

$$偏差知能指数 = \frac{15(X-M)}{SD} + 100$$

※X は個人の得点，M は同一年齢集団の平均点，SD は標準偏差。

　最後に，ビネー式知能検査において用いられた知能指数（IQ）とウェクスラー式知能検査において用いられている偏差知能指数（DIQ）の違いを説明する。

知能指数 （IQ：Intelligence Quotient）	シュテルンが提唱し，ターマンが実用化した。生活年齢と精神年齢の比を基準とする。（精神年齢〔MA：Mental Age〕÷生活年齢〔CA：Chronological Age〕）×100
偏差知能指数 （DIQ：Deviation IQ）	同年齢集団内での位置を基準とした標準得点を指標としている。 15(X−M)/SD＋100 ※X は個人の得点，M は同一年齢集団の平均点，SD は標準偏差。

　IQ の算出方法は，生活年齢と精神年齢の比を基準とし，IQ100 を被験者の
実際の年齢（生活年齢）に相応するとして，換算している。そして，そこから，
被験者の知能の発達がどの程度高いか（もしくは低いか）を表しているもので
ある。しかし，この IQ100 という数字は，先にも触れたように，便宜上の数
字であり，同年齢集団内での位置を基準としたものではない。一方，DIQ は，
同年齢集団に則した分布を基準としているため，DIQ の指標の方が，被験者
の実際の知能を反映している。

第5章　学習理論と認知理論による「学び」

　私たちは，生まれてからこれまで多くのことを学んできた。その学びの領域は非常に多岐にわたっている。赤信号は止まるなどの社会的なルール，人の悪口をいってはいけないなどの人間関係のルール，あるいは車の運転などの技能に関するものなど，挙げるときりがないくらい広範囲のものを成長とともに学んできた。

　心理学ではこの「学び」のことを**学習**と呼んでいる。第1章でも簡単に触れたが，心理学において学習は，「行動主義的な学習観」と「認知主義的な学習観」の2つの意味で使われており，前者では学習を「経験による比較的永続的な行動変容」と定義しており，後者では「人が自ら環境に働きかけ，心の中に表象を構成していく過程」と学習を定義している（藤澤 2017）。

　本章では「学習」について，行動主義的な学習と認知主義的な学習について解説する。

1　行動主義的な学習

　心理学に**行動主義**と呼ばれるアプローチがある。行動主義は，1900年初頭にワトソンによって提唱された考え方で，「科学」を目指した心理学のアプローチである。それまで心理学の研究対象であった「意識」へのアプローチのアンチテーゼとして生まれたもので，客観的な測定ができる「行動」を研究対象とするべきであると主張した。その後，行動主義は**新行動主義**へと発展していったが，その代表的な人物に**スキナー**がいる。

　行動主義的な学習といった場合，このスキナーの条件づけ理論に基づいた学習を指すことが多い。スキナーは，行動を**レスポンデント行動**と**オペラン**

ト行動の 2 つに分類し，それぞれの行動の学習を説明するものとして，**レスポンデント条件づけ（古典的条件づけ）**と**オペラント条件づけ（道具的条件づけ）**の 2 つを区別した（Alberto & Troutman 1999）。

（1）レスポンデント条件づけ

　レスポンデント条件づけ（古典的条件づけ）とは，レスポンデント行動の学習を説明する理論のことである。まず，レスポンデント行動とは，「ある特定の刺激によって引き起こされる反応」のことをいうが，たとえば熱い物を触ったときに手を引っ込める反応や食べ物を口に入れたときに唾液が分泌される反応がこれに該当する。いわゆる**反射**と呼ばれる反応で，生得的に備わった行動である。

　レスポンデント行動は，特定の刺激と反応の結びつきが非常に強い関係にあり，レスポンデント行動を引き起こす刺激のことを**無条件刺激**（誘発刺激ともいう），無条件刺激によって生じる反応のことを**無条件反応**と呼んでいる。では，レスポンデント条件づけとは一体何か。レスポンデント条件づけの説明で最もよく使われる事例が**パヴロフの犬の実験**であり，レスポンデント条件づけの基礎になった実験でもある。

　ロシアの生理学者であったパヴロフは，犬を対象にして消化腺の研究を行っていた。その際餌を与えていない（口の中に食物を入れていない）にもかかわらず，パヴロフの姿をみるだけで，犬がよだれを垂らす反応を示すようになったことに気づき，彼はこの現象から，「自分の存在と餌が結びついて，餌がもらえることを学習したのではないか」と考え，ベルを用いた実験を行った。

　手続きは非常に簡単で，「ベルを鳴らした後に餌を与える」という手続きを繰り返し行ったというものである。実験の結果，犬はベルの音を聞いただけでよだれを垂らすようになった。犬は（人間もそうだが），生得的にベルの音を聞いて唾液が分泌されるという反応を示すことはない。それにもかかわらず，ベルの音を聞いただけで唾液の分泌が起こるようになったということは，ベルが鳴った後に，餌がもらえることを学習したからである。これがレスポ

ンデント条件づけの典型的な例である。

> レスポンデント条件づけとは，本来，無条件刺激によって生じる無条件
> 反応が，無条件反応とは何ら関係ない刺激（**中性刺激**と呼ぶ）と対提示さ
> れることによって，中性刺激が無条件刺激と同じ行動を引き起こすよう
> になる手続きのことをいう。

　レスポンデント条件づけでは，無条件刺激と同じ行動を引き起こすように
なった中性刺激を**条件刺激**と呼び，条件刺激によって生じるようになった反
応を**条件反応**と呼ぶ（図5-1）。日常生活の中で，梅干しやレモンなどすっぱ
いものをみたり，想像したりすると唾液が分泌されるが，これもレスポンデ
ント条件づけによるものである。
　さらに，特定の状況下で特定の情動や緊張を経験する場合，これにもレス
ポンデント条件づけの過程が関与していると考えられている（木村 1985）。特
定の情動に関するレスポンデント条件づけに関して，ワトソンの行った**恐怖
条件づけ**の実験がある。これはアルバートと呼ばれる生後11カ月の男の子
に行った実験であり，白いネズミに対する恐怖を条件づけた有名な実験であ
る。
　アルバートは，最初白いネズミに恐怖を示していなかった。しかし，アル

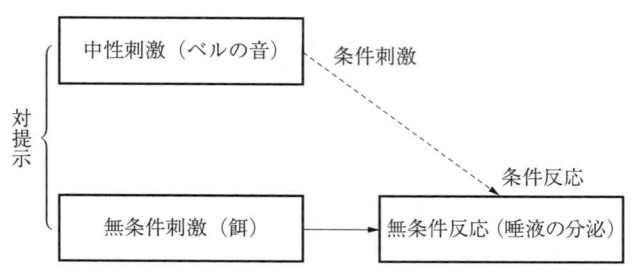

図5-1　レスポンデント条件づけ
注：実線は，本来の刺激と反応の関係で，点線が条件づけによる
　　刺激と反応の関係。

バートがネズミに触れると，頭の背後で大きな音が鳴るという手続きを繰り返した結果，白いネズミを怖がるようになった。これは，本来恐怖を引き起こさない刺激であった「白いネズミ」(中性刺激) が，子どもにとって「恐怖」という無条件反応を引き起こす「大きな音」(無条件刺激) と対提示されることによって，白いネズミ (条件刺激) に恐怖 (条件反応) を示すようになったと理解できる。

　そもそもこの実験は，倫理的にあってはならない実験ではあるが，恐怖がレスポンデント条件づけによって生じることを実証したことは，その後の心理学の発展にも大きな影響を与えた。特にカウンセリングの分野では，レスポンデント条件づけを応用した技法として**系統的脱感作法**，**フラッディング**，**エクスポージャー**などが開発されており，恐怖や不安反応の低減に効果を示している。

（2）オペラント条件づけ

　私たちは，特定の刺激によって引き起こされるレスポンデント行動だけで生活しているわけではない。より能動的，自発的に行動しており，日常生活はこちらの方が圧倒的に多い。特定の時間になったら，講義を受けるために特定の教室に行ったり，特定のテレビ番組を毎週欠かさずみたり，自発的に行動しながら生活している。こうした自発的な行動のことをオペラント行動 (道具的条件づけ) と呼び，オペラント条件づけはこのオペラント行動の学習を説明する理論である。

> オペラント条件づけとは，能動的，自発的な行動に対して，強化子を提示することで行動の頻度を操作する手続きのことである。

　オペラント条件づけでは，人間の行動の生起過程を図 5-2 のような形で考える。行動に先行する刺激を「先行刺激」と呼び，これは行動を引き起こすきっかけとなる刺激のことである。そして，行動の後に生じる環境からの応

図 5-2　オペラント条件づけの生起過程

答や環境の変化を「結果」と呼び，この先行刺激，行動，結果の関係のこと
を**三項随伴性**と呼んでいる。そして，オペラント条件づけでは特に「結果」
がその後の行動の生起に大きな影響を与えると考えている。

　具体的な例を図 5-3 に示してあるが，ここからも行動が「結果」から大き
な影響を受けていることがわかるだろう。さらに，この図をよくみてみると，
オペラント条件づけには大きく 2 種類のパターンがあるのがわかるだろうか。
結果によって「行動が増える」パターンと結果によって「行動が減る」パ
ターンの 2 種類である。行動の後にその人にとって何か「よいこと」が起こ
れば，その行動は増え，何か「嫌なこと」が起これば，その行動は減ること
になる。行動の後に生じる「よいこと」をオペラント条件づけでは，**正の強
化子**と呼び，反対に「嫌なこと」を**負の強化子**と呼んでいる。

　図 5-3 をみると，①と②の例は，行動が増える条件づけになるが，行動の
後の結果が，行動を増やす方向に影響を与えることをオペラント条件づけで
は**強化**と呼んでいる。そして強化にも 2 種類あり，①の例は行動の後に「よ
いことが起こる」（正の強化子が提示される）というものであるのに対し，②の
場合は，行動の後にもともとあった「嫌なことがなくなる」（嫌悪刺激が除去さ
れる）条件づけになっている。オペラント条件づけでは，①のような行動の
後に正の強化子が提示される強化のことを**正の強化**と呼び，②の例のような
行動の後にもともとあった嫌悪刺激がなくなる強化のことを**負の強化**と呼ぶ。

　一方，③と④の例は，行動が減る条件づけになるが，行動の後の結果が，
行動を減らす方向に影響を与えることをオペラント条件づけでは，**弱化**ある
いは**罰**と呼んでいる。そして強化同様，弱化（罰）にも 2 種類あり，③のよ
うに行動の後に「嫌なことが起こる」（負の強化子が提示される）弱化のことを
正の弱化と呼び，④の例のような行動の後にもともとあった「よいことがな
くなる」弱化のことを**負の弱化**と呼ぶ。

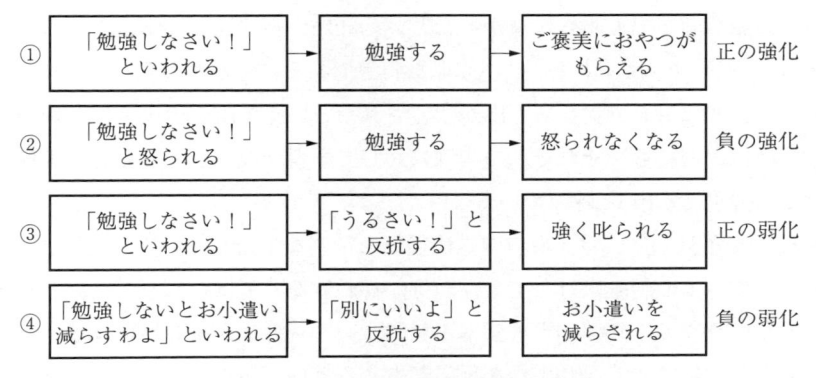

図 5-3　オペラント条件づけの具体例

出典：守谷 2015 を一部改変。

　このようにオペラント条件づけは，三項随伴性の観点から人間の学習を捉えていくが，さまざまな領域にも応用がなされている。具体的には，学習指導の領域では**プログラム学習**と呼ばれる指導方法に応用され，臨床心理学や特別支援教育の領域では，目標とする行動にできる行動から徐々に近づけていく**シェイピング**と呼ばれる技法や**応用行動分析**という形で応用されている。

（3）般化と弁別

　人間の学習は条件づけによって生じていることは間違いないが，すべての学習が直接条件づけによって成立しているわけではない。人間は，もう少し柔軟に生きており，どこかで学習した行動を別の状況で示すことがある。たとえば，過去に親に叱られて，反省の態度を示したら，その後叱られなくなったという経験をした結果，学校で先生に叱られたときにも反省の態度を示すようになったということもある。この現象は，似たような刺激に対して同じ行動が生じていることになり，条件づけではこの現象のことを**般化**と呼んでいる。

　一方，たとえばある先生の授業は静かに聞き，別の先生の授業では私語が多くなってしまうという経験もしたことがあるのではないだろうか。これは，前者の先生の場合には，私語を話したら厳しく叱られ，後者の先生の場合に

は，私語を話しても叱られなかったという経験から成立した学習であると考えられる。つまり，「先生」という似た刺激であるにもかかわらず，それぞれの「先生」に対して異なる反応が学習されたといえる。このように，刺激としては似ていても，それぞれの刺激に対して学習が成立することを，条件づけでは**弁別（分化）**と呼んでいる。

　般化と弁別（分化）は，環境適応に重要な役割を果たしている。般化がなければ，すべての刺激に対して条件づけが行われなくてはならないため，環境適応という点でみれば非常に効率が悪い。一方，弁別が生じなければ，似たような刺激に対して同じような反応が生じるという現象が起こってしまうため，刺激の変化に対応できなくなってしまう。

（4）消　　去

　条件づけによって生じた学習は，一度成立すると消えないかというとそうではない。過去に犬に嚙まれたという経験をして，犬に近づくことに恐怖を感じるという学習をしても，勇気を振り絞って犬に触れるという経験を繰り返し行い，嚙まれないという体験をしていけば，犬に対する恐怖感情は減少していく。このように，一度成立した学習がなくなっていくプロセスのことを，条件づけでは**消去**と呼ぶ。

　消去の原理は非常に簡単である。レスポンデント条件づけでは，条件刺激と無条件刺激の対提示を止め，条件刺激のみを提示し続ければ消去が成立する。オペラント条件づけでは，行動の後の強化子を操作すれば消去が可能である。たとえば，「勉強をすればお小遣いがもらえる」という正の強化によって「勉強する」という学習が成立していた場合，「勉強してもお小遣いがもらえない」ということを繰り返し経験すれば，「勉強する」という行動は消去されることになる。

　さらに，オペラント条件づけにおける消去には，いくつかの特徴があることが明らかになっている。どの程度の手続きで消去がなされるかを表す概念に**消去抵抗**（消去のされにくさ）と呼ばれるものがある。条件づけによって学習された行動がなかなか消去されない場合，「消去抵抗が強い」と表現した

りするが，この消去抵抗は強化の手続きと大きな関係があるとされている。

　強化には，大きく**連続強化**と**部分強化**の2種類がある。連続強化とは，行動を行うたびに強化を受ける手続きであるの対し，部分強化は，何回かに1回，ときどき強化を受ける手続きである。これまでの研究によれば，連続強化の手続きを受けた行動よりも，部分強化の手続きを受けた行動の方が消去抵抗が強いことが明らかになっている。また，消去の手続きを一時的に止めると，その止めた時間に応じて，オペラント行動が増えることも明らかになっており，これを**自発的回復**と呼ぶ。

2　社会的学習理論

（1）観 察 学 習

　レスポンデント条件づけとオペラント条件づけは，経験の中でも，個体が直接経験することで成立する学習を説明するものである。しかし，私たちは直接経験だけで学習をしているわけではない。たとえば，毒キノコを食べて死にかけたという経験がなくても，毒キノコを食べることはしない。つまり，人間は直接経験だけでなく，誰かの経験をみたり，聞いたりしても学習が成立するといえる。このように他者の行動を観察することで成立する学習のことを**観察学習**と呼ぶ。

　Bandura et al (1963) は，幼稚園児を2つのグループに分け，一つのグループには，おとなが人形に暴力を振るう映像をみせ，もう一つのグループには，人形と遊んでいる映像をみせた。その後，幼稚園児1人ずつ同じ人形で遊んでもらった結果，人形に暴力を振るう映像をみた子どもは，おとなと同じ行動を真似するという結果が得られ，観察学習の存在を実証的に明らかにしている。たとえば親が犬嫌いであると，自然と子どもも犬を怖がるようになるといった現象がみられるが，これはレスポンデント行動の観察学習であり，Berger (1962) はこれを実験的に証明しており，「代理的古典的条件づけ」と呼んでいる。

コラム4：ソーヤー—創造性と社会の変化

　創造性とは何でしょうか。かつて「創造性」とは一人の天才が生み出す新しい理論や技術革新でした。そうした創造性も大切ですが，現在ではもっと日常的な創造性が注目されています。つまり，グループで話し合い，多様な意見やアイデアが出され，それをまとめるプロセスを創造性と考える研究者が増えているのです。この創造性は，学校で子どもたちが意見を出し合い，意見をまとめて，発表するプロセスと同じです。

　天才からみれば，それはとてもちっぽけで，創造性と呼ぶに値しないのかもしれません。しかし，ソーヤーという認知心理学者は「それこそが創造性ではないか」と述べました。さらに Sawyer (2005) は，社会が変わるのは，一人の天才の作業ではなく，ごくごく普通の人々が，いろいろな意見を出し合い，新しいアイデアを（ささやかでも）生み出して，話し合うことを積み上げた結果だと主張しています。

　Sawyer (2005) によると，社会学はミクロ社会学（個人の間の相互作用について研究する分野）とマクロ社会学（広範囲の社会現象を研究する分野）に分断されています。だから，学校で多少話し合い学習（ミクロの学習）をやっても，社会に変化を与えるような影響力（マクロの変化）とどのようにつながっているのか，明確ではありませんでした。Sawyer (2005) によると，学校での話し合い学習とはレベルBの相互作用ですが，何の工夫もなくそれを積み上げても社会構造（レベルE）まではなかなか結びつきません（図参照）。

社会的構造（レベルE） 主要な文化や法律，社会構造や社会施設，都市デザインなど
安定した創発（レベルD） グループのサブカルチャー，グループのスラングとキャッチフレーズ，会話として繰り返されるもの，共有された社会的実践，共同体としての記憶
つかの間の創発（レベルC） トピック，文脈，相互作用的枠組み，参加構造；関連する役割と立場の割り当て
相互作用（レベルB） 会話の傾向，シンボリック相互作用，コラボレーション，交渉
個人（レベルA） 意図，媒介，記憶，パーソナリティ，認知的過程

図　創発の階層とその範囲

そこで Sawyer (2005) は，ミクロとマクロの間に「つかの間の創発」(レベル C) と「安定した創発」(レベル D) という 2 つの次元を挿入しました。話し合い学習の中には，子どもらしい斬新な意見やアイデアが含まれています。子どもの何気ない会話の中にある，ささやかな創造性は，誰かが発見し，認めてくれないと消えてしまう「つかの間」の性質をもっています。しかし，「それ，おもしろい意見だね (もっと君の意見を聞かせて)」といってくれる人 (主に教師) に支えられて，「ユニークなアイデア」として育てられ (レベル C)，おもしろい意見として一定の評価を得ていきます (レベル D)。そうなると，既成の主流な意見 (レベル E) にも影響を与えていくでしょう。ユニークな発見や見解，新しいアイデアの多くは，こうしたプロセスを経て生み出されています。

緊張を強いるような，現実的な意見の交換の中では創造的な意見は生まれません。リラックスしたムードの中で，現実性にこだわらない意見も認めながら話し合うとき，創造的意見は生み出されるものです。Sawyer (2005) はそれを社会的創発と呼び，創造的な会話の特徴を *Group Creativity* (2003) としてまとめました。教師はリラックスした雰囲気をつくり，日常的な話し合い学習の中にあるユニークで独特な意見をファシリテートしていくことで，子どもの協同的な創造性にかかわることができるのです (Sawyer 2011)。

一方，オペラント行動の観察学習では，観察対象となっている他者 (モデル) への強化や罰が大きな影響を与えるとされており，これを**代理強化**と呼ぶ。Bandura (1965) は，幼稚園児を 3 つのグループに分け，モデルが暴力的な行動を行った後，「褒められる」「叱られる」「何もない」という映像をそれぞれのグループにみせた結果，「叱られる」映像をみたグループの女児の攻撃行動が少ないことを明らかにしている。

（2）社会的学習理論

観察学習は，学習する本人が表立って何か行動をしなくても学習が成立するところに大きな特徴がある。つまり，観察者は他者の行動を観察している際に，心の中で何かを行っているといえる。Bandura (1971) は，こうした心の中で行っている操作 (認知過程) を重視し，この認知のプロセスを社会的学習理論としてまとめている。**社会的学習理論**では，学習を「注意過程」「保持過程」「運動再生過程」「動機づけ過程」の 4 つのプロセスから説明している

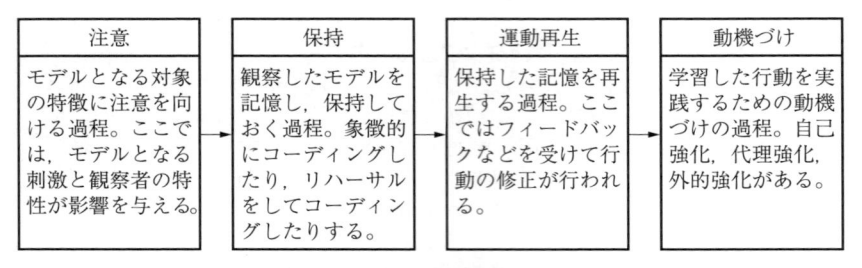

注意	保持	運動再生	動機づけ
モデルとなる対象の特徴に注意を向ける過程。ここでは，モデルとなる刺激と観察者の特性が影響を与える。	観察したモデルを記憶し，保持しておく過程。象徴的にコーディングしたり，リハーサルをしてコーディングしたりする。	保持した記憶を再生する過程。ここではフィードバックなどを受けて行動の修正が行われる。	学習した行動を実践するための動機づけの過程。自己強化，代理強化，外的強化がある。

図 5-4　社会的学習理論のプロセス
出典：Bandura 1971 を参考に作成。

（図 5-4）。

3　応用行動分析

（1）応用行動分析とは

　2000 年以降，教育現場では発達障害が注目されているが，これと同時に発達障害の支援方法の一つとして，応用行動分析が再度注目されるようになってきている。応用行動分析とは，スキナーの三項随伴性を理論的背景としているオペラント条件づけを人間の行動に応用したものである。

　そもそもスキナーのオペラント条件づけは，人間の行動を対象に行われていたわけではなく，ネズミやハトを実験の対象に行われていたものである。これは実験的行動分析と呼ばれており，厳密には応用行動分析とは区別されている。Cooper et al (2007) によれば応用行動分析の始まりは，1959 年に発表されたアイオウンとマイケルの「行動エンジニアとしての精神科看護師」という論文までさかのぼることができると指摘している。近年の発達障害への注目から改めて応用行動分析が教育現場では注目されている。

　応用行動分析の大きな特徴の一つは，人間の行動を説明する際に，その人の性格特性に行動の原因を帰属しない点にある。たとえば，授業中に離席を繰り返す小学生がいた場合，しばしば「我慢が足りない」という解釈がなされる。この解釈が間違っているとはいえないが，この解釈からすれば，支援

は「我慢できるようにする」ということになる。しかし，実際に離席を繰り返す子どもに「我慢できるようにする」ことを教えるのはかなり大変なことである。「我慢することが苦手」というのは，性格特性を表すものであり，「我慢できるようにする」というアプローチは性格を修正することと同じである。しかし，「性格をなおす」というのはそう簡単にできるわけではなく，そもそも心理学の世界においては，「性格をなおす」という発想もほとんどない。

　では，応用行動分析ではどのように理解するのだろうか。応用行動分析はスキナーの三項随伴性を理論的根拠にしているため，行動の修正もオペラント条件づけに基づいて行われる。オペラント条件づけでは，ある行動が生じる前に「先行刺激」があり，その行動が生じた後に何らかの「結果」が生じ，その結果がその後の行動の生起に大きな影響を与えるという考え方をすることは先述した通りである。つまり，応用行動分析では，行動を修正する際，「行動」そのものに介入するのではなく，「先行刺激」と「結果」に注目して介入を行うところに大きな特徴がある。

（2）応用行動分析の基本的な考え方

1）先行刺激の分析

　オペラント条件づけの視点から考えれば，行動の生起の前には何らかの「先行刺激」が存在する。換言すると，ある特定の行動を引き起こす「先行刺激」が存在しなければ，理論上その行動は生じないことになる。そのため，応用行動分析ではまず先行刺激の分析と同定を行い，可能な範囲で先行刺激のコントロールを行う。学校現場で応用行動分析の視点から考える場合，一般的には「いつ起こりやすいか」「どの場所で起こりやすいか」「誰がいるときに起こりやすいか」「どのような状況で起こりやすいか」の4つの視点から分析が行われる。

2）結果の分析

　オペラント条件づけは，行動の後の「結果」が大きな影響を与えているという考え方をしているため，結果の分析は非常に重要である。結果の分析の

中でも注目すべき点は「強化」である。つまり，問題行動とされている行動が続いている場合，オペラント条件づけの視点から考えれば，その行動の後に「正の強化」か「負の強化」がなされていると考えることができる。そのため，どのような正の強化子が存在するか，あるいはどのような嫌悪刺激の除去がされているかを詳細に検討する必要がある。

　たとえば，離席を繰り返す子どもに対して，先生が追いかけて探すということをしていれば，それがその子どもにとっての正の強化（注目してもらえる）になっている可能性がある。あるいは，席を離れればつまらない勉強をしなくて済むという負の強化が行われているとも考えられる。いずれにしても，行動の持続の背景にある正の強化や負の強化の内容には個人差があるため，詳細な分析が必要になる。

（3）応用行動分析の際の留意点

1）分化強化を利用する

　問題行動とされている行動を修正する際，オペラント条件づけの原理からいえば，弱化（罰）の手続きを使えばその行動が減少するといえる。しかし，弱化の手続きは教育的にも倫理的にも好ましいものではないため，応用行動分析では「消去」と「強化」を利用して行動の修正を行う。これを**分化強化**と呼ぶ。たとえば，教員からの関心を得るために離席を繰り返す子どもがいた場合，離席行動に対しては関心を示さず（消去），席に座っていた場合に教員が関心を示す（強化）というような形で行動の修正を行う。

2）消去バーストと自発的回復

　減らしたい行動に対して消去の手続きを行うと，手続きの開始時期に一時的にその行動が急激に増える現象がみられることが指摘されている。この現象を**消去バースト**と呼ぶ。こうした現象がみられると，支援を行っている側は，いたたまれない気持ちになったり，根負けしたりして，「一度くらいはいいか」という思いから強化を行ってしまう可能性がある。しかしこうした対応は，部分強化と同じ手続きになってしまい，結果として消去抵抗が強まり，なかなか消去できないという現象につながってしまう。

　また，先述したように消去の過程においては，消去された行動が一時的に増える**自発的回復**と呼ばれる現象が起こることが指摘されている。Cooper et al (2007) は，消去の手続きが作用している限り，自発的回復は短期間に終わり，限定的なものであるが，セラピストや教員は「消去手続きが有効ではなかった」と間違って結論づけるおそれがあるため，注意が必要であると指摘している。

4　認知理論による「学び」

　行動理論の「学習」とは「訓練や経験による比較的相対的な行動の変容過程」である。この学習観は心理学全体に強い影響力をもったが，1950 年代から**認知革命**と呼ばれるパラダイムシフトが生じて，行動理論以外のアプローチでも「学習」を捉える心理学が登場した。ここでは，行動理論とは別の立場の学習を「学び」と表現する。そして代表的な学びの心理学として，①情報処理的認知心理学，②身体化認知，③状況論的アプローチ，④生態学的システム理論を紹介する。

　情報処理的認知心理学的な学びは「何かがわかるようになること」を重視する。さらに身体化認知では「腑に落ちたわかり方をすること」，状況論的アプローチでは「納得できるわかり方をして，それを分かち合うこと」，生態学的システム理論では文化的・社会的な背景をもつ具体的な地域の相互作用の中で学ぶことが重視されている。

（1）情報処理的認知心理学

　行動理論のうち，特に大きな影響をもったレスポンデント条件づけとオペラント条件づけは，「認知」を学習のモデルに入れていなかった。しかし，現実には，日々の出来事についてさまざまに考えを巡らせ，知識を記憶し，何らかの情動を感じて生きている。「この問題は，○○の法則をあてはめればいいんだな」「先生が期待しているのは，今手を上げることだ。でも，自分だけ手を上げたら恥ずかしい」など，出来事や状況についての思考，判断，想

起，情動の知覚など，私たちは目にはみえないが，いろいろと考えている。この「目にはみえないが，何かについて考えているプロセス」を**認知**と呼ぶ。

　1950年代半ば以降，コンピュータのアナロジーを使用して，認知のメカニズムを把握しようとしたのが認知心理学である。コンピュータをモデルにして心を理解しようとしたので，この立場は**情報処理的認知心理学**とも呼ばれる。たとえば中枢神経系（特に脳）をCPUに見立てた場合，長期記憶はRAM，短期記憶はROMと見立てるなど，コンピュータのシステムを考えるように，認知のメカニズムを探っていく立場である。

　情報処理的認知心理学には**記憶**と**スキーマ**という2つの主要分野がある。記憶については前章で説明されているので，ここでは**スキーマ理論**を紹介する。スキーマとは「意味的なまとまりをもって構造化された知識の単位」と定義できる。スキーマには人物スキーマ，自己スキーマ，事象スキーマ，役割スキーマなど多くの社会的スキーマの種類がある。また動作や文章構造に関するスキーマも存在する。

　自動車とは何かと尋ねられ，たとえば「タイヤが4つあって，窓ガラスがあって，ガソリンで動く鉄の乗り物。日本の主要産業の一つ」と回答したとする。「タイヤが4つある」「窓ガラスがある」「鉄でできている」「ガソリンで動く」「中はハンドルと座席がある」「日本の主要産業である」などは，「自動車」という知識を構成する，いくつかの意味的なまとまりである。

　Rumelhart & Ortony (1977) によれば，スキーマは以下の3つの性格をもっているとされている。

　①　スキーマは固定的な変数と可変的な変数をもつ。情報が欠けている場合は，最も典型的な値が割り当てられる。

　たとえば，「投げる」という動作スキーマを例に挙げる。「投げる」という言葉が表しているのは，「何かを腕でもって，それを放ることにより，自分の身体より遠くへ移動させる」ということである。いつ，どこで何を投げるにせよ，この部分はほぼ変化しない。したがって，この部分は「固定された変数」である。一方，「何を」投げるのか。「誰に・何に向かって」投げるのか，「なぜ」投げるのかは決められていない。この部分は「可変的な変数」で

ある。「投げる」という動作スキーマは固定的な変数と，可変的（変わりうる）変数をもっている。

　「情報が欠けている場合は，最も典型的な値が割り当てられる」とは，どうしてよいか完全にはわからない状況でも，「こういう場合は，こういうふうにやればよい」という補足ができるということである。「キャッチボールをしよう」と誘われたら，そのボールは，たいてい野球ボールくらいのボールで，バスケットボールを想像したりはしない。「休み時間に鬼ごっこしようよ」と誘われたら，（いつも鬼ごっこをしている場所である）校庭で鬼ごっこをやるという意味である。日常会話は完全に意味を伝えるわけではないけれど，私たちは不足している内容を「最もよくある状況」で補って，行為をしている。人間の行為に影響を与えるスキーマは，コンピュータのように完全にプログラミングは必要とせず，不足している情報を柔軟に補う性質をもっている。

　②　スキーマは埋め込み構造をもっている。

　自動車スキーマならば，「タイヤ」「窓ガラス」「鉄」などのスキーマをそれぞれもっていなければ，自動車スキーマは成立しない。「一つのスキーマの中に別のスキーマが埋め込まれていること」を**埋め込み構造**と呼ぶ。

　③　さまざまな抽象度のスキーマがある。

　スキーマには抽象度の度合いがある。「自動車」とは一般的な知識だが，抽象度を落とせば，「自家用車」「日産のセレナ」「ジープ」など具体的なスキーマが存在する。他方，「高級車」「スポーツカー」などのように抽象の次元を変えることもできる。

　スキーマは互いに関連し合っている。授業などで，あらかじめその日の内容を簡単に話しておくことなどは，それに関連したスキーマを活性化し，授業の内容をわかりやすくする。授業の開始直後に「今日の勉強は前に○○でやったことと関係したところです」などのように，学習内容の枠組みに関する情報を先行して与えることは，理解の促進につながる。「先行して与えられる学習内容の枠組み」を**先行オーガナイザー**（Ausubel 1963）と呼ぶ。

（2） 身体化認知

　わかるということは，単に「知っている」「詳しく知っている」「正確にたくさん知っている」ということだけではなく，何らかの実感をもってわかる（腑に落ちる）ということではないか。本当にわかったと思えることは，何らかの身体的実感を伴うものではないだろうか。スキーマ理論は「わかる」という現象を「知る」という現象に置き換えて，知識のデータ構造という形でスキーマが行為に及ぼす影響と，行為をした結果がスキーマの内容にフィードバックすることを明らかにした。この図式はスキーマという「認知」の体系と，「行為」という体系がそれぞれ別にあり，認知が行為をコントロールしているモデルにみえる。

　しかし，現実には認知と行為は区別することはできない。「深くわかる」という知のあり方を知るには，身体のあり方と知識や知性を一元的に捉える必要がある。身体化認知は身体と認知の関係を二元論で分離しないで，知覚–運動–認知–行為の一元的なシステムを考える。

　この中でもとりわけ注目されているのが「身体化認知（embodiment cognition)」である。身体化認知には多様な立場が存在するが，基本的には生態学的心理学と現象学にさかのぼることができる。身体化認知では，従来の情報処理モデルでは解決しえなかった「主体」や「意図」の原点を身体の所有感と動作と行為の主体感に求める傾向が注目される（Evans 2016：斎藤 2016)。ここでは身体化認知の根源的な立場として動作主感（sense of agency）と自己創作者感（sense of authorship）を取り上げる。

　動作主感とは「自己の身体的変化は自己によってつくりだされるという感覚」である。また自己創作者感とは「自己および外界の変化の原因が自分にあるという感覚」である。自己創作者感は生後2，3カ月後には確認できる。このような自己創作者感としての自己は極小自己（minimum self）と呼ばれ，反省的な意識をもっていない。2歳前後から鏡像を自己と認識できるようになり，反省的自己または物語的自己（narrative self）が出現する。

　主体（私）とは，生活の中で何事かと触れ合いながら，動作主感と自己創

作者感（自分という物語をつくりながら生活する）から成立する。換言すると，「私」とは「生活の中でこの体を生きていて，自分の物語をつくりながら生活している感覚の総体」といえる。

　身体化認知の立場からすると，「わかる」とは「身体の経験としてわかる」ことに近い。身体化認知では日常動作から高次機能による知識の獲得まで，心身は分離できないことが前提とされている。たとえば「詩を読む」とは，知識を使い，言葉の意味を理解し，理知的に読解するだけでなく，その韻律や語感から生じる情操を体感として感じ取ることが求められる。「詩がわかる」とはそのような心身の一元的な活動における理解にほかならない（Abrahamson & Lindgren 2014）。認知上の思考は動作を四肢の動きを伴わない動きと考えるならば，知識の獲得や認知の発達とは，新しい方法による動きの獲得にほかならない。

　このような心身一元的な学びを教育において企画することを身体化デザイン（Levy 2012：Lindgren 2012：Papert 1980）と呼ぶ。身体化デザインにおいては，①活動に関する検討，②学習素材に関する検討，③ファシリテーションに関する検討の3点が重視される。これらの内容を表5-1に示す。

　身体化デザインに特有のインタラクティブな学びは，身体的行為遂行スキーマ（physical action schemes）を発見，精緻化し，そして利用する方向に学習者を導くことにより達成される（Abrahamson & Lindgren 2014）。

　ロシア武術システマの親子クラスの相互運動学習を分析した吉田・江南

表5-1　身体化デザインのポイント

活動　　その課題や活動はどのような内容か。振り返りは設定されているか。身体的活動から得られる潜在的な意味感覚が保持されるような工夫はなされているか。その活動や運動は知覚や運動感覚を通じて，環境の意味を探るような活動になっているか。 **学習素材**　　教室での活動が望ましい学習効果につながる思考を引き起こすには，どのような身体的な相互作用が必要か。またそのような相互作用はいかに選択し，またはつくりだすことができるのか。そして，いかに相互作用を促進することが可能なのか。 **ファシリテーション**　　学習者が学習を達成するための，道具立てとの最適なかかわりとはどのようなものか。また，学習者が道具とのよりよいかかわりを促すにはどのようにすればよいのか。

```
┌─────────────────────────────┐
│ 第三のフェーズ              │
│ 認知的な知識と経験との調整  │
│ 知識と情動の調整            │
└─────────────────────────────┘
           ↑
┌─────────────────────────────┐
│ 第二のフェーズ              │
│ 環境の変化や他者との文脈を読み,│
│ 即興的にコミュニケートする  │
└─────────────────────────────┘
           ↑
┌─────────────────────────────┐
│ 第一のフェーズ              │
│ 環境や他者に意味を発見し,   │
│ 適切に動く                  │
└─────────────────────────────┘
           ↑
┌─────────────────────────────┐
│ 自律的組織化される多様な    │
│ 感覚運動スキーマの育成と維持│
│ ┌─────────────────────────┐ │
│ │ 複雑システムとしての    │ │
│ │ 対人・環境との相互作用  │ │
│ └─────────────────────────┘ │
└─────────────────────────────┘
```

図5-5　フェーズの段階

(2017) は身体化認知の観点から親子の運動遊びが単なる運動にとどまらず, コミュニケーション能力という認知的な能力にまで連続する身体の相互交流であることを示唆した（図5-5参照）。

　第一のフェーズは「環境や他者に意味を発見し, 適切に動く」能力である。適度な変動性のある素材との身体的交流を通じた学びであることがこの能力の育成に影響を与えている。インストラクターや親の具体的なサポート（たとえば, 足をもってあげるなど）を媒介に, 環境と触れ合いながら, 自分の動きにしつつ, 運動感覚スキーマの育成がなされている。こうして育てられた運動感覚スキーマは, 個人の運動能力の成長にとどまらず,「環境の変化や他者との文脈を読み, 即興的にコミュニケートする」能力へと結びつく。

　感覚運動スキーマがコミュニケーションに及ぶ段階を第二のフェーズと呼ぶ。ここで強調される身体は,「場面に捉われず, 即興的に対応する身体」といえる。

　第三のフェーズとは, 身体の動きが知識と結びつく学びである。「腑に落ちる」などの「からだことば」が示すように, 知識は日常生活から切り離されて記憶されたものだけではなく, 実体験を伴いながら理解するわかり方がある。このようなわかり方は身体化認知の中では複数の実験も行われているが (Lindgren & Bolling 2013), それは公教育で教わる「知識の多さ」ではなく, 日常生活に生かす知恵の学びに近いように思われる。吉田・斎藤 (2015) はその知恵を「即興の知 (Improv Wisdom)」と表現し, インプロ教育の観点から学校教育に応用しようとしている。身体化認知は, 従来の運動学習と認知学習と乖離を乗り越え, 環境との相互作用による人間の動きの学びが知的な学びにまで連続することを実証する可能性を主張している。

（3）状況論的アプローチ

　あることが習慣化されることが行動理論の学習である。確かに，多くの学びは行動の習慣化として捉えることができる。しかし，その一方で学びとはそれだけだろうかという疑問もわく。また同様のことは情報処理的認知心理学にもいえる。いかに多くのスキーマをもち，成績が優秀であろうとも，周囲との協調性が乏しく不適応を起こしているケースはたくさんみられる。一方，学力は低いかもしれないが，協調性が高く，物事に積極的に取り組み，いろいろなことによく気づき，周囲から好まれている人もいる。後者の人は，周囲の人といろいろなやりとりをする中で，多くのことを理解して，周囲にそれらを還元するような知性がある。そのような知性に注目したのが状況論的アプローチである。

　行動理論も情報処理的認知心理学も，学習を「個人がもつ知識や行動が変化すること」という枠組みで捉えている。そこでの学びとは，個人の何らかの技量の向上または習慣化という視点である。しかし，学びとは「その子どもが生きている社会で受け入れられ，居場所を獲得し，快適に過ごす度合いが高められること」ともいえるのではないだろうか。授業だけでなく，部活や友人関係，クラスの行事や日々の営みの中で学んだことも，（習慣化とは別の次元で）「学び」である。そのような学びは，何かが習慣的にできるようになることを一部に含みながらも，それよりも大きく学びを捉えている。「学びとは何か」を考えるとき，「社会に参加する営み」を重視するならば，状況論的アプローチ（situation approach）が役に立つだろう。

　状況論的アプローチは「実践の共同体」への参加の度合いの増加こそ学びであると考える（Lave & Wenger 1991）。それは子どもだけの学びではなく，子どもを取り巻く人もまた，その子どもとのやりとりを通じて学んでいる。クラスに受け入れられようとする転校生がクラスの誰かに話しかけ，関係をもとうとする。その転校生の話しかけに応じて，話しかけられた子どもも何らかの影響を受けて，話し返す。クラスのグループ関係にも影響が生じる。学びは（個人の頭の中ではなく）こうした相互作用の中にある。これを**状況に埋**

め込まれた学習と呼ぶ。

　状況論的アプローチは，個人が努力してスキルや知識を獲得するモデルを批判する。そして，具体的な居場所の中で，多様な人々との交流を通じて，その社会の状況に応じた振る舞い方を獲得していくことを学びと考える。そうした学びはアイデンティティを更新させていく過程である。

　状況に埋め込まれた学習論の中で古典的ともいえる業績が**正統的周辺参加**である。ある文化をもった社会で受け入れられるプロセスの一つにみられる現象で，はじめはその文化の周辺に参加し，徐々に中心的な文化を担うためのスキルや認知を身につけていく「参加のパターン」を意味する。このプロセスの中で，その文化のすべてがその人に伝わると同時に，その人のアイデンティティも深まりをみせる。

　たとえば寿司職人が皿洗い（周辺のスキル）からはじめ，だんだんと技術やしきたりを覚え，最終的に寿司を握る技術の習得に至る。そのプロセスで彼は寿司を握ることや寿司屋を経営すること，どれだけの人間がそこにかかわっているのかということを学んでいく。そして「寿司職人」としての自覚をもつ（アイデンティティを確立する）というプロセスは，スキルの学習だけでなく，文化の吸収と社会への参画，そしてアイデンティティの深まりが同時に起きている。状況論的アプローチはこういう学びへのまなざしに貢献している。

（４）生態学的システム理論

　Bronfenbrenner（1979）によって提言された**生態学的システム理論**（ecological systems theory）は，システム内およびシステム間で相互作用する入れ子構造になった４種類の環境システムがパーソナリティの発達や学習に大きな影響を与えると指摘している。その４種類のシステムとは，マイクロシステム（microsystem），メゾシステム（mesosystem），エクソシステム（exosystem），マクロシステム（macrosystem）である。

　ブロンフェンブレンナーはそれまでの発達論が文化や社会状況を無視してきたと考える。これまでの発達論は，日本人ならばほぼ同じ文化と社会状況

の中で生きることが前提とされていた。しかし，貧困にあえぐ暮らしの中で
きょうだいの面倒をみながら登校してくる A 君と，学歴を重視した生活の中
で週に 5 日間，塾に通う B 君は同じ環境の中で発達しているといえるだろう
か。また彼らが経験から学び取るものは同じだろか。ブロンフェンブレン
ナーは同じ時代に同じ国で生活していても，個人を取り巻く環境や文化は相
当異なると考えた。環境や文化が異なれば，個人が学ぶ内容も異なる。他の
学習理論や認知理論が環境や文脈を超えて，普遍的な学習のメカニズムを捉
えようとするのに対し，ブロンフェンブレンナーは「具体的な環境の中でそ
の子どもがどのように生活し，何を学んでいるか」を問題にした。この点は
生態学的システム理論が心理学だけでなく，保育学や社会福祉学でも重視さ
れる理由の一つである。

　ブロンフェンブレンナーは，個人に影響を与えるシステムを 4 つに分類し
た（図 5-6）。**マイクロシステム**とは家庭での親子関係，学校（保育所）での教

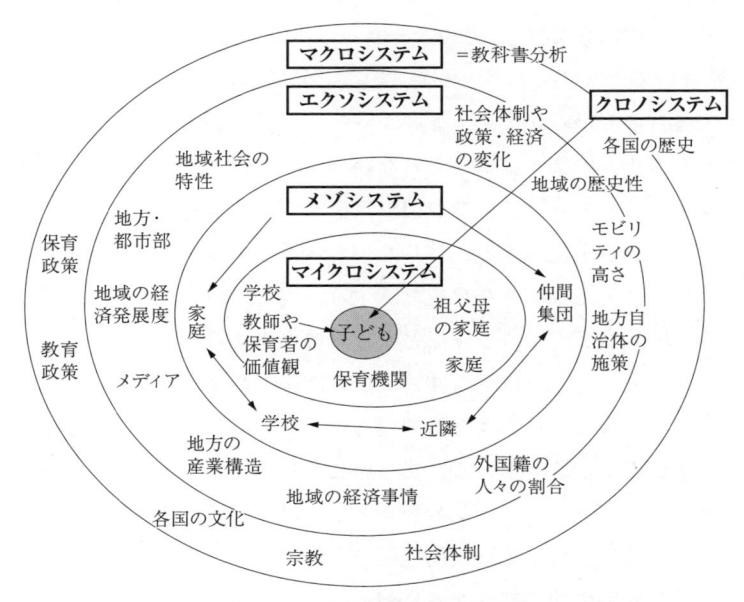

図 5-6　生態学的システム理論におけるシステムの関係図
出典：塙 1996 より転用。

員（保育士）や友人関係，保育ならば保育士との関係など，「子どもが直接にかかわる環境と子どもとの関係およびその個人の行動形態」を指す。子どもにとっても最も身近で直接的な環境といえるだろう。

メゾシステムとは，個人を取り巻く家庭，学校（保育所・幼稚園），地域社会の環境相互を結ぶシステムである。家庭と学校（保育所・幼稚園），地域社会（塾，クラブチーム，子ども家庭支援センター，近所づきあい，ボーイスカウト，子どもや家庭が参加している NPO 法人など）は独立しているわけではなく，互いに影響を与え合っている。つまり，マイクロシステムとメゾシステムは同じシステムに対して，「子どもにとって直接の環境」（マイクロシステム）をみるか，その環境の中の要因の関連性（メゾシステム）をみるかの違いである。

エクソシステムとは，マイクロシステムを取り巻く環境同士の関係と，それらと個人との関係を指す。マイクロシステムがたとえば家庭と小学校と塾とサッカーチームならば，エクソシステムは家庭の背景にある「保護者の職場」「保護者の親戚」，小学校の背景にある「その地域の教育委員会」，塾の背景にある「塾の経営体制」，サッカーチームの背景にある「サッカーチームの運営体制」などである。塘 (1996) は，エクソシステムに子どもを取り巻くメディアを含めているが，現在ならば，その子どもを取り巻く ICT 環境などもエクソシステムに属するかもしれない。

エクソシステムの背景には**マクロシステム**が存在する。マクロシステムはすべてのシステムを包括する一貫した信念体系である。したがって，文化や社会的習慣，イデオロギーなどを意味する。現代の教育観，しつけ観，教育に対する支配的なイデオロギーなどはこれに相当する。

たとえば，大津いじめ自殺事件（コラム 11 参照）のような重大ないじめ事件が発生したとしよう。被害者を取り巻くマイクロシステムでは，加害者がいて，観衆がいて，傍観者がいる。またいじめをみてみぬ振りをした担任がいる。家族もいるだろう。メゾシステムとしては加害者グループに強くいえない担任や，担任に強くいえない副担任の存在がある。またいじめを家庭に伝えない学校と家庭の関係性もある。

その背景となるエクソシステムにはいじめを隠蔽しようとした校内体制や

教育委員会がある。しかし，重大ないじめ事件が報道された後は，マクロシ
ステムとしていじめに厳しい対応を求める現在のいじめ観が噴出し，全国的
に非難が起こり，マクロシステムが第三者委員会の設置を通じて全体のシス
テムが調整される。

　ブロンフェンブレンナーの生態学的システム理論は，上記のような分析が
できるだけでなく，こうした環境の中で子どもや保護者や国全体は何を学ぶ
べきかを問いかける。大津いじめ自殺事件を例にとれば，この事件を通じて
県において第三者委員会の設置と，国においていじめ防止対策推進法が成立
している。

　生態学的システム理論は心理学の評価だけでなく，社会福祉学にも大きな
影響を与えている。特にアメリカの**ヘッドスタート計画**に影響を与えたこと
は有名である。

〈ヘッドスタート計画〉

アメリカの健康および人的サービス省（Department for Health and Human
Services：略称 HHS）が 1960 年代の半ばから行っているプログラムで，低
所得者層の 3 歳から 4 歳の子どもを（環境不遇児）対象としたものである。
プログラムとしては，子どもやそれぞれの家族の資産状況に基づいて，
子どもの発達や学習のさまざまな側面に影響を及ぼすような支援を行う。
就学前に少なくともアルファベットが読めるように，10 までの数が数え
られるように，というのが目標である。

　こうしたブロンフェンブレンナーの理論を現在の観点から整理するならば，
人は「生態学的適所（エコロジカル・ニッチ）において発達する」ことを主張し
た点がとりわけ重要である（Rogoff 2003）。子どもは目の前の現実の場面を生
きているが，同時にその「場面」には，家庭，学校，職場などの異なる場面
とその人との関係性が存在している。私たちは朝起きて，「家庭」という文
化の中で家族と話し，コミュニティという文脈の中で登校し，学校という文

脈の中で教師やクラスメイトと出会い，相互作用を繰り返す。この「人との出会いと相互作用」は社会・文化的な関係性の影響を受けながらの「出会い」であり，「相互作用」である。それぞれの生活場面を「生態学的適所」とするならば，ブロンフェンブレンナーの理論の特徴は生態学的適所が四重構造の入れ子構造になっていることを整理した点にあるだろう。生態学的適所は決して「物理的居場所」ではないし，文脈から切り離された「人」ではない。社会・文化的な文脈下での人との出会いと相互作用が生態学的適所であり，それは現実には場所と切り離すことができない。居場所とはこうした構造における人や出来事との出会い方であり，過ごし方であり，愛着のもち方ではないだろうか。

こうした「文化的営み」としての発達を捉え直したのが Rogoff (2003) である。Rogoff (2003) は発達を文化的過程として全面的に捉えた。人間は文化的なコミュニティの一員として発達する。したがって，発達を捉えるならば，文化的実践とコミュニティの中で置かれている状況に照らして，発達を考察しなければならない。

この点について Rogoff (2003) は「子どもが他者に対して責任を持つのに十分な知的発達のレベルに達するのはいつか」という問いを例に，以下のように文化的発達アプローチを説明する。アメリカの中産階級の家庭なら子どもはおそらく 10 歳になるまで，他の子どもの面倒をみるのは難しいとされている (Subbotsky 1995)。これに対して集団養育の文化があるオセアニア諸島のカワラアエでは 3 歳で庭仕事や家事を上手にこなし，3 歳から 4 歳で自分自身で育てた野菜を市場に売りに出て，家計に貢献している (Watson-Gegeo & Gegeo 1988)。

この事実は，文化的に求められ，繰り返される行為が発達を決定している側面を示している。ピアジェやエリクソンのような発達段階学説は無意味ではないが，「実際の発達」を捉えようとするとき，社会・文化的な文脈が発達に大きな影響を与え，地域やコミュニティ，国，自治体により「現実の発達」に差異が生じることが理解できる。これらを通じて Rogoff (2003) は以下のように主張する。

「日々の雑事であれ，試験や実験室実験に参加するという活動であれ，その出来ばえは，コミュニティで繰り返される状況がどんなものか，またどんな文化的実践に慣れ親しんでいるのかによって，大きく左右される。人々が行なうことその出来事にどのような文化的意味が与えられているか，また活動の中で学んだり，特定の役割を果たしたりすることに対して，コミュニティでは社会的にも制度的にも，どんな支援が提供されているかということに，重要な点で依存している」(Rogoff 2003 p.5)。

　発達を社会的文脈から切り離し，個人の成熟モデルで発達段階を構築することは限界が来ているのかもしれない。こうした社会的文脈や文化的環境を重視する立場は社会文化的理論または社会文化的・歴史的理論と呼ばれる。その中で Rogoff (2003) は「コミュニティの社会的文化活動への参加のあり方の変容」を重視している。

　近年，貧困が子どもの非認知的能力（やり抜く力や自制心，好奇心など）を獲得する機会を奪うことが指摘されている (Tough 2016)。「子どもの貧困」とは，所得が低い家庭の子どもが低学力・低学歴となり，将来不安定な就業に陥ることだけでなく，次の世代にまで貧困状態が連鎖していく（＝貧困の世代間連鎖）問題である。またそれは認知的な能力と自己効力感の低下を招く心理学的問題でもある。このような貧困状態にある子どもは現在，日本に約6人に1人の割合で存在している。教員になるとき，相対的貧困にある子どもたちに必ず会うだろう。その子どもたちの学力支援や遊び，休息支援については近年，NPO 団体と学校，行政の協同的なコミュニティアプローチが注目されている。子どもの居場所づくりや地域の育ちの中での発達を検討する場合，生態学的システム理論が役立つだろう。

コラム5：メタ認知とは

　メタ認知のメタとは「高次の」という意味ですが、「状況に照らしながら，自身の認知や行動を客観的にみること」です。メタ認知を語る多くの論者は，「もう少し自分のやっていることを客観的にみろ」という文脈でメタ認知という言葉を使用することが多いのです。その背景には「ついでに少し反省しろ」という批判が込められていることもあります。

　もちろん，本来のメタ認知にそんな意味はありません。メタ認知研究は30年以上の歴史がありますが，近年の教育行政の動向がコンテンツベース（何を教えるか）からコンピテンシーベース（何をすることができるか）に変化しているのを受けて，改めてメタ認知が注目されることになったのです。

　メタ認知には「メタ認知的知識」と「メタ認知的技能」の2つがあります。このうちメタ認知的技能とは，メタ認知的知識に照らして，認知作用を直接調整するモニター，自己評価，コントロールの技能と定義できます。つまり「自分のやっていることを，やりながら（やった後で）修正したり，改善する力」です。

　メタ認知的技法といっても特別なことではありません。先生がある子どもをあてようとしたとき，その子がうつむいていたので1秒もかからないスピードで，別の子をあてたとします。これはメタ認知的技能の一つです。子どもをあてようとした自分の行動をモニターして，その子のうつむいた顔をみて，今までの経験上，こういうときはあてない方がよい（メタ認知的知識）と判断して，別の子をあてた。こうしてみると誰でもやっていることだとわかります。世の中のメタ認知の言葉の使われようの多くは，正確には，このメタ認知的技能です。

　メタ認知的技能は文脈を読み，修正する能力ともいえます。メタ認知は，対話性が重視されている現在，育みたい能力の一つでしょう。メタ認知能力を学校現場で育む取り組みとしてモニタリング自己評価法（富田・中川惠正研究室2015）があります。メタ認知は流行したので，それを語る人も多いのですが，ほとんど自己流の経験に基づく見解にとどまり，実証的な研究は少ないのです。教育心理学としてきちんとメタ認知を学びたい方には『児童・生徒のためのモニタリング自己評価法—ワークシートと協同学習でメタ認知を育む』（ナカニシヤ出版）を推薦します。

第6章　学びの形式と学習方略

1　学びの形式

（1）何のために，どのような形で学ぶのか―教育基本法と一斉授業

　世界の学校教育と比較して日本の教育の最大の特徴は**教育基本法第1条**に「人格の完成」が置かれていることである。

〈第1条〉　　教育は，人格の完成を目指し，平和で民主的な国家及び社会の形成者として必要な資質を備えた心身ともに健康な国民の育成を期して行われなければならない。

　日本の教育は人格の完成を目的としている。つまり，知識の学習は教育の目的でもあり，人格形成のための手段でもある。したがって，すべての授業には教科の内容理解を意味する**認知的目標**（教科を理解する）と，学習態度やグループ学習での協調性などを身につける**態度的目標**（社会性を身につける）がある。公教育で行われる活動は「平和で民主的な国家及び社会の形成者（社会形成者）」の視点から捉えられている。学習指導要領の内容もこのような枠組みの中でつくられている。

　教育基本法の目標を達成するために，日本の公立学校は**一斉授業**という学びの形態を採用している。一斉授業とは「一人の教員が同年齢・大集団，同内容，同ペースで行う学習形態」である。担任がいて，30人程度の学級があり，時間割があり，行事があり，中学ならば中間テストや期末テストがある

日常的な学校の風景は，「一斉授業」という学びの形態の具体的な姿である。
なお，日本の一斉授業は多くの学びの形式の一つであり，絶対的なものでは
ない。

　「体系的な知識の学習」を**系統学習**という。系統学習とは「学問の体系に
沿った系統的な教材配列によって教員が指導する」学びの形である。日本の
一斉授業は系統学習を前提としている。一斉授業は個別学習よりも体系的な
知識を効率よく集団に学ばせることができる。

　また，公立学校の一斉学習は，学習指導要領の枠組みの中で行われている。
どの地域でもどの学級でも同じ内容を同じペースで教えるので，地域や学級
の違いで学力差が大きくなることをある程度防ぐことができる。つまり，日
本の一斉授業は（ある程度の）「学力の平均化」を生んでいる。さらに，学年・
学級で同年代の多様な意見を学び合えるのもメリットの一つである。

　他方，一斉授業には，①教員の一方向的な教授スタイルにより児童生徒が
受け身になりやすい，②児童生徒の個別のニーズに丁寧に応えるのが難しい，
③授業が画一化しやすいなどの短所もある。

　「個別のニーズに応えるのが難しい」ということは，どうしても一定数の
「学習についていけない児童生徒」が出てくることを意味する。この児童生
徒にとって授業はつまらないものとなる。授業中，友だちに話しかけたりす
るのは「授業がわからない（おもしろくない）から」という理由が多いだろう。

　こうした一斉授業の短所を補うために，個別学習という形式が部分的に一
斉指導の中に導入されている。たとえば，授業の導入段階では一斉学習が優
れている。したがって，単元の始まりは教員が授業を一方向的に行う。しか
し，導入後はグループ単位で調べ物をするなどの個別学習を組み込む。そし
て単元の最後には再び一斉学習に戻し，評価を行う。単元のまとめの段階で

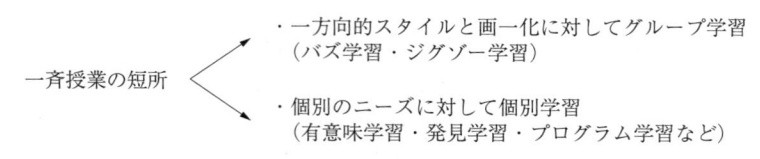

図 6-1　一斉授業の短所を補う個別学習とグループ学習

は一斉授業が優れているためである。

　個別学習やグループ学習にも種類があり，それぞれの特徴がある。一斉授業の短所を前提に，個別学習とグループ学習の指導法を説明する（図6-1）。

（2）個別学習——一斉授業に個別対応をどう組み込むか

　個別学習とは「児童生徒のそれぞれの能力，資質に応じて，それぞれの自主性を尊重して，学習目標を達成させる形式の学習」である。したがって，一人で勉強するという意味ではない。クラスに集まり，集団で席に着き，授業が始まる点は一斉授業も個別学習も変わりはない。ただし授業開始後は，一斉授業のように教員が一方向的に知識を教えるのではなく，児童生徒のわからないところや児童生徒の関心に個別に対応する授業が展開される。個別学習は，教員から児童生徒へという一方向の授業では十分に補えない「児童生徒の個別性」に対応する教育手法である。

　一方，児童生徒の関心事といってもさまざまな内容がある。何をどのような視点で「関心事」とするのか。その点は手法によりずいぶん異なる。たとえばデューイによる問題解決学習では「生活で出会う問題の解決」を「子どもの関心事」としている。ブルーナーの発見学習では子どものなぜ？　という疑問を重視し，「疑問を感じたこと」を子どもの関心事としている。以下に，代表的な個別学習の手法を紹介する。

1）問題解決学習——課題解決学習

　デューイは，経験重視の教育哲学に基づいて，**生活**で出会う問題の解決方法を，子どもの主体的な経験を通して習得させようとした。現実生活の中にある関心事を主体的に調べ，子どもが社会と交わりながら回答を導く「経験」を重視した学習形態を**問題解決学習**（problem-solving-learning）または**課題解決学習**（project-based learning）と呼ぶ。日本では特に社会科の授業に影響を与えた。なお，一まとまりの自主的で目的的な活動として行われる学習は**単元学習**とも呼ばれた。

　デューイは「民主主義の形成者」として子どもが育つことを重視していた。さらに子どもの**経験活動**を重視し，遊びと仕事が行われる環境を整備するこ

とを幼稚園の任務と主張した。こうした経験学習を実践するため，デューイは1896年にシカゴ大学付属の**実験学校（デューイスクール）**を設立した。

　問題とは「児童生徒から提起され，児童生徒に既知の知識や法則があり，かつ未知のものが存在する」性質があり，**課題**とは「教師から提起され，教師の求めるものがあって，未知のものはない」という性質をもつ（宮城県教育総合センター 2003）。

　たとえば小学校で教師が社会の時間に「私たちの住んでいる町」というテーマで，児童が関心をもったことを調べなさいという課題を与える。ある児童は「地域の人口の推移がどうなっているのかを調べよう」と思う。また別の児童は「地域の伝統産業にどんなものがあるのかを調べよう」と思う。「人口の推移」や「伝統産業」は，それぞれの児童がすでに知っていることだが，十分には知らない（未知のものがある）問題である。人口の推移を調べる中で高齢者にインタビューをしたり，伝統産業を調べる中で実際に職場見学をしたりする。「子どもと環境（社会）が実際に交わる経験」に基づいて，児童は自らの関心に沿った知識を得ることができる。

　問題解決学習は児童生徒の主体性，積極性，具体的知識を幅広く獲得させるという長所がある。しかし，「体系的な知識」を得づらいという短所もある。総授業数が限られている中で行われる問題解決学習は，関心のある事柄を深めることはできても，あまり関心がない事柄については深められない。歴史の授業の例でいうと，人気の高い戦国時代や幕末には詳しいけれど，他の時代はあまりよく知らないなどの歴史の知識や理解のムラが生じてしまう。

　さらに問題発見学習には活動自体が目的化してしまうという批判もある。「子どもたちが地域にでかけていき，調べ物をする」活動は，児童生徒の内発的な関心を満たす手段であったはずである。他方，興味関心がわかないテーマがあることも事実だろう。関心が乏しいのに地域に出かけて，調べ物をするならば，それは「地域に出かけ，何かを調べる活動」自体が目的になることを意味する。このように，系統的な学習が不十分になり，活動自体が目的化してしまう点には**はいまわる経験学習**という批判がある。

　デューイの経験学習は Kilpatrick（1918）によるプロジェクトメソッドと，

Parkhurst（1992）によるドルトンプランという 2 つの著名な単元学習に影響を与えている。

　キルパトリックによる**プロジェクトメソッド**では，人間の活動は目的的活動であり，学習とは目的的活動の遂行と考える。目的的活動には「目的・計画・実動・判断（評価）」という 4 つの段階がある。児童生徒は生活環境の中から自分で価値があると思える課題をみつけ，それをどのようにやるか計画し，実際に問題解決に取り組み，最後に自分のやったことを評価する。

　ドルトンプランを開発した**パーカースト**は，モンテソーリの「協同」の考え方にも影響を受けている。パーカーストは学校を一つのコミュニティとして「社会的実験室」とした。時間割を廃止し，児童生徒の興味に応じて教科を選ばせ，教科別の「実験室」で，教科担任の指導を受けながら個別に学習を進めさせた。個別学習では，児童生徒のペースで，自学自習を保障した。ドルトンプランではアサインメント（契約）と呼ばれる学習計画を教師が承認する方法で，一人ひとりの学習を個別化していた（佐藤 1996）。

2）プログラム学習

　スキナーの提唱した学習理論（オペラント条件づけ）を基本原理とする学習法であり，**スモールステップの原理**，**即時確認の原理**，**自己ペースの原理**，

表 6-1　プログラム学習の 5 原理

原理	内容
積極的反応の原理	学習者がどの程度理解したかは，問題に答えさせて判断する。外に出してみることで初めて学習の程度が判明する。
即時確認の原理	学習者の反応の正否をすぐ知らせる。学習者は，自分の反応が正しかったかどうかを知ったうえで，次の反応を要求されるように教える。
スモールステップの原理	学習者がなるべく失敗しないように，学習のステップを細かく設定する。失敗をするとそれが定着する危険性がある。
自己ペースの原理	学習者が自分のペースで学習を進められるようにする。適当なスピードは学習者それぞれによって異なる。
検証の原理	プログラムの良し悪しは，専門家が判断するのではなく，実際に学習が成立したかどうかで判断する。そのためには，未学習の協力者に開発中のプログラムを試用してもらい，必要に応じて改善する。

積極的反応の原理，検証の原理など，主に5つの原理に基づく（表6-1）。

　児童生徒はスモールステップで構成された「確実に回答できるような問題」から順番に回答する。回答は図6-2のようなティーチングマシンを使用する。かなりやさしい問題から回答していくので，ほとんど間違えることはない。児童生徒は回答すると，すぐに正解のフィードバックを得られる（即時確認の原理）。

　児童生徒がどこまで問題を解くかは児童生徒のペースで行われる（自己ペースの原理）。「問題をみて，回答してすぐに正解をもらうこと」は，刺激（問題）→反応（回答）→結果（正解）の三項随伴性の原理に沿ったオペラント行動の形成となっている。正解をもらうことが正の強化になっているため，児童生徒は再び積極的に問題に取り組む（積極的反応の原理）。

プレッシーの多岐選択型

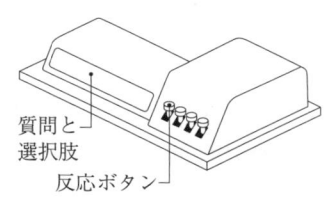

質問と選択肢が左に，幾種類かの答が右の内部ドラムに巻かれプログラム化されていて，計数器で誤答数を集計する

スキナーの円盤型

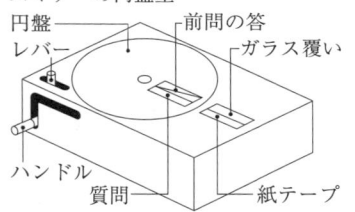

学習者は紙テープに答を書きハンドルを動かし，表示された答を見比べ，正解のときにはレバーを動かす

図6-2　ティーチングマシンを使う様子
出典：Skinner *Teaching Machine and Programmed Learning* より転用。

　こうしたプログラム学習は1960年代に行われたが，現在，そのままの形では行われていない。1980年代後半にはティーチングマシンをコンピュータに連動させることにより **CAI**（**Computer Assisted Instruction**：コンピュータ支援教育）として活用されることが増えてきた。プログラム学習の影響もあり，**教育工学**（educational technology）が誕生し，現在まで発展している。

　プログラム学習の長所は学習者の能力や学習状況に応じて学習を進められる点である。また正解しながら進めることができるので，子どもは「できた」という感覚をもちやすい。他方，スモールステップなので，知識が断片的になりやすい。またスモールステップに分解できないような，体系的でない教科はプログラムに組み込めない。さらに，芸術領域のような創造的な思考の育成には適していないなどの短所がある。

　プログラム学習には認知心理学からの批判もある。佐伯（1975）は教育を①命題を学ぶ（たとえば「コロンブスはアメリカ大陸に遭遇した」など），②行為を学ぶ（たとえば「授業中に正解がわかった人は挙手をする」など），③スキルを学ぶ（たとえば，早く走るには足を高く上げ，手を振り，強く蹴り出すなど）の3種類の学びに分類した。そしてプログラム学習の長所は主に②（行為を学ぶ）と③（スキルを学ぶ）にあると考えた。

　一方，「命題を学ぶ」ことについて，プログラム学習は（無力ではないものの）限界がある。たとえば「1492年，コロンブスはアメリカ大陸に遭遇した」という命題は，遭遇した年代を暗記してもあまり意味はない。その命題は「コロンブスはなぜアメリカ大陸と遭遇したのか」「コロンブスとアメリカ大陸の遭遇により世界史にどのような変化が起きたのか」などの多様な問いを含んでいる。「歴史を理解する」とは，こうした問いを自分なりに生み出し，自ら調べ，自分の回答を得たり，新しい見方を発表したりすることである。

　ティーチングマシンによるプログラム学習は，たとえば「石器時代は何年から何年までか」「心臓の部位の名称とその働きを示せ」など，知識体系の正確な記憶を確認するには有効だが，知識の体系から自分で問いを出し，自分で調べ，自分の見解をもつような学びには向いていない。

　このような限界に対して CAI の立場からは，**反転学習**が提案されている。

反転学習とは，説明型の講義など基本的な学習を宿題として授業前に行い，個別指導やプロジェクト学習など知識の定着や応用力の育成に必要な学習を授業中に行う教育方法である。

　なお，コンピュータの利用は授業場面だけにとどまらない。コンピュータを使い，児童生徒の成績の推移や苦手分野などを管理し，指導に生かす方法は **CMI**（Computer Managed Instruction）と呼ばれている。

3）発 見 学 習

　ブルーナーは，学問には**構造**があると考えた。構造とは「物事の関連性」である。現象の背後にある構造（物事の関連性）や法則の発見の過程を通して，知識を獲得する個別学習を**発見学習**と呼ぶ。発見では与えられた情報をもとに，自分なりに仮説を立てて，その仮説を自分なりの方法で検証していく。このとき，子どもが「こうではないか。いや，こうなっているのでは」と試行錯誤しつつ，自由に予想を立てることは，創造的で直観的な思考の育成に役立つ。子どもが自主的に観察，調査，実験できる環境（教材や資料）を与え，子どもに適切な助言を与えるのが教員の役割となる。

　発見学習は順序性と操作性を重視した系統学習である。①子どもが興味を抱く課題を与える，②予想を立てる，③仮説を練り上げる，④確かめる，⑤展開・発展させるというのが発見学習の流れである。ブルーナーの教育方法は理科や科学の学習に影響を与えた。なおブルーナーの発見学習と同様の構造をもつ教授法に**板倉聖宣**（1966）による**仮説実験授業**がある。

　自分で解答を導き出す発見学習の長所は，仮説−検証の探求的態度や潜在的な知的能力を育成できる点である。発見や解決をするという自信を経験させることにより，外発的動機づけから内発的動機づけへと学習意欲の質の変化も期待できる。習得された教科内容は相互に関連づけられているので記憶保持がしやすいという長所がある。

　発見学習の短所は，試行錯誤に時間をかけるために，一斉学習と比べて時間と労力がかかる点である。また，すべての子どもに疑問が浮かぶわけではない。学習への動機づけが低い子どもや低学年の子どもに発見学習は適していないという批判がある。

　ブルーナーの有名な仮説に「どのような知的教科であっても，方法次第で発達のどの段階のどの子どもにも教えられる」がある。学習にはレディネスが重要という考え方もあるが，ブルーナーの仮説に従えば，幼稚園の子どもに，やり方次第では，小学校の教科内容を教えられることになる。

4）有意味受容学習

　受容学習とは科学的な法則や原理について教員が解説する教授法のことで，日本の一斉授業は基本的に受容学習である。ブルーナーはこの受容学習を批判し，発見学習を提唱した。しかし，発見学習には時間がかかり過ぎる短所があった。そこで**オーズベル**は，有意味学習を考えた。**有意味学習**とは，これから教える内容をすでに子どもがもっている知識と関連させながら教える方法である。すでにもっている知識と比較したり，その知識のアナロジーを使ったりすれば，いきなり新しいことを教わるよりも子どもの関心は高まり，新しい知識を理解しやすくなるだろう。

　有意味学習ではすでに子どもがもっている知識と，これから新しく学ぶ知識をつなぐ手がかりが必要となる。この手がかりを**先行オーガナイザー**という（Ausubel & Robinson 1969）。先行オーガナイザーには**概説的オーガナイザー**と**比較オーガナイザー**がある。

　概説的オーガナイザーは，学習者がまだ学んだことのない内容を学ぶときに使われるオーガナイザーである。学習者がまだ読んだことのない内容に関する文章を読むとき，内容がわかりやすくなるように，タイトルや小見出しをつけておけば，これから読む内容についての手がかりが得られる。この場合，タイトルや小見出しは概説的オーガナイザーといえる。

　比較オーガナイザーはすでに学んだ内容に，同様の枠組みの中で新たな知識をつけ加えるときに使用される。たとえば，心理検査法の授業で質問紙法を説明した後，同じように人間の心理状態を測定するものとして投影法を紹介し，長所と短所を比較するとか，ダーウィンの進化論を学んだ後で，ラマルクの進化論を紹介し，論点を比較するなどの教え方は比較オーガナイザーである。

　有意味学習の長所は伝統的な一斉授業の中に容易に組み入れることができ

る点，また既存の知識に基づきながら体系的に教えるので，子どもに誤解や混乱がない点である。短所は学習者が受け身になりやすく，抽象的な思考力が発達していないと難しい点である。

　オーズベルは受容学習に有意味学習を組み合わせることで，一斉授業であっても，子どもの能動的な知的活動が促進されると考えた。これを**有意味受容学習**という。

5）完全習得学習

　完全習得学習（マスタリー・ラーニング） とは，学級の 90〜95 ％以上の児童生徒に学習内容を習得させようとする学習方法である。**ブルーム**は，教育目標を明確にし，学習単元を設けて，**形成的評価**を生かしながら適切な指導をすることで，90 ％以上の学習者が学習の達成ができると主張した。なお，完全習得学習の詳細は教育評価（第9章第1節）を参照してほしい。

（3）グループ学習

　一斉授業が開始された後，単元が進むにつれて，ときにグループ（班）をつくって学び合う学びの形態はグループ学習と呼ばれる。グループ学習は単に班で話し合い，学び合うことにとどまらない。協同学習やバズ学習など，ある性質や目的をもったグループ学習が提唱されている。

1）協同学習

　協同学習とは小集団を活用した教育方法であり，①協力することで互いにメリットが得られる人間関係，②対面的な相互のコミュニケーション，③個人としての責任，④社会的スキルや小グループ運営，⑤集団改善の手引きという5つの要素を満たす工夫がなされた学習方法である（Johnson et al 1991）。Johnson et al (1993) による協同学習と，何の工夫もなく班をつくり，話し合わせる従来のグループ学習の相違を表6-2に示す。

　協同学習では2人から6人のグループをつくり，共通の目標を達成するために助け合いながら，工夫された教材を使用して課題に取り組む。課題の内容や授業のねらいによって**ジグゾー法**や生徒チーム学習法などの多様な教授モデルが開発されている。ジグゾー法とは，一つの課題を複数が担当するよ

表 6-2　協同学習と従来のグループ学習それぞれにおけるグループのもつ特徴

協同学習	従来のグループ学習
相互協力関係がある。	協力関係なし。
個人の責任がある。	個人の責任なし。
メンバーは異質で編成。	メンバーは等質で編成。
リーダーシップの分担をする。	リーダーは指名された一人だけ。
相互信頼関係あり。	自己に対する信頼のみ。
課題と人間関係が強調される。	課題のみ強調される。
社会的スキルが直接教えられる。	社会的スキルは軽く扱うか無視する。
教師はグループを観察，調整する。	教師はグループを無視する。
グループ改善手続きがとられる。	グループ改善手続きはない。

出典：Johnson et al 1993.

表 6-3　協同学習による授業を進めるための 8 つのステップ

> ステップ 1：グループの授業の目的を書く。
> ステップ 2：生徒をグループに分ける。
> ステップ 3：役割を割り当てる。
> ステップ 4：個人の目標を決める。
> ステップ 5：教材。
> ステップ 6：指導する協力スキルを決める。
> ステップ 7：どのようにグループを維持するか計画する。
> ステップ 8：教師のコメントとフィードバック。

出典：Snell et al 2000 より著者作成。

表 6-4　協同学習に関連する成果

> 学習到達度の上昇。
> グループ内人間関係の改善。
> 自尊心の改善。
> ハイレベルの推論（reasoning）方略，クリティカルな推論能力の増加。
> 他者の見方から状況を眺める能力が卓越する。
> 内発的動機づけが大きくなる。
> 教科や勉強，学校に対してよりポジティブな態度になる。
> 先生や校長，学校職員に対してよりポジティブな態度になる。
> まとまりがなく混乱した行動（disruptive behavior）が減り，課題従事行動が増加する。
> 他者に対する利他的な行動や援助行動が増加する。
> 向社会的行動が増加する。
> 葛藤を解決するスキルが改善する。
> 出席が増加する。

出典：Johnson et al 1993 より Snell et al 2000 が作成。

うに分類し，それぞれの担当箇所を協力しながら統合すると，課題の全体像が把握できるような学習システムである。1970年代のアメリカの人種融合政策の中で社会学者のアロンソンにより開発され，協同学習を促す代表的な教授スタイルへと発展した。

　たとえば，一つの長い文章を5つの部分に切って，それぞれを5人グループの一人ずつが担当する。それを持ち寄って互いに自分が勉強したところを説明し合い，ジグソーパズルを解くように協力して課題全体を理解する手法は代表的なジグゾー法といえる。

　協同学習は表6-3のようなステップがあり，表6-4に示す成果が報告されている。特に学力に関して，Slavin (1990) は72％の研究で協同学習が統制群よりも成績がよかったことを指摘している。

　協同学習が注目される理由の一つに特別支援教育への効果がある。McMaster & Fuch (2002) は個人の責任や互恵的な相互依存性がある協同学習はLDのある児童生徒の学力向上に効果があったことを報告している。なお，障害のある児童生徒が協同学習をする際，小グループの学習自体に困難が想定される。その際は，表6-5のようなスキルをメンバー相互が身につけると協同学習が促進される (Cosden & Haring 1992)。

表6-5　障害のある児童生徒が恩恵を受けるために必要になるスキル

最重度の障害のある生徒の場合 ・誰がグループメンバーなのかわかる。 ・グループメンバーに挨拶する。 ・グループ活動に部分的に参加するためのスキルを発達させる。 **軽度の障害のある生徒の場合** ・適切な質問をする。 ・自分の考えを述べる（Asserting ideas）。 ・グループの他者の発言を注意して聞く。 **障害のない生徒の場合（以下に挙げたスキルは，個々のスキルの小さなまとまりになっている）** ・グループメンバーを効果的に相互交渉させるようなコミュニケーション・スキル（例：他の生徒の，はい／いいえのサイン，絵カード，あるいは，補助具に慣れる。押しつけがましくなく参加するように生徒を促す方法を知っている）。 ・協同グループの課題をやり通すように，グループメンバーを互いに動機づけさせるといった，ピアサポート的な行動。

出典：Cosden & Haring 1992.

２）バズ学習

　バズ学習とは「集団を，数人から7，8人の小グループにし，気軽に意見交換させる。その後，結果をまとめさせ，全体で発表し，討議し合ってまとめる学習方法」(教職課程研究会 2003) である。近年，バズ学習の研究者が協同学習へ移行する例も多い。

３）チーム・ティーチング

　チーム・ティーチングとは複数の教員が役割を分担し，協力し合いながら指導計画を立て，指導する教授法である。チーフとなる教員が授業を主導し，サブとなる教員が指導を補うなど，それぞれの教員は授業に応じた役割を担う。なお，複数の教員が配置されているだけではチーム・ティーチングとは呼べない。またチーム・ティーチングの目的は児童生徒の適性や能力，進度に応じた指導をすることであり，教員の負担軽減は目的に含まれない (表6-6)。

４）ワークショップ型授業

　ワークショップ型授業とは「教員のファシリテートにより子どもたちに『アクティビティ』が行われ，その後，協同的な『振り返り』がなされる授業」といえる。**ファシリテーション** (facilitation) とは，集団による知的・身体的相互作用を促進する働きを意味する。この知的で身体的な相互作用を生み出す活動をアクティビティと呼ぶ。ワークショップ型授業は双方向の参加型授業が多く，結果よりも過程を重視する点に特徴がある。児童生徒はアクティビティの中でコミュニケーション能力や問題解決力を高めることができ

表6-6　チーム・ティーチングのメリットとデメリット

メリット	デメリット
①多くの視点から児童生徒の実態が把握できる。 ②一人ひとりの教員の専門性や特性を生かし創造的な授業を実施できる。 ③多様な学習グループが編成でき，一人ひとりの児童生徒の実態に応じた指導が可能となる。	①教員が依存的になり，児童生徒への働きかけが滞る。 ②サブとなる教員の働きかけが児童生徒の補助や管理だけに終始する。 ③その場限りの対応となる ④指導目標にそわない授業になる可能性がある。

出典：やまぐち総合教育支援センター　2019。

る。

　行動主義的な学習観が何かができるようになることを重視し，認知主義的学習観は現象の背後にある知識や法則性を発見し，獲得することを重視する。これに対してワークショップ型授業は**納得解**（なるほどと腑に落ちた理解）を伝え合い，分かち合う点で新たな学習観を提供している。

5）ワールドカフェ

　ワールドカフェとはカフェのようにリラックスした雰囲気の中で，テーマに集中した対話を行う教授法である。メンバーの組み合わせを変えながら，4〜5人単位の小グループで話し合いを続けることにより，参加者全員が話し合っているような効果が得られる点に特徴がある。

　もともとは1995年にブラウンとアイザックスにより始められ，企業のアイデア開発や企画発案などを目的として企業で実践されたが，この手法を学校教育に応用する例もみられる。

　ワールドカフェでの発言内容は原則的に否定されないため，「互いの意見を尊重し，認め合ったという一体感」が生まれやすい。

2　学 習 方 略

（1）適性処遇交互作用と認知スタイル

　学習方略とは，「イメージをすると暗記がしやすくなる（イメージ化）」や「文章のまま記憶する（言語的符号化）」など，有効な学びの工夫ややり方を指す。表6-7に代表的な方略を挙げる。

　一方，大前提として誰にでも有効な学習方略はない。子どもたち一人ひとりが個性をもち，学び方にも個人差がある。たとえば，話すのが得意の子どもはペアを組む学習を好むが，会話が苦手な子どもはペアを組んだ学習をしない授業を好む。程度の差こそあれ，同じ学習方法であっても，ある子どもには学習効果が高いが，別の子どもにはあまり効果がないという結果は避けられない。

表 6-7　代表的な学習方略

カテゴリー		具 体 的 方 法
リハーサル	主要方略	・逐語的に反復する，模写する，ノートに書く，下線を引く，明暗をつけるなど
精緻化		・イメージあるいは文をつくる，言い換える，要約する，質問する，ノートをとる，類推する，記憶術を用いるなど
体制化		・グループに分ける，順々に並べる，図表をつくる，概括する，階層化する，記憶術を用いるなど
理解監視	支援方略	・理解の失敗を自己監視する，自問する，一貫性をチェックする，再読する，言い換えるなど
情緒的（動機づけ）		・不安を処理する，注意散漫を減らす，積極的信念をもつ（自己効力感・結果期待），生産的環境をつくる，時間を管理するなど

出典：Weinstein & Mayer 1986.

表 6-8　代表的な認知スタイル

衝動型の認知	素早く解答をすることに敏感になってしまい，解答の正しさを判断する時間を十分もたずに解答してしまう。そのため，解答は速いが，誤りが多い。
熟慮型の認知	何事にも答えることに慎重で，より適切な解答を得るためにさまざまな検討を行ってから反応している。解答までの時間は長いが，解答の誤りは少ない。
場依存型の認知	社会への関心が高く，親しみやすいため，すでにある幅広い社会の枠組みを利用することは得意であるが，一方，自分にとって使いやすいように変形することや，自発的に物事を構造化することは不得意である。
場独立型の認知	物事を考える際に，自ら足りない部分を補って自分の枠組みを構築し，柔軟に問題解決へと導くことができる。特に，抽象的で理論的な問題に興味を示す傾向がある。

　このように，「児童生徒の個人差に合致した指導方法や学習方法かどうかによって学習効果に違いが生じる現象」を**適性処遇交互作用**（aptitude–treatment interaction：ATI）と呼ぶ。学習には適性処遇相互作用があり，それぞれの子どもの個性にあった学び方があることに留意したい。

　学習に影響を与える個性の代表的なものに**認知スタイル**の相違がある。認知スタイルとは情報処理や課題を解決する仕方を意味する。代表的な認知スタイルには**衝動型−熟慮型**と**場依存型−場独立型**がある（表6-8参照）。

（2）学習の方法

1）分散学習と集中学習

　何かを記憶したり，何かができるようになったりすることは，最も直接的な学習の目的である。学習とは比較的永続的な行動の変容過程だが，それは何かを長期的に記憶することと言い換えることもできる。通常，一回の練習だけで記憶が定着することは稀で，何度も練習する必要がある。では，どのように練習すれば効率のよい記憶の定着が生じるのだろうか。このテーマは集中学習と分散学習として知られている。時間間隔を空けずに学習することを**集中学習**という。また時間間隔をおいて学習することを**分散学習**という。

　ある英単語を 100 回書く勉強をするとしよう。集中学習で 100 回書くのと，分散学習で 100 回書くのとで，どちらの方が効果的だろうか。もちろん，適性処遇交互作用の原則があるので，誰しも同じ結論とはいえない。しかし，多くの研究結果では，手続き的記憶と宣言的記憶の双方で分散学習の方が優れた効果を示している。ただし，分散学習が優れている理由は明確ではない。この点については**レミニッセンス**（記憶実験で再生成績や運動学習の遂行成績が学習直後より一定時間後の方が向上する現象）などがある。

2）部分学習と全体学習

　学習材料を細かい部分に分けて，少しずつ学習する方法を**部分学習**と呼ぶ。全体を一気に学習する方法は**全体学習**という。初学者または学習内容が難解な場合，学習の初期は部分学習が適している。他方，熟練者や学習内容が平易な場合は全体学習が適している。基本的には学習当初は部分学習が，そして学習後半には全体学習が適しているだろう。

（3）学習の転移と日常的認知—協調的問題解決型の学力観へ

　転移とはある状況で学んだ知識が，その後の状況で問題解決や学習につながる現象を指す（白水 2012）。事前に学習したことが，後に行われる学習に促進的に作用する場合を**正の転移**，本来学習すべき課題の前に別の課題を習得したことが阻害的に働いて，本来の学習を妨げることを**負の転移**と呼ぶ。

　行動理論によれば，転移の理由は「同一要素説」で説明される。同一要素説とは，前の学習と後の学習の間に同じ要素が多く，学習の材料や結果として表れる反応の類似性が高いほど正の転移が起こりやすいことを意味する。また，前の学習と後の学習の間に同じ要素が少なく，学習の材料や学習の結果として表れる反応の類似性が低いほど負の転移が起こりやすいと考える。

　では，学校で学んだことは社会でどこまで応用できるのだろうか。転移が本当にあるならば，学校で学んだ知識は社会生活に応用できるはずである。Lave（1988）は，学校で教わったことを人々がどのくらい日常生活で使用しているかという**日常認知**（everyday cognition）の研究を行った。Lave（1988）は学校での数学の成績と買い物能力の相関を調べたが，その相関は高くはならないことを報告している。たとえば，数学の計算と上手な買い物の能力は類似性が高いが，実際には計算の成績が悪かった者も上手に買い物ができていた。

　またSaxe（1988）は，ブラジルの路上でキャンディを売り歩く少年たちの計算能力を調べ，修学年数と値段の計算の成績が相関しないことを明らかにした。さらに，キャンディ売りを長くやっている子どもは，学校に長く通っている子どもよりも，比率の計算や概算，数の分解や合成を巧みに行っていた（白水　2012）。

　これらの結果は，「知識をたくさん貯えれば，どんな場面でも応用できるようになる（俗にいえば，頭がよくなる）」という仮説を否定する。つまり，知識の転移はどのような生活環境に置かれているのかという要因（社会的文脈要因）と切り離せない。従来の学習の転移研究は「一人の人間が試行錯誤して頭の中に知識や手続きを取り込む」というモデルであった。しかし，実際には，他の人々や社会の要請の中で知識は活用されている。

　こうした批判を踏まえ，現在では**協調的問題解決型の学力観**が生まれてきた。以下，白水（2012）から新しい転移，そして学習観を引用する。

　　・実験者・教授者が設定した知識の連続性ではなく，学習者（エージェント）自身が転移に備えて自らの知識を「連続したもの」となるように

構成・再構成する過程が重要であること

・「一人で何のヒントも得ずに問題が解ける」という転移ではなく，「周囲の仲間や道具，情報を活用して，その場で『学びながら』問題が解ける」という転移があり得ること

・こうした一連の過程を協調的な活動が促進し，そこでは，正解や完全な説明を与えられずとも，学習者同士が自分達のわかったことを話し合うことによって，不完全な理解を高め，転移に備えた知識を構成できること

長期にわたる学習が求められる現実社会の中で，学習者がいかに学んだ状況と「似た」場面を自ら探し，あるいは自分の知識が使えるように場面を変えて，積極的に転移を引き起こすことができるか，そしてそのような知識の獲得をどう支援できるかを問う研究が生まれつつある（白水 2012）。

　生活と関係なく，知識だけをたくさん貯えても，日常認知に長けるわけではない。どのような保護者のもとで，教員のもとで，学級で，どのようなコミュニケーションがあり，どのようなことがよいとされ，どのようなことがよくないとされているのか。何がその子どもに必要とされているのか。そうした社会的文脈の中で初めて知識は転移し，大きく育つのだろう。

1　動機づけの理論

（1）動機づけとは

　動機づけ（モチベーション）とは「行動を生起させ，維持し，方向づける過程」全体を指す。特に行動の始発部分（生起）にかかわるのが「動機」（motive）であり，「行動を生起させようとする内的な力（状態）」と定義される。

　動機と類似した用語（概念）に**欲求**（need）や**動因**（drive）がある。これらは必ずしも明確に使い分けられていないが，「欲求」はもともと生理的欲求（食物・排泄・睡眠や性など）を指し，「欠乏状態から生じる（欠乏動機）」というニュアンスが強い。「動因」は，欲求（生理的動機）を基盤にした心的緊張状態をいう。のどが渇いて水を飲みたいという場合，水に対して「欲求」があるといえる。また水分補給という生理的な欲求に基づいて，「早く水を飲みたい」という心理的な緊張状態が生まれ，「水を飲む」という行動が起こりやすくなる。水は「水を飲む」という行動を生み出す動因である。行動を生み出す外的な力（状態）は誘因（incentive）という。動機づけは動因と誘因の相互作用により説明される。

　欲求は生理的なものばかりではない。友だちと楽しく過ごしたい，親や先生からほめられたいなど，「人間関係や社会的環境から得たい欲求」を**社会的欲求**または**二次的欲求**と呼ぶ。

　たとえば，ホワイトが提唱した有能感（コンピテンス）は私たちが行動に向かう根源的な動機といえる。これは「環境と効果的に相互作用する能力（をもつと感じられること）」を意味する。乳児は「泣けば，お母さんがあやしてく

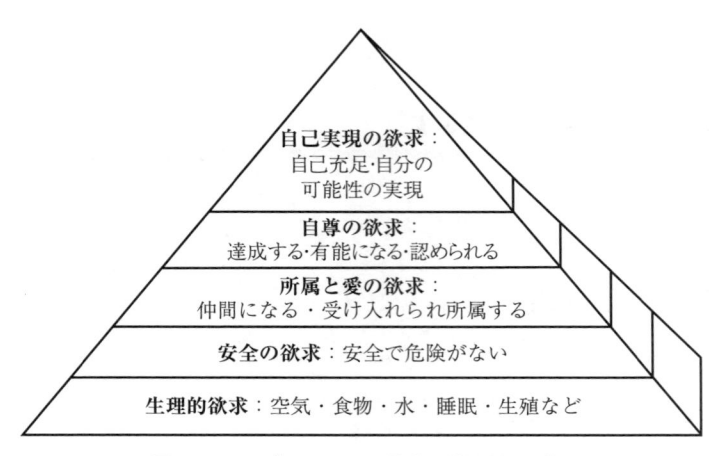

図 7-1　マズローによる欲求の階層性モデル
出典：青柳　2007 p.139 を一部改変。

れる」「ガラガラを振れば，音が出る」というように，環境（母親／ガラガラ）に働きかけてその変化（反応）を引き出している。もし自分が行動を起こしても周囲に何の影響も及ぼさないとすれば，もう行動を起こす気にならないだろう（第 4 項「学習性無力感と原因帰属」参照）。また，たとえばデシがとりわけ重視するのは，「自由意志」とか「自己決定」ともいえる自律性の欲求（動機）である（第 3 項「アンダーマイニング効果」参照）。

　社会的欲求を「欲求階層」としてまとめたのが**マズロー**である。**マズローの階層性モデル**（図 7-1）では人間の基本的欲求（動機）として，①生理的欲求，②安全の欲求，③所属と愛の欲求，④自尊の欲求，⑤自己実現の欲求を挙げ，それらは階層をなしており，①から⑤の順に，より低いレベルの欲求がある程度，満たされると次のレベルの動機が表れてくるとした。

（2）内発的動機づけと外発的動機づけ

　行動は同じでも，その背景に働く動機づけが異なる場合はよくある。そしてその質的な違いが，長期的にみると重要な意味をもってくる。

　行動の目的がその行動をとること自体にある場合を**内発的動機づけ**（intrinsic motivation）といい，行動以外のところにある場合を**外発的動機づけ**（extrin-

表 7-1　内発的動機づけと外発的動機づけの特徴

内発的動機づけ
・行動の目的がその行動をとること自体にある。 ・外的な報酬に依存せず，その活動に興味関心をもって取り組んでいる状態。 ・行動そのものが報酬になっている。
外発的動機づけ
・行動の目的が行動以外にある。 ・何らかの外的な報酬（賃金，賞賛，昇進など）に動機づけられてその行動を行う。

sic motivation）という。一般に，短期的な効果は外発的動機づけが，長期的な効果は内発的動機づけが高いといわれる。

　たとえば，熱心に「ゲームをする」子どもがいたとしよう。その目的が「（ゲームをすること自体が）楽しいから」という場合，この行動（ゲームをすること）は内発的に動機づけられたものである。しかし，もしゲームをする理由が「うまくなって，友だちにほめられたいから」というのなら，この行動をとる本来の目的は友だちからの賞賛（報酬），つまり行動以外のところにある。そして行動（ゲームをすること）は目的（友だちからの賞賛）を達成するための「手段」となっていることもわかる。

　またこの子はゲームばかりして勉強をしないので，ある日，たまりかねた親が「明日も勉強しないなら怒るぞ！」といったとしよう。翌日，この子は怒られるのが嫌だったので勉強をした。この勉強は親の叱責（罰）を「回避する」ことが目的の外発的動機づけ行動といえる。

　報酬（賞）や罰を用いて特定の行動（反応）を増減させるオペラント条件づけの（強化）過程は，まさに外発的動機づけといえる。オペラント条件づけに消去が生じる（報酬や罰をやめると次第に反応は弱まる）ことからもわかるように，外発的動機づけによる行動を維持するためには，報酬や罰を与え続けることが必要となる（表7-1）。

（3）アンダーマイニング効果

　人が「内発的動機づけ」によって活動をしているところへ，さらに「報酬」を与えるとどうなるだろうか。デシによる有名な実験がある（Deci 1971）。

この実験では大学生が3日間，1日に3問ずつ，パズル課題 (3Dパズル) に取り組んだ。彼らは2グループに分けられていて，片方のグループ (実験群) は2日目だけ，1問解くごとに1ドルの報酬を与えられた。もう一方のグループ (統制群) は3日間，一切報酬は与えられなかった。両グループとも各日，2〜3問目の合間に実験者が一時，退席するのだが，「その間，何をしていてもよい」と告げられた (部屋にはパズルのほか雑誌などもあった)。実は，彼らがこの独りきりの自由時間，どれくらいパズルに自発的に取り組むかが観察されていた。これが内発的動機づけによるパズルの遂行量 (時間) ということになる。

　その結果，1日目は両グループの (自由時間中の) パズル遂行時間はほとんど変わらず，どちらも自由時間の半分ほどをパズルにあてていた。そして，何も報酬のなかった統制群は3日目まで同程度の時間をパズルに費やし続けた。一方，2日目 (の本課題中) に報酬が与えられた実験群では，その日のパズル遂行時間は明らかに増えた。だが，報酬のなくなった3日目，遂行時間はもとのレベル (1日目) を下回るまでに急減してしまった。つまり，内発的動機づけによって活動している人をいったん報酬により (外発的に) 動機づけると，その人の活動量は一時的には増加するが，再び報酬のない状況に戻したとき，今度はそれによる増加分が失われるだけでなく，もともとの内発的動機づけまで損なわれるため，もう当初の活動量はみられなくなってしまうのだ。

　このように，報酬は内発的動機づけに対する**アンダーマイニング効果 (低減効果)** をもつ。自分の行動が報酬によって (外的に) コントロールされていると認知すると，人は「自律性」の欲求 (動機) を充足することができず，内発的動機づけは低減する。

（4）学習性無力感と原因帰属

　次に，まったく行動を起こす気にならない状態，すなわち「無力感」に陥るメカニズムをみてみよう。セリグマンらは犬を対象に実験を行い，無力感が学習 (経験) によってつくりだされること (**学習性無力感**) を明らかにした

(Seligman & Maier 1967)。

　彼らはまず，電気ショック（不快な状況）を自身で避けられるか否かという条件で犬をグループ分けした。回避群は，電気ショックは受けるけれども，それを自身の行動で止めることができた（頭を動かしてパネルにタッチすれば電流は停止した）。その一方，回避不能群は回避群と同量（時間）の電気ショックを受けるが，その状況を自身でコントロールすることができなかった（犬の行動とは無関係に電気は流された）。

　こうした手続きを経て，両グループとも再び電気ショックを受けるのだが，今度は隣に安全なスペースがあり，つい立てを飛び越えてそこに移れば，電流から逃れることができる状況である（図7-2）。

　実験の結果，回避群の犬は，電気ショックがくると，速やかに隣りのスペースへ逃げたのに対し，（前に，自分がいくら行動しようと電流を止めることができないという経験をした）回避不能群の犬たちは逃げようとせず，その場にうずくまっていた。つまり，回避不能群の犬は，今度は逃げられる状況だったのに「逃げなかった」といえる。

　両グループの違いは，不快な状況（電気ショック）にさらされた量ではなく，その状況を「自分の力でコントロールすることができた」経験をもつかどうかである。回避不能群はコントロール不能の経験をさせられたために，「自分が何をしようと無駄だ」ということ（行動–結果には関係がないという非随伴性）

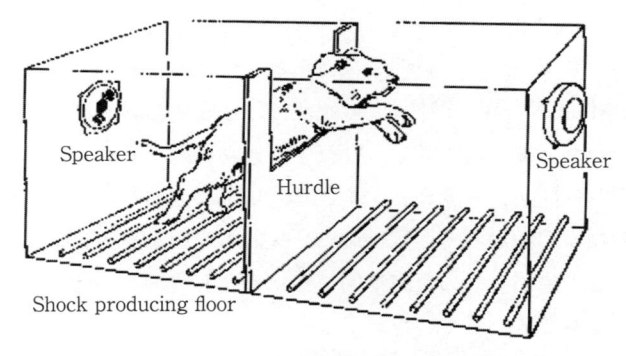

図7-2　セリグマンの学習性無力感の実験

をさとり，行動をとることをはじめからあきらめるようになってしまった。つまり，犬は「無気力」を学習したといえる。

　人間の場合もやはりこのような無力感に陥りうる。ただし同じ経験をしても無力感に陥りやすい人とそうでない人がいることが知られている。物事の捉え方（認知）に個人差があるためだ。セリグマンらは後に，**原因帰属**（ある出来事の原因をどのように考えるか）のあり方が，人の学習性無力感形成に影響を及ぼすとした。負の出来事に対して，それをコントロールできない（非随伴性の）原因を「内的（自分のせいだろう）」「安定（今後もそうだろう）」「全般（ほかのことでもそうだろう）」と捉えがちな人ほど学習性無力感に陥りやすい。逆に，その原因を「外的」「不安定」「特殊」と捉える傾向は，人を学習性無力感から遠ざけることになると考えられる。

（5）無力感の克服と努力への帰属

　ドゥヴェックは算数に対して無力感を示す（失敗を経験すると，できるはずのこともあきらめる）子どもたち（8歳から13歳）を対象に，25日間，毎日15回，1回1分ずつ算数の問題に取り組ませる訓練を行った（Dweck 1975）。彼らは2つのグループに分けられ，どちらもその1分間にできるだけ多くの問題を解くようにいわれたが，「成功経験」群は（基準を低く設定されているため）毎回「成功」するようになっていた。一方，「努力帰属」群は1日に何度か「失敗」するようになっていた。そしてその際，必ず「努力が足りなかったからだ」と伝えられた。

　訓練期間を経て，わざと難問を与えられ「失敗」を経験した後の両グループの（無力感）反応の変化が検討された結果，「成功経験」群の反応には何も変化がなかった。彼らは訓練中，ひたすら成功経験を重ねたわけだが，相変わらず，難しい問題に一度つまずくとそれ以前の成績を下回る結果しか出せなくなるのだった。対して，訓練中に「失敗の原因を努力に帰属する」よう促された「努力帰属」群の反応は明らかに変化しており，難題につまずいた後も成績は落ちなくなっていた。

　ワイナーらは成功や失敗の原因について，その「位置（内的-外的）」と「安

定性（安定‐不安定）」の2次元を組み合わせ，表7-2のように分類した。

この考えに基づけば，（成功や）失敗の原因を，同じく「内的」な要因であっても，「安定」的な（少なくとも急に

表7-2 ワイナーによる原因帰属の2次元モデル

	安定	不安定
内的	能力	努力
外的	課題の困難度	運

は変動しない）「能力」に帰属するのか，「不安定」な「努力」に帰属するのかで意味が異なってくる。失敗（／成功）を，自分次第で変動可能な「努力」に帰属することで，次は（／も）がんばろうという気持ちが高まるだろう。

（6）達成動機づけ

ある目標を設定して，その目標を達成しようとする動機づけを**達成動機**（achievement motivation）という。「次の大会では優勝を目指そう」「次のテストでは10点アップを目指そう」「陸上であと2秒，速く走れるようにしよう」など，現状より高い目標を掲げ，困難を克服し，さらに高い水準の達成を目指す動機は達成動機である。

Atkinson（1957）によると，達成動機の強さは，「動機」「期待」「誘因」の3要因によって規定されるとしている。Atkinson（1957）はそれを「達成動機の強さ＝達成したいという動機×主観的成功確率×目標の魅力・誘因」という式で表現している。一般に，「現状では難しいが，がんばれば達成できる可能性がある」と思える程度の目標に対して達成動機が高まるとされる。

2　動機づけの応用理論

（1）自己決定理論

内発的な関心に従って，自発的に子どもたちが学んでくれるにはどうしたらよいだろうか。子どもの内発的動機づけはどのようにしたら高まるのだろうか。結論から述べると，①その活動を通じて，自分はできると思えることが楽しい（有能感），②その活動を自分で決めて，自分が動かしていることが

楽しい（自己決定感），③その活動を仲間と一緒に行うのが楽しい（関係性）という３つの楽しさがあるとき，内発的動機づけは高まる（特に有能感と自己決定感は重要）。

Deci & Ryan（2000）は内発的動機づけがどのような要因で成立しているのかを検討した。それが**自己決定理論**である。自己決定理論は複数の理論から成立しており，限られた紙面で全体像を述べることは難しいが，ここでは動機づけと教育心理に関係する部分を端的に紹介する。

まずDeci & Ryan（1995）は，外発的動機づけと内発的動機づけの強調点を変え，自律性の度合いに応じてそれらを一元的に捉え直した。すでにみたように，従来の外発動機づけとは「何かを得るために手段としてその行為を行っている」点が強調されていた。たとえば，「おもちゃを買ってくれるとお母さんがいうので，今，勉強をしている」のならば，勉強はおもちゃを得るための手段であり，勉強をしている動機は「おもちゃがほしい」気持ちの強さに比例する。これは外発的動機づけである。他方，その勉強がおもしろいから，自発的に勉強をしているのなら，その勉強は内発的動機づけによってなされている。このように外発的動機づけと内発的動機づけは対立的または対照的に論じられてきた。

しかし，図7-3（櫻井 2012）に示すように，外発的動機づけは自律性の度合いを軸にとると，無動機づけから外発的動機づけを経て，内発的動機づけま

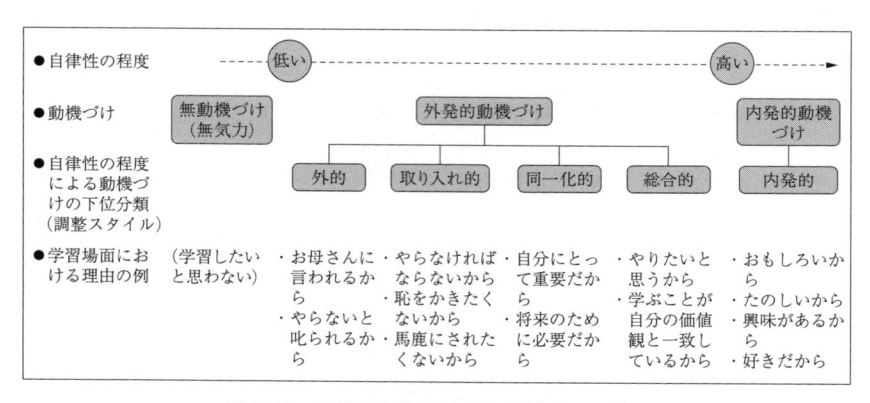

図 7-3　自律性の程度による動機づけの分類

での一元的な分類に整理できる。ここでは外発的動機づけと内発的動機づけは対立していない。

　これまで教育の世界ではどちらかというと内発的動機づけ（学ぶことそのものがおもしろいから，自ら学ぶ）を非常に重視してきたし，価値を置いてきた。Deci & Ryan（2000）の整理に従えば，「将来の目標や生活のために学ぶ」外発的動機づけも価値が低いとはいえないことがわかる。「あこがれの大学に入学するために勉強する」などは外発的動機づけの中でも「同一化的調整の段階」に位置し，自律性も高く，内発的動機づけとの相違点は少ない。そこで外発的動機づけの中の「同一化的調整の段階」と内発的動機づけを合わせて「自律的動機づけ」（autonomous motivation）と呼ぶことがある。

　このように動機づけを整理した後，Deci & Ryan（2000）は人間の基本的心理欲求を整理し，内発的動機づけを構成する要因を導いた。それによると，人間の基本的な欲求は①有能性（コンピテンス），②関係性，③自己決定性（自律性）である。「何かができるようになりたい」という有能感への欲求と，「他人とつながり，認められたい」という対人関係の欲求，そして，「自分がやり始め，自分のペースと自分のやり方で学ぶことができ，やめたくなれば自分の意思でやめることができる」という自律性の欲求の3要因が人間の最も基本的な欲求である。自己決定理論によると，これらが満たされるとき，内発的な動機づけが高まる。

〈自己決定理論における内発的動機づけの3要因〉
内発的動機づけ＝①有能性欲求＋②関係性欲求＋③自律性欲求

　教育学者の小針（2018）は Deci & Ryan（2000）の自己決定理論に基づき，近年の主体的・対話的な学びについて以下のような問題提起をしている。

　　「それでは主体的な学習意欲，しかも内発的動機付けはどうすれば高まるのでしょうか。（中略）学習に向けた内発的動機付けについては，本

人のみならず，他者や環境要因の果たす役割が小さくありません。教育心理学の知見によれば，自律性（自己探求性）欲求，知識や技能を活用し環境を操作したいというコンピテンス欲求，他者からのサポートを得たい関係性欲求が満たされたとき，内発的動機付けが喚起され，高いパフォーマンスが達成されるようです。

　しかし，いずれも限界はあります。そもそもその3つの欲求が満たされる環境や条件を有する個人は教室内で限られているからです。（中略）

　教育現場で日々授業をしている教師ならば経験的に知っていることでしょうが，多くの場合，意欲や関心のない人間の意欲を引き出すことは著しく困難なことなのです。もっというと，あらゆる授業や課題に対して，積極的に取り組めるほど，人間は単純な存在ではありません。

　（中略）主体的で対話的な深い学びやアクティブラーニングを推進しようとする文部科学省や学者たちは，自発的・内発的な学習意欲があらかじめ学習者の内面に存在し，人間関係も良好で，教師による適切な関わり方次第で，つねに発動できる状態にあるとの希望的観測を前提にして，その実態を提言しているように映るのです」（小針 2018 pp.234-237）。

　学校生活の中心は授業である。日本の場合，授業の形態は一斉授業であり，その中で児童生徒の内発的な学びを実現するためにアクティブ・ラーニングや主体的で対話的な深い学びが提唱されている。しかし，自己決定理論に基づけば，内発的動機づけは環境要因の影響も強く，児童生徒の全員の内発的動機づけが高まるわけではないという現実を示している。内発的動機づけが高まらないのは，教師の力量不足だけが原因ではなく，その子どものプライベートな環境や気質，関心事が複雑に影響し合った結果という視点を失ってはならない。

（2）行動賦活系／行動抑制系

　子育て経験のある保護者に話を聞くと，「幼児期の頃から何となくこの子は臆病だと思っていた」とか「この子は危ないことにも構わず行動してしま

うところがあった」というように，保護者は子どもがかなり幼い頃からある一定の行動特性を感じていることが多い。環境要因以上に生物学的な要因の影響が強い行動特性を**気質**（temperature）と呼ぶ。

　Gray（1970：1981：1982：1987）は強化感受性理論（Reinforcement Sensitivity Theory：RST）に基づき，不安と衝動性の観点から気質を捉えた。つまり，気質的に不安が高い子どももいれば，衝動性が高い子どももいる。それらは発達の早期から観察できる。したがって「気質的に不安が高い」あるいは「気質的に衝動性が高い」ということは，それを裏づける生物学的なシステムがあるということである（高橋ら 2007）。

　Gray（1970：1981：1982：1987）はそれを**行動賦活系**（Behavioral Activation System：BAS）と**行動抑制系**（Behavioral Inhabitation System：BIS）であると考えた。行動賦活系とは「報酬の存在」や「罰がない」ことに反応するシステムである。行動抑制系とは「罰がある」ことや「報酬がない」ことに反応するシステムである。どちらのシステムも動機づけと関係しており，動機づけは2つのシステムの競合によって決定される。行動賦活系は，得られるもの（報酬）があったり，罰がないことがわかると，そのシステムが活性化して，行動を起こす動機づけが高まる。行動抑制系は，危ないことが予想されたり，怒られるかもしれないことに注意が向かい，そういう行動をとらない動機づけが高まる。衝動性は行動賦活系の，不安は行動抑制系の背景となる。行動賦活系を測定するために BAS 尺度が，行動抑制系を測定するために BIS 尺度が開発されている。

（3）自己効力感

　「自分が社会的環境に働きかければ，それに影響を与えることができるという実感の度合い」を**自己効力感（セルフエフィカシー）**と呼ぶ。社会的環境とは家族，先生，友人，クラスメイト，成績などである。

　テスト勉強にせよ，友だちに自分の意見をいうにせよ，そうすることによって「よい成績がとれる」「話を聞いてもらえる」と思えるから，行動を起こす気持ちになるのだろう。「勉強してもどうせよい成績なんてとれない」

と思っていたら勉強する気持ちにはなれないし，「先生に何を話しても意見を聞いてもらえない」と確信しているなら，教師に相談する気持ちにはなれない。つまり，自分がそれを行えば，環境を変えることができるという思い込みの度合いが，行動を起こす動機づけに深く関係している。バンデューラは社会的学習理論（social learning theory）を提唱した後に，**社会的認知理論**（social cognitive theory）として，この点を扱う自己効力感を検証している（Bandura 1977：1997）。

Bandura（1977）は刺激と反応を媒介する変数として個人の認知的要因を取り上げた。特に刺激を解釈する予期機能を重視して，それが行動変容に果たす機能を検討した。たとえばテストは刺激であり，それに対して「今から勉強すればよい成績がとれる」とか「どうせ，勉強なんかしても無駄だ」と考えるのは認知的要因の中の予期機能である。

次にBandura（1977）は，予期機能を**結果予期**（outcome expectancy）と**効力予期**（efficacy expectancy）の2つに分け，そのメカニズムを整理した（図7-4）。

「結果予期」とは「ある行動がどのような結果を生み出すかという予期」であり，「効力予期」とは「ある結果を生み出すために必要な行動をどの程度うまくできるかという予期」と定義できる。そして，自分がどの程度の効力予期をもっているかを認知したときに，その個人には自己効力感があるという。言い換えると，ある行動を起こす前にその個人が感じる「遂行可能感」，自分自身がやりたいと思っていることの実現可能性に関する知識，あるいは「自分はこのようなことが，ここまでできる」という予想が自己効力感である（Bandura 1985）。総じて，効力予期の性質が「社会的環境に影響を与えられる」という方向性のとき，自己効力感が高いという。効力予期の性質が

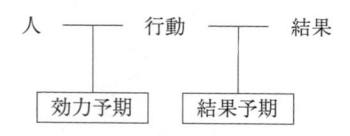

図 7-4　結果予期と効力予期の関係
出典：Bandura 1977.

「社会的環境に影響を与えられない」という方向性の場合，自己効力感が低いという。

　たとえば，「勉強すればよい成績がとれる」と考えるのは「結果予期」である。しかし，同時に「どうせ自分が勉強したって，よくわからないし，自分にわかるようには誰も教えてくれない」と子どもが考えていたら，実際に勉強をする気持ち（動機づけ）にはならないだろう。この「どうせ自分が勉強したって，よくわからないし，自分にわかるようには誰も教えてくれない」というのは効力予期である。つまり，効力予期が低い子どもは「勉強すればよい成績がとれるとわかってはいる（結果予期）が，どうせ勉強してもよい成績はとれないだろう（効力予期）」と予測している。だから勉強をしないし，そのことがさらに成績についての悪循環を生んでいる。

　そこで，自己効力感を高めることができれば，実際に勉強をする動機づけが高まり，以前よりも勉強をして，小さな成功体験を学習し，自分もやればできると考えられるようになるだろう。Bandura (1977) によると，自己効力感は高めることができる。その方法としては，実際に行動し，成功体験を得る「遂行行動の達成」，手本となる他者の行動を観察する「代理的経験」，自己強化や他者からの説得的暗示を受ける「言語的説得」，生理的反応の変化を体験する「情動的喚起」がある。

（4）フロー体験

　好きな活動に打ち込んで，時間も忘れて没頭した経験はないだろか。そのような体験はフロー体験と呼ばれる。**フロー体験**は「内発的動機づけに導かれ，自己の没入感覚や強い統制感，充実感を伴う体験」と定義できる (Nakamura & Csikszentmihalyi 2002)。フロー体験を得るためには，現在の自分の実力よりもやや難しい課題に挑んでいるときがよいと指摘されている。

第8章　学級経営と学級集団への支援

1　学級経営とは何か

　学級経営とは，学級担任によるクラスづくりといってよい。児童生徒と話し合い，学級目標をつくり，学級通信 (学級だより) を出し，人間関係に配慮しながら，そのクラスの雰囲気や文化をつくっていく営みが学級経営である。学級経営のうえには学年経営が，学年経営のうえには学校経営が存在する。

　学級経営の基本となる**学級教育目標**とは「明るく，挑戦するクラス」「思いやりのある，明るいクラス」などのように，各クラスの全体的な目標である。学級がスタートして児童生徒間の関係ができ始めた頃，学級会を開き，この学級会を利用して「今年度の学級目標」をクラス全員で話し合い，決定することが多いだろう。なお，学級目標は学校教育目標の実現と矛盾してはいけない (図8-1)。

　学級経営は学級の組織づくりと日常の指導を中心に行われる。**学級の組織づくり**とは，当番活動や委員会活動を決めたり，席替えで生活集団を組み替えるなどの作業である。**日常の指導**とは清掃，給食，休み時間，朝や帰りの学活，喧嘩など人間関係改善の指導，特別に配慮を要する児童生徒への指導などを意味する。また，**教科の指導の一部**（どのようにしたら，このクラスにわかりやすく教えることができるか。班を決めての学習をする際，どのような決め方をするかなど）は学級経営に含まれる。

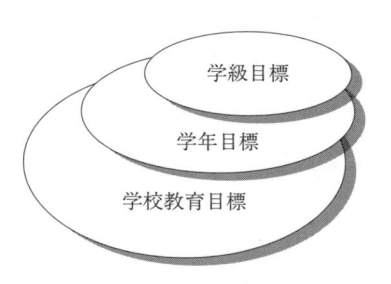

図 8-1　学級目標とその他の目標の関係
出典：富山県総合教育センター 2019。

```
┌─────────────────────────────────┬─────────────────────────────────┐
│ ［教室環境・掲示環境の整備］        │ ［言語環境の整備］                  │
│ ・教卓の整頓                      │ ・教師自身の言語感覚の見直し         │
│ ・掲示物の整備                    │ 　（子どもを尊重した呼名や言葉づかい， │
│ ・教具や荷物の整理・整頓           │ 　個人情報やプライバシーへの配慮　等）│
│ ・教室・廊下の美化                │ ・互いの意見や考えを尊重し合える場の  │
│ ・机・椅子の整頓                  │ 　設定                            │
├─────────────────────────────────┴─────────────────────────────────┤
│　　　　学　び　の　環　境　づ　く　り　　　　　　　　　　　　　　　　　　│
└─────────────────────────────────────────────────────────────────────┘
```

図8-2　学びの環境づくり

出典：富山県総合教育センター 2019。

　さらに学級経営には**物的環境整備**と**人的環境整備**の双方が求められる。どちらが欠けても学級経営とはいえない。近年，学級経営の中に「言語的整備」を入れるケースも増えている。たとえば富山県総合教育センター（2019）が指摘するように（図8-2参照），言語的環境とは教員の言葉遣いや子どものプライバシーへの配慮が含まれる。「お前ら」などの呼び方は，教員と子どものリレーション次第では高圧的な呼び方にもなる。性別で「君」と「さん」を使い分けるのは廃止し，「さん」で統一する学校も増えている。

　教室環境の整備には，教室の中に何をどのようにいつ置く（掲示する）のかなどの活動も含まれる。教室環境については机上面と黒板面の照明や騒音，冬期と夏期の温度，湿度の範囲と最適温度，CO_2 および CO 濃度，学習机の高さなどが1964年の文部省（当時）の通達**「学校環境衛生の基準について」**で示されている。なお，2018年の「学校環境衛生基準の一部改正について」では基準の一部見直しが図られ，望ましい温度の基準を「17℃以上，28℃以下」に見直すなど，複数の項目が変更されている。

　家庭との連絡は学級通信（学級だより：家庭通信）で行われる。学級通信は基本的に公文書なので，校長の許可を得て発行される。

2　学級経営における集団技法

　児童・生徒理解に基づく学級の組織づくりは学級経営の中で中心的な役割を示す。集団づくりの最も基本的な技法は構成的グループ・エンカウンター

とソーシャルスキルトレーニングである。この 2 つの技法のほかに，本章では「主体的・対話的な深い学び」という学習指導要領の観点から**インプロ（演劇ワークショップ型授業）**を紹介する。

　さまざまな技法の中でインプロ教育（演劇的手法を取り入れた授業）をあえて取り上げるのは，① 2010 年度のコミュニケーション教育推進会議で演劇ワークショップ型の授業が注目されたこと，②教育心理学ではホルツマンによる生成の心理学でインプロ教育やドラマ教育が取り入れられていること，③伝統的なドラマ教育の実践が「主体的・対話的な深い学び」で注目されていることの 3 点である。

（1）構成的グループ・エンカウンター

　構成的グループ・エンカウンター（Structured Group Encounter : SEG）とは，「『ふれあい』と『自己発見』のエクササイズを通して，参加者の行動変容を目的とする集中的なグループ体験」である（明里 2009）。

　もともとグループ・エンカウンターは数日間の合宿形式で，進め方の筋書きをもたず，ファシリテーターの力量に応じて行われていた。これは**非構成的グループ・エンカウンター**または**ベーシック・エンカウンター**と呼ばれる（表 8-1）。國分（1981）は非構成的グループ・エンカウンターを学校現場で使用できるように構成的グループ・エンカウンターを開発した。

表 8-1　エンカウンターでの比較

	構成的グループ・エンカウンター	非構成的グループ・エンカウンター
参加者の課題，役割，制約など	明確に決められており，事前あるいは途中で指示される。	一切の制約や約束はなく，課題，役割は決められていない。
進め方	あらかじめ用意されたエクササイズに沿って進められる。	参加者の意思で自由に進められる。
リーダーの指導性	リーダーとして主導的に進めていくため「指導性」が強い。	参加者中心が原則のため「指導性」は弱い。
運営方法	集中して実施してもよい。また，日にちを置いて実施してもよい。	主に集中方式（生活をともにしながら行う）。

　構成的グループ・エンカウンターの条件は，エクササイズ（課題の活動）の内容やプレーをするときの約束，グループの人数や構成員，グループ内のルール，時間（学校で行う場合は45分から50分）などである。こうした条件を整えるのは，(1)心的外傷の予防，(2)自己開示の促進，(3)現実原則の学習の3つの目的があるためである。

　標準的な構成的グループ・エンカウンターは，①ウォーミングアップ，②インストラクション，③エクササイズ，④シェアリングの順番で進められる。ウォーミングアップで簡単なエクササイズを行い，緊張をほぐす。次にインストラクションでこの授業の目的を伝える。エクササイズではその目的に照らした取り組みが行われ，最後にシェアリングとして，メンバーで感想を共有する。

　構成的グループ・エンカウンターの目的は，①自己理解・他者理解，②自己受容，③自己主張，④信頼体験，⑤感受性の促進などである。

（2）ソーシャルスキルトレーニング

　SST（Social Skills Training：以下SST）とは学習理論で成立する認知行動療法による支援方法の一つであり，その目的は社会場面に適応するスキルの構造的な学習方法である。学習されるスキルはターゲットスキルと呼ばれる。金山（2009）は，集団で行うSSTでは，児童生徒がソーシャルスキルを学習することで，学級に心地よい人間関係の風土が生まれ，これが人間関係の問題の予防につながると指摘している。

　通常のSSTは図8-3のような形式で進められる。学級経営に役立つソーシャルスキルトレーニングの代表的なプログラムには「挨拶のSST」「人の話を聞くスキル」「上手に断るスキル」「人を傷つけない言葉遣い（あったか言葉とちくちく言葉)」などが有名である。またSSTは発達障害のある児童生徒への支援方法としても注目されている。

（3）インプロ

　インプロ（即興演劇）とは「俳優たちが脚本も，設定も，役も何も決まって

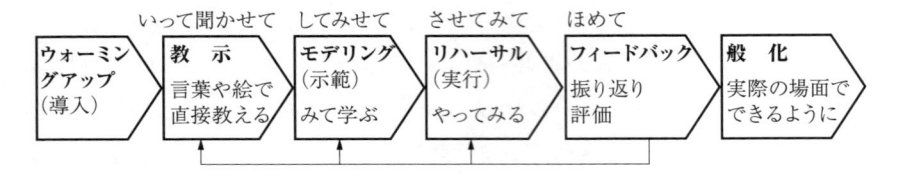

教	示	：やり方を言葉や絵カードなどで教える。
モデリング		：適切な振る舞い方をみせる。問題場面をみせ，どうすればよいか考えさせる。
リハーサル		：実際に練習してみること（ロールプレイ，ゲーム，ワークシート）。
フィードバック		：子どもの行動をほめたり，修正を求めたりすること。
般	化	：どんなとき，どんな場，どんな人でもできるようにすること。

図 8-3　SST の進め方

いない中で，その場で出てきたアイディアを受け入れあい，ふくらませながら，物語を作り，シーンをつくっていく演劇」（高尾ら 2010）である。アメリカやカナダ，イギリスにおいてインプロはさまざまな学びのニーズに合わせて公教育で実践されている。教育現場で行うインプロは「インプロ教育」または「演劇ワークショップ型授業」あるいは「演劇的手法を取り入れた授業」などと呼ばれる（以下，インプロ）。演劇がもつコミュニケーションスキルや表現力の向上，情操性の向上，自己への気づき，創造性の向上などが代表的なインプロのねらいである。

　シアターでの演劇指導を目的とした伝統的なインプロを基礎とした場合，「教育領域にインプロを応用した」という意味で，教育現場のインプロを**アップライドインプロ**（応用インプロ）と呼ぶこともある。ただし，「それぞれの場所に応じたインプロがあるだけで，基礎と応用という図式にあてはまらない」という考え方もあり，この点の見解は多様である。また学習科学者のSawyer（2011）は**統制されたインプロ**という概念を使用してインプロを教育に導入している。統制されたインプロとは「インプロを行う場の社会文化的枠組みを尊重しつつ，インプロの効果を最大限発揮する活動」である。学校には学校のニーズや文化や制度がある。環境の特質を踏まえて最大限の効果を発揮するインプロを実践することが「統制されたインプロ」である。

　学校教育の中でインプロを行うには 4 つのモデルが考えられる。①外部講

師がインプロを行い，担任が前後でディレクションをはさむ，②担任が外部
講師からインプロや演劇的手法の研修を受け，自らの授業で行う，③外部講
師がインプロを行うが，その前後に特別なディレクションはない，④大学院
などで演劇的手法を身につけた教師がインプロを行う。なおディレクション
とは全体の流れを踏まえた進行管理のことである。

　インプロが日本の教育界で注目された理由は 3 つある。第一は，文部科学
省と文化庁による演劇的手法を用いた教育への注目がある。文部科学省は
2010 年 5 月に**コミュニケーション教育推進会議**（以下，推進会議）を設置した。
これは，子どもたちの**コミュニケーション能力**の育成を図るための具体的な
方策や普及についての会議であり，ここで初めて文部科学省は本格的にイン
プロに注目している。近年提案されているコミュニケーション能力の育成の
ための「ワークショップ型の授業」「インプロ」「演劇ワークショップ」など
の試みの多くはこの会議に端を発している。

〈コミュニケーション教育推進会議〉

2010 年，文部科学省は国際化の進展に伴い，多様な価値観をもつ人々と
協力，協働できる人材の育成の必要性と，子どもが自分の感情や思いを
うまく表現することができず，容易にキレるなどの課題が指摘されてい
る状況を踏まえて，子どもたちのコミュニケーション能力の育成を図る
ための方策や普及のあり方について調査・検討を行うため，「コミュニ
ケーション教育推進会議」を設置した。座長は演出家の平田オリザで
あった。

　以下に，推進会議で求められたコミュニケーション能力の内容を示す。こ
れによると，推進会議で強調されているコミュニケーション能力とは，自
己・他者理解に基づく協働性と，チームでの課題解決能力である。

2010 年度から文化庁は「次代を担う子どもの文化芸術体験事業」のメニューの一つとして「児童生徒のコミュニケーション能力の育成に資する芸術表現体験」を展開し，芸術家等と教師の連携による芸術表現体験活動を取り入れた**ワークショップ型授業**を提案している。演出家の平田オリザを座長としたこの事業では，さまざまな芸術活動の一つとして演劇ワークシップ型の授業実践が提案されている。

なお，ワークショップとは一方通行的な知識や技術の伝達でなく，参加者が自ら参加・体験し，グループの相互作用の中で何かを学び合ったりつくりだしたりする，双方向的な学びと創造のスタイルを指す。ファシリテーターと呼ばれる司会進行役が，参加者が自発的に作業をする環境を整え，参加者全員が体験するものとして運営される。

第二は**ドラマ教育**の教育実践が日本でも積み重ねられてきたことである。海外ではインプロや演劇関係者が公教育の中でコミュニケーション教育に携わってきた伝統がある。たとえば，アメリカの**スポーリン**は，学校におけるシアターゲームをプログラム化し，演劇を通じた自己・他者理解の優れた方法として高い評価を受けた。イギリスの**ヘスカット**は，子どもが架空の状況を実際に生きているかのように経験し，教員の支援を受けながら，その経験の意味を深めるティーチャーインロールという方法を提唱している。

日本でも高尾ら（2011）による SST とインプロのコラボレーション，学校内での演劇とコミュニケーション教育の可能性を検討した川島（2017）などの報告がある。こうした実践は日本の教育現場におけるインプロ実践の土壌

を築いてきた。

　第三は教育心理学における**ホルツマン**（2014）による**生成の心理学**である。ホルツマンは発達の最近接領域のアイデアをパフォーマンス論に取り入れ，創造性の向上や社会の変革も視野に入れた理論を展開している。

　ヴィゴツキーによれば，一人でできることと，周囲の手助けがあればできることの間が**発達の最近接領域**であった。ここでホルツマン（2014）は子どもの遊びに注目する。ごっこ遊びの中では子どもは「お母さん」や「学校の先生」など，自分とは異なる別のアイデンティティを演じることができる。これらの役は何らかの意味で現在の自分を超えている。

　通常，演劇は他者との協働を必要とする。子どもたちは「自分ではない存在」を演じることで，固定化された自分を揺さぶり，頭一つ背伸びをした新しい自分を友人との協働の中で学ぶ。現状の自分と，頭一つ背伸びをした自分の間に発達の最近接領域がある。それをインプロという協働的な活動の中で体験させ，発達を促す。それは固定化されたアイデンティティの揺さぶり，新たなアイデンティティの獲得へとつながる。さらに，自分のアイデンティティの発展が周囲の協力に支えられているという社会性も獲得できる。

　インプロには，ホルツマン（2014）が意図した「集団の中で新たなアイデンティティを演じることで，自分を揺さぶり，新しいアイデンティティに気づき，それを発展させていく」技法が多数開発されている。演劇はコミュニケーション能力の向上やアイデンティティの成熟，良好な学級経営など要因に働きかける総合芸術である。こうした特徴をもつインプロは「主体的・対話的な深い学び」について優れた方法を提供している。

3　学級集団の特徴と学級経営—教師と子どもの関係を考える

（1）学級集団の機能

　学級集団とは学習のための集団であり，初めて採用されたのは1872年の学制からである。学級集団には学校生活の中で多くの機能が発揮されること

表 8-2　学級集団がもつ機能

教授-学習機能	学級で過ごす時間の大半は，この教授-学習機能が働いている。教授するのは教師，学習するのは子どもであるが，近年の学習観では，子ども同士の「教え合い」「学び合い」が重視されている。
役割取得の訓練機能	集団は，個々の成員がある役割を担うことで初めて機能する。学級においては，係りの活動や給食・掃除の当番など，さまざまな役割に従事することで，子どもたち自身が教室に「社会」を構成しているといえる。
利他的行動の育成機能	人のためになる行動を獲得するには，集団行動の中でそうした行動を形成する必要がある。また，集団で他者の利益につながる行動を学ぶことで，自分のための行動を大切にすることができるのである。
集団規範の体得・自己欲求抑制機能	集団の成長に伴い，集団を維持するための規範が生じる。学級のルールである。これを守ることで，学級集団の成員は安心して過ごすことができるとともに，個人では自己の欲求を抑制することを学ぶ必要が生じる。
社会的欲求の充足機能	心理学者のマズローは，欲求階層論の中で，所属・愛情・自己実現の欲求を積極的欲求としている。学級集団においては，こうした積極的欲求を充足させることが可能である。
共感性の育成機能	学級集団が，同じ年齢の子どもたちで構成される。この同年齢であるという特徴から，子どもたちは，自分が抱くさまざまな感情は自分だけが抱くものではないことを学ぶ。こうした共感性の育成は，教授-学習機能と並んで重要な機能といえる。

出典：子安 2003 を参考に筆者が作成。

が期待されている。学級集団という形で児童生徒を編成することにより，児童生徒に与えることのできる影響（子安 2003）を表 8-2 に示す。

　社会学者の**クーリー**によると，集団には第一次集団と第二次集団がある。**第一次集団**とは家族，仲間集団，遊戯集団など比較的小規模で，成員の間に直接的な接触（対面接触）がもたれている集団である。このような集団においては，成員の間に愛着や一体感が生じる。

　これに対して**第二次集団**とは何らかの目的のために合目的につくられた集団である。学校や会社では成員全員が必ずしも直接的な接触を必要としない。また，第一次集団に存在する愛着や一体感は必ずしも必要とされず，組織を統率する規則が行動の原理となる。

　通常，第二次集団の活動中に第一次集団が派生してくる。学級はクラス編

成によりつくられた第二次集団として出発するが，やがて仲のよいグループができ，第一次集団のような情緒的関係が生まれる。

（2）学級経営に影響を与える心理的要因

1）教師のリーダーシップ

　学級集団といった場合，担任の教師も集団の成員として含まれている。授業を行ったり，生活指導をしたりと，担任は子どもたちの前に立ち，活動を導く存在である。教師の学級経営に対するリーダーシップで学級の雰囲気は大きく変化する。

　三隅（1966）は，リーダーがその集団のパフォーマンス（P）とメンテナンス（M）をどの程度重視するかによって，リーダーシップのあり方を論じる**PM理論**を提唱した。PM理論では目標達成機能であるP機能と集団維持機能であるM機能のバランスによってリーダーシップをPM，Pm，pM，pmの4つのタイプに分類する（図8-4）。

　P機能とは，集団の目標達成にかかわる機能である。学級の場合，日常の授業での振る舞いや，学校行事の際の学級対抗で競い合い，運動会や合唱コンクールで高い成績をとることを重視するのはP機能の役割といえる。

　学級担任がP機能だけを優先した学級経営を心がける場合，そのクラスはPm型となる。運動会や合唱コンクールで，「あのクラスはいつも1位」といわれ，ある種の誇らしさが得られるかもしれない。また担任は一部の活躍できる子どもからは人気が出るだろう。しかし，Pm型のクラスは活躍する子どもと活躍できない子どもの差が明確になるクラスでもある。多様な特性をもつ子どもが集う公立の学校でPm型の学級運営には問題も多い。

（高）	**Pm** 成果は挙げるが，人望がなく集団をまとめる力が弱い	**PM** 成果を挙げられ，集団をまとめる力もある
P 目標達成	**pm** 成果を挙げる力も，集団をまとめる力も弱い	**pM** 人望はあるが，成果を挙げる力が弱い
（低）		
	（低）　　M　集団維持　　（高）	

図8-4　PM理論

M機能は，競争よりも集団内の人間関係のあり方を重視する機能である。学級担任がM機能だけを優先した学級経営を心がける場合，そのクラスはpM型となる。pM型の学級は全体的に仲のよいおだやかなクラスになるだろう。一方，運動会や合唱コンクールなどでいつも低い成績であったら，そこで評価されたい子どもは不満をもつかもしれない。正当に競争で勝ち，評価を得ることも発達の重要な課題である。pM型のクラス運営も課題は多い。

　PもMもどちらの機能も不明確なリーダーシップはpm型となる。これは担任のリーダーシップがとれていないクラスといえる。

　担任のリーダーシップはP機能とM機能のバランスがとれたPM型が望ましい。PM型のリーダーシップがとられていると，子どもたちの学習意欲や規範意識，学級への帰属意識が高まる結果が得られている（三隅ら 1977）。

　このほか，**レヴィン**（1936）はリーダーシップを**民主型**，**独裁型**，**放任型**の3つのタイプにまとめている。話し合いによるコンセンサスの形成を重視する民主型，命令に成員を従わせる独裁型，そしてリーダーが役割を果たさない放任型である。Lippitt & White（1953）によると，長期的な生産性や精神衛生に望ましいのは民主型である。

2）ハロー効果とピグマリオン効果

　一部の目立つ特徴に捉われて，他の特徴の評価が歪められる心理的作用を**ハロー効果**という。ハローとは絵画で聖人の後ろに描かれている後輪のことである。たとえば「この子は教師に対して礼儀正しいから，成績もよいだろう」という判断は，「礼儀正しい」という一部の特徴に捉われて，「成績もよい」という他の特徴の評価まで行っている点でハロー効果といえる。

　教員が子どもを高く評価していると，実際に子どものパフォーマンスが評価に合致してくることを**ピグマリオン効果（教師期待効果）**と呼ぶ。「この子はきっと伸びる」と教師が期待して教えていると，期待しない場合よりも実際に成績が伸びるなどはピグマリオン効果である。

　この子はきっと反発するだろうと思って接すると実際に子どもが反発する現象もピグマリオン効果だが，ネガティブな影響の場合はゴーレム効果と呼ぶときがある。なお，ピグマリオン効果の実証性には論争がある点に注意し

たい。

3）社会的促進と社会的抑制・社会的手抜き

　学級には常に他者がいる。他者の存在が，ある作業にポジティブな影響を与える場合，それを**社会的促進**と呼ぶ。友人と勉強を教え合ったら勉強がかなり進んだという場合，社会的促進が起きたといえる。これは他者と行為をともにすることにより，もともとの行為（勉強）がはかどるという構造をもっている。この場合，社会的促進の中でも特に**共行為効果**と呼ぶ。

　「保護者会で親が来ているので，苦手な発表をがんばれた」なども社会的促進の一つである。この場合，親が観客としてみていることが子どもに作用して，子どもが発表をがんばれるという構造をもっている。観客がいるから何らかの行為が促進されることを特に**観衆効果**と呼ぶ。

　逆に，他者の存在が，ある作業にネガティブな影響を与えるとき，それを**社会的抑制**と呼ぶ。一緒に勉強をしようとしたが，雑談をしてしまい，勉強がはかどらなかったなどは社会的抑制である。

　社会的抑制以外にも他者の存在が作業遂行量を低下させる現象を説明する理論がある。集団で何かの行為をすると，一人のときより努力の量が低下してしまう現象は**社会的手抜き**という。社会的手抜きの中でも，自分ががんばらなくても他の人ががんばるだろうと考えて，やる気を出さない現象は特に**フリー・ライダー効果**と呼ばれる。また，ほかの人はさぼっているのになぜ自分ばかりがんばらなくてはいけないんだと考えて，やる気を出さないタイプの社会的手抜きは**サッカー効果**という。クラスでさぼり気味の子どもを教員が大目に見過ぎていると，学級全体にサッカー効果が生じるだろう。

4）向社会的行動と利他的行動

　他者に利益をもたらす意図で行う行動を**向社会的行動**と呼ぶ。ボランティア活動や高齢者に席を譲る，友だちの相談相手になるなどの行動は向社会的行動である。Eisenberg (1986) によれば，向社会的行動には以下の4つの要素がある。

```
┌─────────────────────────────────────────────────────┐
│              〈向社会的行動の4要素〉                  │
│  ①他者への援助行動であること   ②外的な報酬を期待しないこと  │
│  ③何らかの損失が伴うこと      ④自発的になされること       │
└─────────────────────────────────────────────────────┘
```

　バスの中で高齢者に席を譲る場面で説明すると，高齢者が乗車した際，「疲れるし，座りたいだろう」という要求があることに注目して，ほめられるなどの外的な報酬は期待せずに，自発的に席を譲る（援助行動であり，自分は席を失うという損失がある）ことは向社会的行動である。なお向社会的行動と類似した概念に**利他的行動**がある。利他的行動とは，自らの不利益をかえりみず他者に利益をもたらす行動と定義される。利他的行動は向社会的行動以上に自らの不利益を重視する。たとえば寄付，献血，ボランティア活動などが利他的行動である。

5）集団における同調圧力

　集団の中である程度定まっている行動や考え方を**集団標準**という。また人の価値観，信念，態度，行動などに強い影響を与える集団を**準拠集団**という。準拠集団は構成員に対して，「こうするべき」という規範を示す。

　準拠集団の移行は児童期中期（10歳頃）からみられる現象で，4〜8人の同性のメンバーで閉鎖的で仲間意識の強い集団が形成される。この集団はギャング集団と呼ばれ，この時期は**ギャングエイジ**ともいわれる。ギャング集団は家族に代わる準拠集団であり，集団内での規範意識が学習される。

　集団のメンバーの行動や考え方が，集団の基準に一致するように変化することを**同調**という。そして，「集団の中で意思決定を行う際に，少数意見を有する者に対して暗黙のうちに多数意見に合わせることを強制すること」を**同調圧力**と呼ぶ。いじめを行っている加害者グループが多数派を占め，クラス内で強い立場にあるとき，いじめグループが準拠集団になってしまう。そうなると，暗黙のうちに，いじめ被害者を助けたくても助けられないような圧力がクラス全体にかかる。これは同調圧力である。Deutsch & Gerard (1955) は，同調圧力を生み出す要因として**情的的影響**と**規範的影響**を指摘し

た。情報的影響とは自分の判断や行動が正しいかどうかよくわからない場合，さしあたり大勢の人が述べている意見や態度に従おうとすることである。規範的影響とは，他の人々がその判断を選ぶようにみえざる圧力をかけているように感じることである。規範的影響に従わないと，その集団に適応できなくなる危険が生じるため，内心，抵抗を感じていても，自分の意見をいわずに周囲の意見に従うことがある。これは**追随**と呼ばれる現象である。

4　学級経営のアセスメント

　学級経営においてはクラスの状態を把握することが重要だが，毎日，個別面談を行って，丁寧に話を聞く時間をつくることは不可能である。そこで，集団がどのような状態であるのか，子どもたちがどのような関係性にあるのかを知るために開発されたテストがある。以下に代表的なテストを紹介する。

（1）ソシオメトリック・テスト

　ソシオメトリック・テストとは，学級集団における子どもの交友関係を知るためのテストである。1930年代に，精神科医の**モレノ**によって提唱された。標準版はないが，おおむね手順は次の通りである。

① 　選択する範囲を決める（一般的には「同じクラスの人」）。
② 　選択する場面を決める（「席替え」「修学旅行のバスの席」「休み時間に一緒に遊びたい人」など）。
③ 　選択できる人数を決める（「隣に座りたい人を2人まで」など）。
④ 　選択だけか，排除も含めるかを決める（「一緒に遊びたくない人は誰」などを聞くか）。
⑤ 　選択をする。
⑥ 　ソシオグラムの作成。

　ソシオグラムのつくり方は一定ではないので，図8-5もその一例に過ぎない。数字は実際にはメンバーの名前となる。図8-5をみると，①に人気が集まり，①は⑥，⑧，⑩と仲がよい。図8-5のメンバーの中で特に拒絶されて

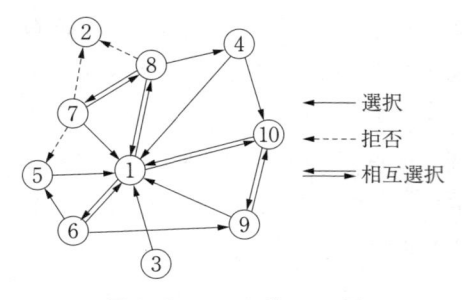

図8-5　ソシオグラムの例

いる人はいないが，③はやや孤立している。②は独特の立場にあり，⑦と⑧と3人で小グループをつくっている。②から⑦と⑧が離れてしまうと②は孤立してしまうことが理解できる。

　実際にはクラス内で排除されているメンバーを尋ねることは難しい。この点を配慮して，対人関係の親密さを5段階評価で尋ねる**ソシオプロフィール法**（藤本 2004）が開発されている。

（2）Q-U 学級満足度テスト

　Q-U 学級満足度テスト（河村 2010）とは，子どもたちの学校生活での満足度と意欲，学級集団の状態を調べる質問紙である。Q-U では，①学級満足度尺度，②学校生活意欲尺度を実施する。なおこのテストは教育実践の効果を比較して確認するために，年に複数回実施する。

　Q-U 学級満足度テストは学級経営に役立つだけではなく，不登校・いじめなどの不適応の可能性のある児童生徒や，学校生活に参加する意欲が低下している児童生徒の早期発見にも効果的である。

（3）ゲスフーテスト

　ゲスフーテストとは，実際の行動に着目し，その行動から子どもの社会的地位を測定するためのテストである。たとえば，「クラスの中で，いつも意見をいっているのは誰ですか」「クラスの中で誰からも信頼されているのは誰ですか」または「授業中など自分の意見ばかり通そうとする人は誰ですか」というように，ポジティブなものからネガティブな内容まで扱っている。

　これらの質問を行い，ポジティブな項目で名前が挙げられた回数から，ネガティブな項目で挙げられた回数を引く。そこで出た点数が，その子どもの行動特性得点となる。この点数が高いということは，その子どもは学級での

社会的地位が高いことを表している。ソシオメトリック・テストと同様に，実施にあたっては配慮が必要である。

5　学級集団の形成

　一般的な学級集団の形成過程は，互いに関係が浅く，様子を見合っている**独立探索期**から始まり，席の近さや家の近さなどで話し相手をみつける**水平分化期**が訪れる。やがて学級内で発言力のある子と，ない子が分かれてくる。これは**垂直分化期**という。垂直とは上下関係を示している。

　学級内の上下関係ができてくるころ，部活が同じであったり，趣味が同じということでグループづくりが行われる。「同じ価値観をもっている子どもたちのグループ化」が起きる時期は**部分集団形成期**という。やがていくつかのグループ内でメンバーの入れ替わりや，グループの合体などが行われ，最終的なクラスとしてのまとまりをみせる**集団統合期**が訪れる（表8-3参照）。

表 8-3　学級集団の形成過程

①独立探索期	まだ成員同士の結びつきが弱く，それぞれが孤立している。
②水平分化期	席が近い，家が近いなどといった物理的要因によって仲よくなり，横の関係ができる。
③垂直分化期	同列的な横の関係が変化して，上位に立つ成員と服従的な成員といった上下関係ができる。
④部分集団形成期	成員同士の理解を深め，趣味が同じ，スポーツが同じ，価値観が同じといった類似要因によって小集団ができる。
⑤集団統合期	部分集団形成期でできた小集団のうち，いくつかの小集団でメンバーが入れ替わる，新しいグループ同士ができるなど，変化・発展していき，学級集団として統合される。

コラム 6 : 子どもの貧困とソーシャルサポート

　現在，日本の 17 歳以下の子どもの 7 人に 1 人は相対的貧困の状態にあります（図参照）。その人数は約 270 万人です。40 人学級であれば 5〜6 人が経済的に貧困という数値です。ひとり親家庭の貧困率は 50.8%。世界でもトップクラスの貧困状態です。また，子どもの貧困はおとなの貧困問題でもあります。

　貧困には，「必要な栄養をとれない（食事ができない）」ことを基準とした**絶対的貧困**と，「社会の一員として生活を送ることに困難が伴う」ことを基準とした**相対的貧困**があります。日本の子どもたちは，確かに食事はできています。しかし，本を読みたくても読めない，好きなスポーツに打ち込めない，塾に行きたくても行けない，進学ができない，ご飯をお腹いっぱい食べられない，友だちのようには，ほしいものが手に入らない，そういう経験をしている子どもが，クラスに 5〜6 人は存在しています。相対的貧困は，習い事などの格差に表れやすく，教育格差を生むのです。

　近年，基礎自治体から委託されて，NPO 法人が教育目的に使用できるバウチャー券を配布したり，「子ども食堂」を設立して安価で食事を提供するなどの試みがなされています。この背景には貧困による格差の是正があります。ただし，これらの支援は貧困の根本的な解決策ではない点にも注意が必要です。

　貧困が引き起こすマイナスの影響は，①健康への影響，②低い学力・低い進学率，③学校生活への意欲の低さ，④貧困からくる虐待やネグレクトの増加です。

　相対的貧困は地域の支援が少ないという研究があります。たとえば，山野

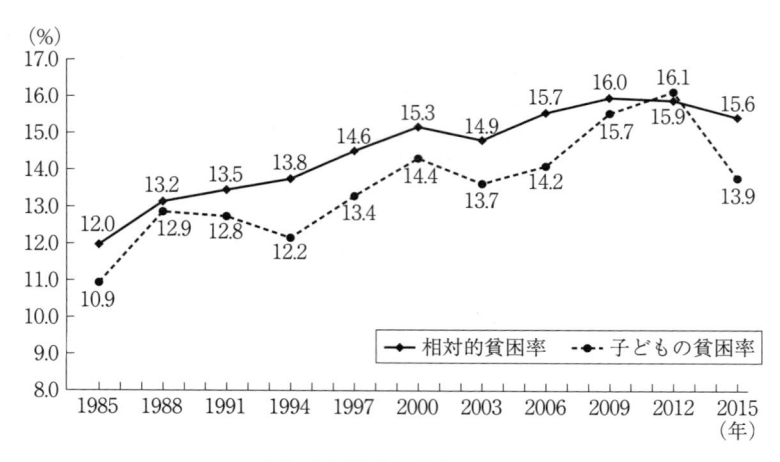

図　相対的貧困家庭の推移

(2008) によると，低所得家庭は貧困でない家庭よりソーシャルサポート，つまり，頼れる隣人が少ない状態にあります。また，ひとり親家庭はそうでない家庭と比べ孤立しがちです。

　かつては貧困家庭が助け合い，地縁を生かして苦難を乗り切るイメージがありました。しかし，都市化によってそうした傾向は崩れ，地域社会や親族の支援を受けていない「貧困家庭の孤立傾向」が生じています。

　孤立化は児童虐待と関連があります。貧困家庭の保護者は，緊急時に頼れる人の数が多いほど，子どもへの体罰傾向は低下するのです (Hashima & Amato 1994)。つまり，貧困家庭の保護者を孤立させないことが子どもへの体罰や虐待を予防する手立てとなることがわかります。

　2014 年には子どもの貧困対策推進法が成立し，都道府県は，「大綱」に定められた基本方針を考えて，子どもの貧困対策についての計画を定めるように努めなければなりません。しかし子どもの貧困対策計画の策定は義務ではなく努力目標であり，自治体による差が想定されます。

　今後，都道府県で子どもの貧困対策計画が策定され，都道府県・市区町村等すべての地方公共団体では，地域の状況に即した施策が策定・実施されることでしょう。文部科学省は学校をすべての子どもが集う「プラットホーム」として，スクールソーシャルワーカー事業を含む継続的な貧困支援をモデル化しています。

　子どもの長期にわたる多面的な支援と，孤立した家庭にソーシャルサポートを行うことの 2 点は，今後，学校経営上も大きな課題となっていくでしょう。

コラム 7：フリースクールと教育機会確保法

　2016 年，教育機会確保法が成立しました。第 13 条を引用します。
　「国及び地方公共団体は，不登校児童生徒が学校以外の場において行う多様で適切な学習活動の重要性に鑑み，個々の不登校児童生徒の休養の必要性を踏まえ，当該不登校児童生徒の状況に応じた学習活動が行われることとなるよう，当該不登校児童生徒及びその保護者（学校教育法第 16 条に規定する保護者をいう）に対する必要な情報の提供，助言その他の支援を行うために必要な措置を講ずるものとする」。
　この「学校以外の場において行う多様で適切な学習活動」はフリースクールを指します。日本のフリースクールは公教育の枠外で独自の教育理念に基づき展開している教育団体です。不登校の子どもの居場所として発展したグループを中心に，塾産業によるフリースクールなど，さまざまな形態の活動がなされています。
　これまで所属する学校の校長が認めればフリースクールへの参加も出席になっていましたが，それはその自治体や校長の判断に左右されるものでした。しかし，教育機会確保法の成立により，フリースクールの参加を出席とみなすことへの法的な裏づけをもちつつあります。なお代表的なフリースクールの実際は下記のサイトを参照してください。

　①　東京シューレ：　日本で最も活動暦の長いフリースクール。2007 年，特区制度を利用して葛飾区に学校法人東京シューレ学園葛飾中学校を設立（https://www.shure.or.jp/）。
　②　神戸フリースクール：　20 年以上の活動歴のある関西のフリースクール。単位制通信制高等学校である神戸自由学園をもつ（http://kfs.freeschool.jp/）。

　フリースクールの今後の課題は学びの質をどう保証していくかにあります。フリースクール同士の相互評価などが提案されていますが，議論は始まったばかりです。フリースクールの学びの質については斎藤・吉森（2017）の「日本におけるフリースクールの歴史と活動に関する質的研究」が，また全国のフリースクールの実態については「フリースクール等の支援の在り方に関する調査研究」（http://www.we-collaboration.com/mt/20180330%20free%20school.pdf）がそれぞれ参考になるでしょう。

第9章 教育評価

1 教育評価と教育測定

　教育活動には何らかの評価（意味づけ）が不可欠である。教育活動における評価を教育評価と呼ぶ。通知表，テストの成績，受験の偏差値，内申点などはすべて教育評価である。当然ながら，不公平を避けるために，教育評価はできるだけ客観的でなければならない。しかし，よく考えてみると，教育には客観的に評価しやすい領域と，教員の主観的の度合いが高くなる（それ以外に方法がない）領域がある。

　たとえば暗記した英単語の量などは，テストにより点数化しやすい。一方，「Aさんは一年を通じてずいぶん人間的に成長したな」というように，「その子なりにパーソナリティが成長した」部分は点数で評価することが難しい。それでも教員はその子どもなりの成長を把握し，ある程度の客観性を担保しつつ，評価をしなければならない。

　歴史的には「主観的な教育評価」の問題点が先に指摘され，それを避けるために客観テストが開発されている。19世紀末から20世紀初頭，**ソーンダイク**らは主観的に行われてきた教育評価に対して，「客観的な測定方法と評価」を実現しようと試み，テストによる評価を開発し始めた。これは**教育測定**と呼ばれた。「標準化されたテスト（テスト法）による学力の点数化」は公平な学力の評価を保証するものだった。

　1930年代に入り，規律と知識の暗記を重んじる伝統主義的教育を批判し，自由と経験を重んじる進歩主義教育が台頭し始めた。これと連動して，知識量や点数といった基準では測れない思考力や協調性，民主的態度をどう評価するかという課題が登場し，**教育評価**という領域が発展する。「教育測定か

表9-1　教育評価の重要な要因

要因	内容
客観性	評価者の主観が極力入らないこと。
信頼性	誰が評価しても同じ結果が出ること。
妥当性	評価したい内容を的確に評価できていること。

ら教育評価へ」という変化が生まれた。この後，教育測定と教育評価が併存しながら，現在に至っている（櫻井 2003）。

　日本では 1960 年代から学歴社会を背景にテストの点数や成績の偏重が問題になってきた。もちろん，テストの結果だけが教育の結果ではない。テスト結果の偏重は複数の立場から批判を受け，より全体的・複眼的な教育評価が目指されるようになった。

　その結果，主観的といわれた評価領域にも，客観性を担保する新しい評価方法も開発されている。これが今日の**教育評価**である。なお，いかなる教育評価であっても，教育評価には①客観性，②信頼性，③妥当性が満たされていることが望ましい（表9-1）。

（1）教育評価の意義と目的

　教育心理学における教育評価は以下の 4 つのカテゴリーがある。教育評価と聞くと，テストの成績や通知表を連想する人が多いが，それは教育評価の一部に過ぎない。

> **〈教育評価の目的〉**
> ①児童生徒のための評価。
> ②教員のための評価。
> ③教授方法や教材などの効果研究のための評価。
> ④クラス分けなど選抜・振り分けのための評価。
> （鎌原・竹綱 2005 を参考に筆者が作成）

　鎌原・竹綱 (2005) による4つのカテゴリー以外にも近年では学校の全体的な教育活動が評価され，その結果が公表されたり，地域と学校の関連性が評価されることもある。これを踏まえて本章では教育評価を以下のように定義する。

〈教育評価の定義〉

教育活動の結果として，学習者が何をどこまで学ぶことができたかを適切に評価し，学習者にフィードバックすること。なお学習者は児童生徒に限らず，教員，学年，学校，地域，または学校と地域の関係性なども含まれる。

（2）教育評価の種類

1）誰が評価するのかで分けた評価法

　教育評価は誰が評価するのかによって**他者評価，自己評価，相互評価**の3つの分類ができる（表9-2）。教育現場で基本になっているのは教員が児童生徒を評価する他者評価だが，総合の学習の評価方法や新学習指導要領の「主体的・対話的な深い学び」や「生きる力」の育成の観点から自己評価や相互

表9-2　誰が評価するかによる分類法

評価名	定義	例
他者評価	評価する人とされる人の立場が異なっている場合の評価	教員が子どもを評価する・管理職が教員を評価する・子どもが教師を評価するなど。
自己評価	学習者自身が学習の結果を評価する	ポートフォリオで子どもが自分自身の努力の過程を評価する。子どもが自分の作品を評価する。
相互評価	児童生徒がお互いに評価をする	子どもの発表に対して，他の子どもたちがその発表を評価する。その際，教師があらかじめ評価の基準を決める場合と決めない場合がある。

評価も見直されている。

2）何を基準にするかで分けた評価法

　教育評価は何を基準に評価するのかで相対評価，絶対評価，個人内評価の3つに分類できる（表9-3）。

　「集団の中でその子どもの位置を評価する」のが**相対評価**であり，「外部の基準への到達度を評価する」のが**絶対評価**である。クラス全体の得点から，通知表に5段階評価で成績をつけるのは相対評価である。5は何人，4は何人……とそれぞれの評価に相当する人数は決定されている。これに対して，「100点満点のテストで80点以上をとった人は全員合格とする」という基準を設けたテストは絶対評価である。日本の通知表は長らく相対評価であったが，2002年から絶対評価に変更されている。

　外部の基準ではなく，「その子どもの過去と比較して，その子どもがどのくらい頑張ったか」を評価するのが個人内評価の中心である。以前は10点しかとれなかった数学のテストが今回は50点とれたとする。全体からみれば50点は平均点かもしれないが，その子ども個人は相当な努力をしたと考えられる。この努力を教員が認めて，何らかの形で子どもにフィードバックするのは個人内評価である。

　学術的には，相対評価とは「個人の成績が，所属集団の中で占める相対的な位置をみる評価方法」である。たとえば100人に100点満点の英語のテス

表9-3　何を基準にするかによる分類法

評価名	何を評価しているのか	例
相対評価	集団の中でのその子どもの位置	学級40人中，上位10番までの生徒の評価は「A」，11～30番目の生徒は「B」，31～40番目の生徒は「C」というように，集団の中で〇%の人数がどの評価かが決まっている。
絶対評価	外部の基準への到達度	この問題が解けたら「A」という基準があらかじめ設けられており，それができたかどうかで評価される。
個人内評価	過去と比較して，どのくらい成長したか	Aさんの1学期の数学は「B」であったが，2学期は「A」であったというように，ある個人の過去の評価と比較して，評価を行う。

トを実施して,「集団の中で成績上位 5 ％を A, 平均的な 90 ％を B, 下位 5 ％
を C と評価する」などは相対評価である。ここでは「成績上位 5 ％を A, 平
均 90 ％を B, 下位 5 ％を C とする」という評価の基準が存在している。

　こうした「相対評価における評価基準」を集団基準と呼ぶ。予備校などで
実地されている全国模擬テストなどは,模擬テストに参加した子どもたちの
成績分布を集団基準として,個人の順位や偏差値が算出されている。

　相対評価を行う場合のテストは得点の正規分布が前提となっている。図 9-
1 には得点が正規分布しているときの集団基準と相対評価の関係を示してい
る。偏差値や 5 段階評価は集団基準の正規分布を前提に算出されている。相
対評価のテスト法では,テスト得点が正規分布することが望ましい。

　相対評価では**偏差値**が重視される。偏差値は「得点－平均値／標準偏差×
10＋50」で求められる。図 9-1 から理解できるように,偏差値はテスト結果
の正規分布を前提としている。偏差値 45 から 55 の間に全体の 38 ％の人数が
入り,偏差値 65 以上の子どもは上位 7 ％以上であることがわかる。5 段階評
価の場合,偏差値 65 以上が 5,偏差値 55 以上が 4,偏差値 45 以上が 3,偏
差値 35 以上が 2,偏差値 35 以下が 1 となる。

　2001 年度までの通知表は相対評価で作成されていた。統計的な前提をもつ
相対評価は「客観性が高い」という長所をもつが,「個人の努力が評価に反
映されないケースがある」という短所もある。

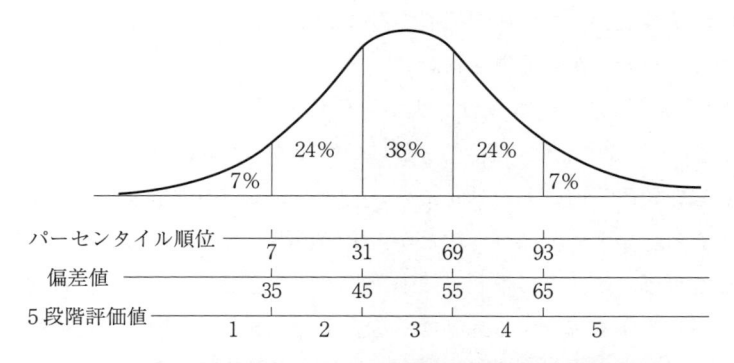

図 9-1　得点が正規分布しているときの集団基準と相対評価の関係

絶対評価とは「量的な判断の根拠としての基準を目標への到達度に置く評価」と定義できる。教育測定の立場からは，目標基準に準拠した評価という意味で，**目標基準準拠評価**または**目標準拠評価**とも呼ばれる（櫻井 2003）。寺西（2001）は，「絶対評価とは，『目標に基づく評価』を意味し，子どもたちそれぞれに目標となる『確かな力をしっかりと育てる』ために行い，目標への確実な達成が強調される」と述べている。

　個人内評価とは「評価の基準を一人ひとりの子ども自身に置く評価」と定義できる。個人内評価には縦断的評価と横断的評価の 2 種類がある。**縦断的評価**とは，評価される対象である子どもが，以前と比べてどれくらい進歩したのかをみるものである。**横断的評価**とは子どもの得意なものや不得意なものを比較する評価である（櫻井 2003）。個人内評価のうち，特に肯定的な縦断的評価は子どもの意欲を引き出す長所があるが，一方で甘い評価になる傾向に注意するべきである。

3）実施時期による評価法

　ブルームは，次の単元に行く前に児童生徒の全員が，前の段階を理解することを目標とした指導法を提唱し，それを**完全習得学習**と呼んだ。全体の教育目標をいくつかの学習単元に分け，それぞれの学習単元が 90〜95 ％習得されたら，次の学習単元へ進む，結果として全体の教育目標が達成される。このとき重要になるのは教育評価をプリ（単元を学ぶ前）−ポスト（単元を学んだ後）だけで測定するのではなく，その途中に小テストを行うなどして，児童生徒の理解の度合いを教員が把握することである。そこで，教育評価をいつ行うかという分類が重要視された。

　完全習得学習における教育評価は，それを行う時期によって診断的評価（事前評価），形成的評価，統括的評価に分類できる。**診断的評価**とは，ある単元の勉強を始める前にその単元についてどのくらいの理解度があるかを測る評価である。学習の前に行うことから**事前評価**とも呼ばれる。

　形成的評価とは，その単元の勉強を開始した途中で，児童生徒はどこまで理解しているかを確認する評価である。小テストや授業中の児童生徒の応答によってそれは測定される。ブルームは特に形成的評価を重視し，児童生徒

表9-4 ブルームによる教育評価の分類

評価の名称	診断的評価	形成的評価	総括的評価
目的	ある単元の学習を始める前に，児童生徒の学習に対するレディネスを把握する。それに基づき，指導計画を決定する。	授業の各段階で，児童生徒がどこまで理解しているのかを把握する。この結果は授業に反映される。	児童生徒の単元の教育目標の達成度を測定する。次年度に向けての指導計画の改善に役立てる。
時期	学年や学期のはじめ，単元のはじめ。	学習指導中，適時行う。小テスト形式が多い。	単元の終わり，学期末・学年末など。

の理解の度合いと授業を一体化させることで，児童生徒の90％以上が学習目標を達成できると考えた。

　統括的評価は，その単元が終了した際に単元全体の理解の到達度を測定する評価であり，**事後評価**とも呼ばれる。中間考査や期末考査などはこれにあたる。学習の目標がどの程度達成されているのか，その実現の状況を明らかにし，次年度の指導計画や指導法の改善や，最終的な成績の決定に用いられる（表9-4）。

　基本的には，診断的評価，形成的評価，統括的評価はいずれも絶対評価が望ましい。また，最終的な成績判定について統括的評価だけを用いるのか，他の2つの評価も最終的な成績判断に加えるのかは教員の判断による。

4）「主体的・対話的な深い学び」における評価

　近年，テストによって測られる学力は学力の一つに過ぎず，「知識を実生活に活用できる学力を評価するべき」という立場から，**真正の評価**（authentic assessment）が提唱されている。特に1980年代末から1990年代にかけて，アメリカの教育現場から，客観テストだけで学力を測定することへの不満が生じ，真正の評価が提唱されてきた。真正の評価とは現実の生活の中で知識を活用したり，表現したりする能力を測定使用とする考え方である。

　この真正の評価の方法として注目されているのが**パフォーマンス評価**である。教科にせよ，総合の時間にせよ，主体的・対話的な深い学びが学習指導要領に掲げられる現在，テストの成績だけではなく，さまざまな知識やスキルを統合して使いこなすことが求められる。「様々な知識やスキルを統合し

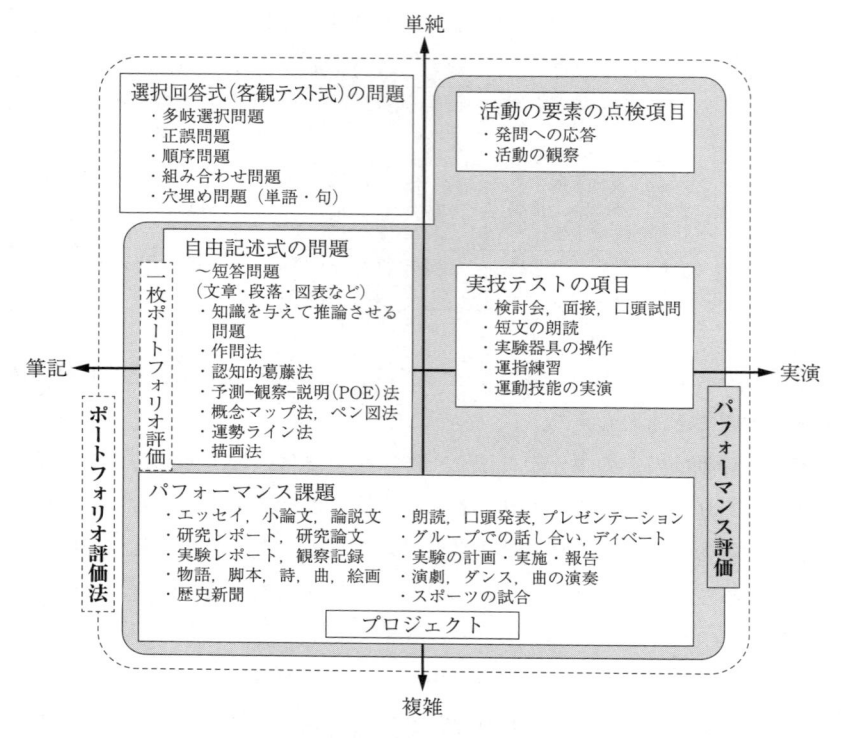

図 9-2　教育評価のさまざまな方法
出典：西岡　2016　p.83 より転用。

て使いこなす課題」を**パフォーマンス課題**（西岡　2016）という。図 9-2 にパフォーマンス課題と評価の関係を示す。

　たとえば，修学旅行の事前学習で，班ごとのグループ学習で事前学習により，ICT を利用して勉強の成果をパワーポイントにまとめ，各グループ 10 分のもち時間で発表するという課題があったとしよう。この課題では ICT のスキル，歴史の勉強，話し合いによりそれをまとめる協働性，わかりやすい説明や発表の仕方，順番，発表のときの態度など，知識とスキルの活用が総合的に問われている。したがって，この発表課題はパフォーマンス課題である。

　図 9-2 からわかるように，パフォーマンス課題はプレゼンテーション（口頭発表），朗読，演劇，合唱，スポーツの試合，ダンスの発表，学芸会，物語

づくり，歴史新聞など多様な内容になっている。またパフォーマンス課題は
あくまでも「さまざまな知識やスキルを統合して使いこなす課題」であり，
実演だけがパフォーマンスではない。自分で実験計画を立ててみたり，歴史
や地理の問題について自分で調べて，仮説を立てるレポートを書いたりする
こともパフォーマンス課題である。つまり，パフォーマンス課題には実演型
と筆記型の2つがある（西岡 2016）。

　パフォーマンス評価とは，こうした多彩なパフォーマンス課題を評価する
方法の総称である。文部科学省（2016）は「資質・能力のバランスの取れた学
習評価を行なって行くためには，指導と評価の一体化を図る中で，論述やレ
ポートの作成，発表，グループでの話し合い，作品の作成等といった多様な
活動に取り組ませるパフォーマンス評価を取り入れ，ペーパーテストの結果
にとどまらない，多面的・多角的な評価を行なっていくことが必要である」
と述べている。

〈パフォーマンス評価〉

知識やスキルを使いこなす（活用・応用・統合する）ことを求めるような評
価方法。論説文やレポート，展示物といった完成作品（プロダクト）や，
スピーチやプレゼンテーション，協同での問題解決，実験の実施といっ
た実演（狭義のパフォーマンス）を評価する（文部科学省 2018 p.22）。

　しかし，パフォーマンスの評価はテストで数量的に点数化することが難し
い。そこで2つの評価方法が注目されている。一つは総合の時間の評価です
でに注目を浴びていたポートフォリオ評価であり，もう一つはルーブリック
評価である。

　ポートフォリオ評価とは児童生徒の学びの「自己成長ファイルづくり」を
行い，それに基づく評価の方法をいう（寺西 2003）。ポートフォリオとは児童
生徒の学習シート，ワークシートやレポートなどの作品や自己評価の記録，
あるいはそれらについての教員の指導と評価の記録である。それらをクリア

ファイルなどにまとめておき，それを用いて生徒が，あるいは生徒と教員が協同で，学習結果について評価する。現在はICT機器を使用してファイルをデジタル化するポートフォリオも盛んである。次に，文部科学省（2016）が指摘した「主体的・対話的な深い学び」の評価方法が**ルーブリック評価**である。**ルーブリック**とは評価基準と評価基準の達成度合いを示すレベルからなる評価基準表（ルーブリック表）である（文部科学省 2018）。ルーブリック評価とはパフォーマンス課題を評価基準と評価基準に対する達成度レベルを数段階に分け，それをルーブリック表にまとめ，自己または相互評価に基づき評価する方法と定義される。

表9-5に調べ学習のグループ発表のルーブリック表を示した。評価基準は「聞き取りやすさ」と「わかりやすさ」の2つである。つまり，このグループ発表は「聞き取りやすさ」と「わかりやすさ」の2つの点で評価をするということである。評価基準の「聞き取りやすさ」は3段階で評価されている。その基準がレベル1（「後ろの席まで声が届き，聞きやすいスピードで話している」），レベル2（「後ろの席まで声が届いている。しかし，話すスピードが速い，または遅いときがあり，聞き取りづらい」），レベル3（「声が小さく，後ろの席まで聞き取れない。または話すスピードが速過ぎる（遅過ぎる）」）である。「聞き取りやすさ」といっても，その評価は人によるので，達成度をレベル1からレベル3に区分して，客観的に評価できるようにしている。

ルーブリック評価の評価基準をどのように導くか，またレベルをどのように分けて，誰がどのように評価するかは，その授業の指導案による。ルーブ

表9-5　調べ学習のグループ発表のルーブリック表の例

評価基準	レベル1	レベル2	レベル3
聞き取りやすさ	後ろの席まで声が届き，聞きやすいスピードで話している。	後ろの席まで声が届いている。しかし，話すスピードが速い，または遅いときがあり，聞き取りづらい。	声が小さく，後ろの席まで聞き取れない。または話すスピードが速過ぎる（遅過ぎる）。
わかりやすさ	図や表を用い，論理的に説明している。	図や表はあるが，説明の順序に難点がある。	図や表が使用されず，説明に論理性がない。

リック評価をポートフォリオ評価と組み合わせる方法も行われている。

2　教育評価と関連のある心理現象

　客観的であるべき教育評価だが，教員も人間であり，心理的要因が評価に影響を与えることも否めない。以下に教育評価に影響を与えやすい心理作用をまとめる。

（1）寛大効果・厳格化効果

　寛大効果とは，特定の児童生徒に対し，肯定的な特性は高く評価し，否定的な特性は正当に評価しない傾向である。ある特定の児童生徒をひいきしていると周囲が指摘するときは，その教師に寛大効果が生じている可能性も考えられる。逆に，実際以上に厳しく評価してしまう傾向を**厳格化効果**という。

（2）ホーソン効果

　ホーソン効果とは，注目を浴びることで相手の期待に応えたい心理が働いた結果，好成績が生み出される現象である。たとえばクラスの数人を特別に選び，その子どもたちに作業をやらせると，注目をされたその子どもたちはより大きなモチベーションをもって作業に取り組み，成果を上げるようになる。

（3）対 比 効 果

　対比効果とは，他のメンバーまたは自分自身との対比で，ある特徴を強調して判断してしまう現象である。たとえばとても活発なメンバーがいると，他のメンバーが必要以上に静かにみえてしまったり，教員自身が部活動に非常に熱心に打ち込んだ過去があると，ごく普通に参加している子どもたちが不熱心に参加しているようにみえてしまう。

（4）ステレオタイプ

ステレオタイプとは，あるカテゴリー集団について抱かれている固定化された イメージである。これにより，人は現実の評価対象に基づかないで，自分のもつ，偏った枠組み（レッテル）に基づいて各種の判断を下す傾向がある。たとえば「髪の毛を染めている子は不真面目だ」などである。

（5）ラベリング

一度ある評価を下すと，その後，その評価を通してその人の行動を評価し続ける現象を**ラベリング**という。たとえば一度，「反抗的な子ども」というラベルを貼られると，反抗しないときもあるのに，そこは評価されず，常に反抗的な子どもというラベルを通じてその子どもの行動をみてしまう現象はラベリングである。ラベリングは逸脱理論と関係しており，ネガティブなラベリングが排除につながり，非行傾向が生じてしまう現象まで含むことがある。

（6）論理的誤謬

不十分な情報しかない中で，評価者が自分の理屈に基づいた判断で評価をしてしまい，本当の評価ができなくなることを**論理的誤謬**（理論的誤差）という。たとえば実際の成績をみる前に「宿題を一生懸命やっているのだから，この子は知識も多く，理解力も高いだろう」と判断してしまうことは論理的誤謬である。実際にその児童生徒の成績をみなければ判断できないことを，教員の理屈で判断しているからである。「知識が多く理解力も高い」という判断はあたっているかもしれないが，外れているかもしれない不確実な判断であり，誤りを含む可能性が高い。

（7）その他の要因

中心化傾向とは評価軸の中心（5段階評価の3）に評価が集中することであり，極端化傾向とは両極端な評価（5段階評価なら1と5）に評価が偏ることである。テスト問題がやさし過ぎて，満点付近に得点分布が集中する現象を**天井効果**，

テスト問題が難し過ぎて，0点付近に得点が集中する現象を**床効果**と呼ぶ。

3　教育測定と心理統計法

（1）統計の種類

1）記述統計と推測統計

　データを統計処理する際には，「記述統計」「推測統計」の2種類がある。

　・**記述統計**（descriptive statistics）：　集計したデータから，そのグループの特徴を表す。

例1：　心理統計学の中間試験を行い，平均値を求める。

例2：　社会性を測る心理検査を行い，学科ごとの社会性の平均値を求める。

例3：　心理学科男子学生の身長を測り，平均値を求める。

　・**推測統計**（inferential statistics）：　集計したデータから，そのグループを含む集団全体の特徴を推測する。

例1：　入試合格者の入学試験の成績から，入学後の成績を予測する（回帰）。

例2：　利他的行動の度合いを測る心理検査を行い，クラスごとの利他的行動の度合いに差があるか検討する（検定）。

例3：　A県の成人のうつ病の発生率を調べ，全国のうつ病の発生率を推測する（推定）。

　記述統計は，集計したデータから単にそのグループの特徴を表したもので

あるが，推測統計とは，そのデータ（標本：サンプル）から集団全体（母集団）の特徴を推測する。集計したサンプルは，母集団の特徴を表したものでなくてはならない。サンプルの選び方（抽出）は，後々の検討に影響を与えるために慎重に行う必要がある。

　サンプルの選び方は，調査者の意図が入らないよう無作為に行うことが重要である。これをランダムサンプリングと呼ぶ。

２）有意性検定

　統計を利用して立証したいもの（仮説）は，「学年が上がるごとに勉強時間が増える」「うつ病の治療法として，薬理療法と薬理療法に認知療法を加えたものの効果を比較すると，薬理療法に認知療法を加えた治療法の方が効果は高い」など，有意差（統計的に差があるということ）を求めるものが多い。

　しかし，この「差がある」という仮説を直接証明することは統計的には難しく，「差がない」仮説が成り立つとしたときに「調査結果で現れた差異が偶然に起こる確率」については統計的に求めることができる。そのため，「差がない」のに調査結果に差異が生じており，またその差異が偶然に生じる確率がきわめて低ければ，前提条件の「差がない」とはいえないだろうとなり，二重否定の形で「差がある」ことを証明する。

　「差がない」という仮説を“無に帰する”ということで「帰無仮説」と呼び，「差がある」という仮説を“帰無仮説に対立する”ということで「対立仮説」と呼ぶ。また，誤差が起こる確率が“きわめて低い”か否かを決める基準を有意水準（または危険率：α で表す）といい，通常は５％が採用される。

　有意性検定では「有意な差がある」「有意な差がない」という結論をつける。「有意な差がある」状態は「差があるといえる」ことを表している。「有意な差がない」状態は「差がない」のではなく，「差があるとはいえない」のであり，はっきりしたことはいえず結論を保留している状態である。

　これら結論の判定は確率で判断しているため，当然その確率で間違えた結論を導く可能性がある。実際には「差がない」のに検定の結果「有意差がある」と間違える場合（第一種の過誤：偽陽性），逆に，実際には「差がある」のに検定の結果「有意差がない」と間違える場合（第二種の過誤：偽陰性）である

表 9-6 検定の過誤

		検定結果	
		有意差あり	有意差なし
真実	差あり		第二種の過誤
	差なし	第一種の過誤	

(表 9-6)。この，第一種の過誤を起こす確率が，先ほどの有意水準 (危険率) である。有意水準が 5 ％であれば，この有意性検定を 20 回ほど行えば 1 回ほどは第一種の過誤を起こす可能性が高い。何もないところに勝手に意味をみいだすことになるため，結果の取り扱いには十分注意する必要がある。再度，調査を行い，同様に検定を行う必要もあるだろう。

3）尺度水準と分布

統計処理を行うデータは大まかに 3 つに分類でき，それぞれ「間隔（計量）尺度」「順序尺度」「名義尺度」と呼ぶ。

① **間隔尺度 (interval scale)**： 温度や時刻など，数値間の間隔は一定であり，四則演算ができる (例：温度，身長，血圧，テストの点〔100 点満点〕)。

② **順序尺度 (ordinal scale)**： 順序による数字の大小に意味・違いはあるが，数値間の間隔は一定ではないため，四則演算に意味が乏しい (例：徒競走の順位，授業の難度〔1. 難，2. やや難，3. やや易，4. 易〕)。

③ **名義尺度 (nominal scale)**： 数字がついていたとしても名前としての意味しかもたず，四則演算や比較はできない。カテゴライズするための数値 (例：血液型〔1. A 型，2. B 型，3. O 型，4. AB 型〕)。

また，その集計したデータがどのような散らばり（分布）をみせるのかによって，統計処理を行う手法が変わる。データが間隔尺度であり正規分布に従っていれば**パラメトリック検定**を適用する。データが順序尺度や名義尺度，また間隔尺度でも正規分布に従っていなければ**ノンパラメトリック検定**を適用する。

正規分布とは，データを収集した際に，平均値近くにデータが多く集まり，平均値よりも大きくても小さくても徐々にデータが少なくなるような釣鐘状

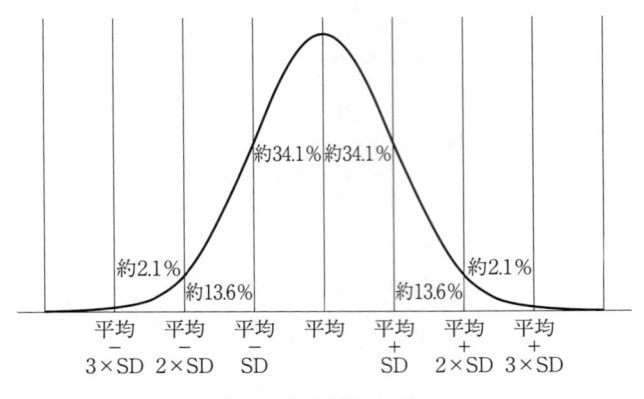

図9-3　正規分布のグラフ

の分布である（図9-3）。特徴としては，以下のものが挙げられる。

①　平均値を中心に左右対称。

②　釣鐘型のカーブ形。

③　山が１つ（単峰性）。

われわれの生活の中でも，この正規分布に従っているデータはたくさんあり，人間の身長や体重なども正規分布に近い分布となる。正規分布に従っているとして，調査結果のデータにどれだけズレが生じているのか，そのズレが偶然に起こる確率はどのくらいかを計算し，パラメトリック検定を行うことになる。

得られたデータが正規分布に従っているならば，平均値から“平均値＋標準偏差”の値までに全体の約 34.1 ％のデータが，“平均値＋標準偏差”から“平均値＋標準偏差×2”までに全体の約 13.6 ％のデータが含まれる。

４）代　表　値

集計したデータの特徴を表す値を「代表値」と呼ぶ。前述の「平均値」も代表値の一つである。データを分析する際には，これら代表値を確認して検討する。ほとんどの場合には，間隔尺度のデータが対象となる。

５）平均値（mean）

全データの合計を出し，データの個数で割ったものである。

6）中央値（median）

　全データを数の大きい（小さい）順に並べたとき，ちょうど中央に位置する値である。代表値として平均値はよく利用されるが，外れ値（極端に大きい・小さい値）に大きく影響される。たとえば，100 人の年収を集計した際，年収 10 億円のものが 1 人入ると平均値を 1000 万円押し上げてしまう。中央値は，外れ値の影響を受けにくく，全データの特徴をよく反映するときがある。

7）最頻値（mode）

　データのうちで最も度数の大きい（いくつも出現する）値である。順序尺度・名義尺度で利用されることが多い。正規分布であれば，左右対称のため，平均値・中央値・最頻値が等しくなる。

8）分散（variance）

　各データの平均値からのバラつきを表す値である。全データが平均値であれば 0 となり，データが平均値から離れるほど分散の値が大きくなる。

$$分散 = \frac{\{(データ1-平均値)^2+(データ2-平均値)^2+\cdots+(データn-平均値)^2\}}{n}$$

　推測統計で取り扱う際には，分母をデータの個数 n ではなく（n−1）で割る。これを特に不遍分散と呼ぶ。

9）標準偏差（standard deviation）

　分散と同様に，各データの平均値からのバラつきを表す値である。上記，分散を求める式中にあるように，分散は 2 乗して算出しているため，単位がもとの平均値とは異なってしまう。そのため，分散の平方根をとり単位を合わせ，扱いやすいようにしたものが標準偏差である。

$$標準偏差 = \sqrt{分散}$$

（2）統 計 手 法

1）相 関 分 析

　相関分析とは，2 つのデータ間の関係性を調べるものである。一方のデー

タが増えると，もう一方のデータも増える関係を**正の相関**，一方のデータが増えると，もう一方のデータは減る関係を**負の相関**と呼ぶ。

　相関関係の強さは，**相関係数** r というもので表し，$-1 \sim 1$ までの値をとる。相関係数が 1 ないし -1 に近いほど直線に近い関係になり 2 つのデータ間には強い関係性があることを表し，相関係数が 0 に近いほど 2 つのデータ間に関係性があまりないことを表す（図9-4）。

　2 つのデータ間に相関関係が認められた場合でも，2 つのデータ間に因果関係があるとはいえない。たとえば，年収と血圧の間には強い正の相関が認められる。ただ，「年収を上げると血圧が上がる」「血圧を上げると年収が上がる」というような因果関係は考えられない。この場合には，隠された「年齢」というデータがあり，年齢が年収と血圧に影響を与えていると考えられる。「風が吹けば桶屋が儲かる」ではないが，直接の原因とは到底考えられない場合もあるだろう。相関関係が認められた際の考察には注意が必要である。

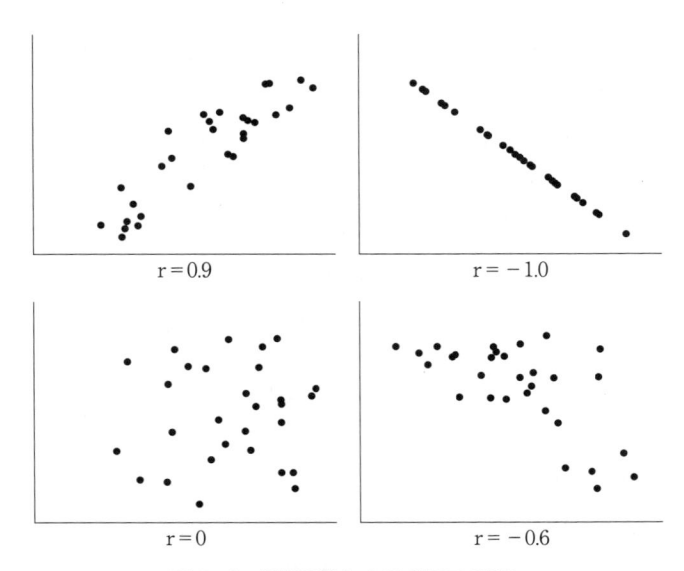

図 9-4　相関係数によるグラフの違い

2）回帰分析

　回帰分析とは，データ間の関係を数式で表すことである。あるデータを別の一つのデータの数式で表す場合（例：体重〔kg〕＝身長〔cm〕×○＋△　○・△には分析の結果算出した数値が入る）を「単回帰分析」，あるデータを別の複数のデータの数式で表

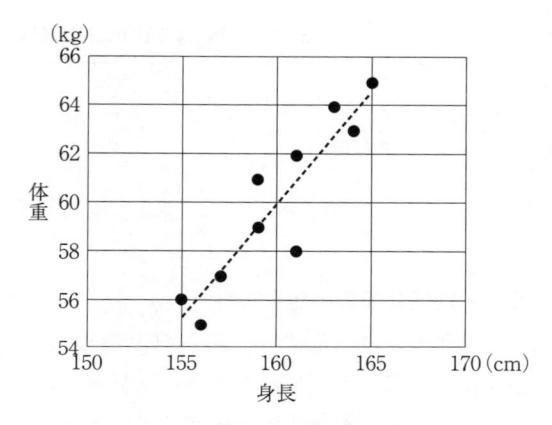

図 9-5　回帰直線

す場合（例：体重〔kg〕＝身長〔cm〕×○＋腹囲〔cm〕×□＋△）を**重回帰分析**と呼ぶ。図 9-5 のような，回帰分析の結果求められた直線を**回帰直線**と呼ぶ。

　この回帰分析では主に 2 つの目的がある。一つは，あるデータの値から別のデータの値を推測することである。もう一つは重回帰分析の場合のみであるが，重回帰分析ではあるデータ（従属変数）を複数のデータ（説明変数）を使って表しており，それぞれの影響度を測ることができる。上記の場合では，体重に与える影響は身長と腹囲とどちらが大きいのかを分析する。

3）割合の差の検定

　割合の差の検定は，分類尺度のデータで行い，回答の割合がグループごとによって差があるかどうかを分析する。たとえば，授業の難易度について「容易」「普通」「難解」と回答させ，授業方法により回答の割合に差があるかを調べる場合である。おおよそ，データ数が多い場合には**カイ 2 乗（χ^2）検定**，データ数が少ない場合にはフィッシャーの検定などを利用する。

　表 9-7 は教材の違いによる授業の難易度の調果である。一見すると，ビデオの方が教科書よりも容易に感じているように思われるが，カイ 2 乗検定の結果は p＝0.1313 であり有意差は認められず，双方に差があるとはいえない。このように，調査結果を印象だけで決めるのではなく，確率によって検討する手法が検定である。

表9-7　教材の違いによる難易度の感じ方

	容易	普通	難解	合計
ビデオ	13	5	6	24
教科書	7	7	12	26
合計	20	12	18	50

４）平均値の差の検定

　平均値の差の検定は，間隔尺度のデータで行い，あるデータの値の平均値がグループ間により差があるかどうかを分析する。たとえば，怒りのコントロール法を教える前と後でストレス得点に違いがあるかなどである。データが正規分布するのであれば，**パラメトリック検定**の手法である**t検定**または**分散分析**を利用する。データが正規分布しないのであれば，**ノンパラメトリック検定**の手法である**ウィルコクソンの符号順位検定**または**マンホイットニーのU検定**等を利用する。

　t検定と分散分析の違いは，比較するグループの数である。通常，2グループの場合はt検定を使用し，3グループ以上は分散分析を用いる。分散分析はグループ間のどこかに差があることを示すだけなので，具体的にどのグループ間に差があるのかを明らかにするため，分散分析終了後には下位検定を行う。下位検定には**テューキーの検定**や**フィッシャーのLSD検定**などがある。

　また，データにも**対応のある**ものと**対応のない**ものがあり，統計手法にも違いが出る。対応のあるデータは，勉強前後のテストの点数など，比較するグループ間に何らかの関連性があるものである。たとえば，同一人物のデータが時間経過により変化があるかどうかなどは「対応のある」データである。なお，対応のあるデータを統計的に分析する際は，比較するグループのデータ数がそろっている必要がある。

　対応のないデータは，男女の身長の比較など，比較するグループ間のデータに関連性が薄いものである。データ数がグループによって違ってもよい。詳細は，統計学の専門書にあたってほしい。

1　特別支援教育の理念と制度

　発達障害とは自閉スペクトラム症，学習障害，注意欠如・多動性障害その他これに類する**脳機能の障害**である。発達障害があり，そのために生活上の困り感がある人を**発達障害者**または**発達障害児**という。発達障害だけでなく，知的障害や身体障害（視覚障害，聴覚障害など）を含めて特別な支援を要する児

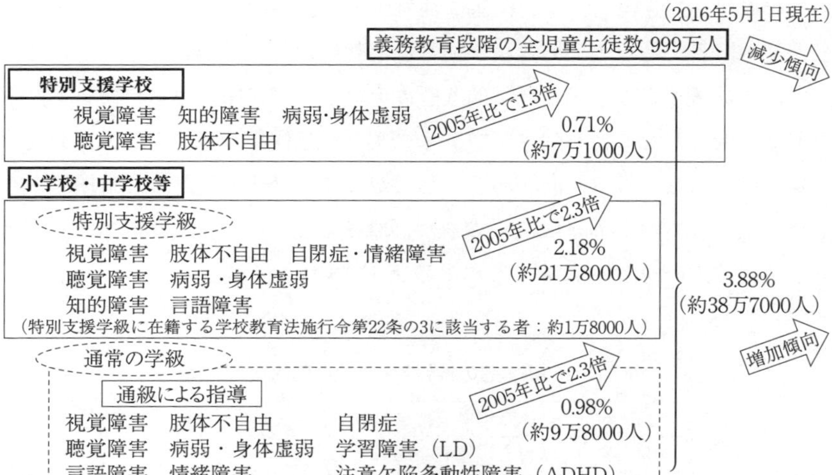

(2016年5月1日現在)

義務教育段階の全児童生徒数 999万人

減少傾向

特別支援学校

| 視覚障害　　知的障害　　病弱・身体虚弱 |
| 聴覚障害　　肢体不自由 |

2005年比で1.3倍

0.71%
（約7万1000人）

小学校・中学校等

特別支援学級

| 視覚障害　　肢体不自由　　自閉症・情緒障害 |
| 聴覚障害　　病弱・身体虚弱 |
| 知的障害　　言語障害 |

（特別支援学級に在籍する学校教育法施行令第22条の3に該当する者：約1万8000人）

2005年比で2.3倍

2.18%
（約21万8000人）

3.88%
（約38万7000人）

増加傾向

通常の学級

通級による指導

| 視覚障害　　肢体不自由　　　自閉症 |
| 聴覚障害　　病弱・身体虚弱　　学習障害（LD） |
| 言語障害　　情緒障害　　　　注意欠陥多動性障害（ADHD） |

2005年比で2.3倍

0.98%
（約9万8000人）

発達障害（LD・ADHD・高機能自閉症等）の可能性のある児童生徒：6.5%程度※の在籍率
※この数値は，2012年に文部科学省が行った調査において，学級担任を含む複数の教員により判断された回答に基づくものであり，医師の診断によるものでない。

（通常の学級に在籍する学校教育法施行令第22条の3に該当する者：約2,100人〔うち通級：約250人〕）

※2015年5月1日現在

図 10-1　特別支援教育の対象の概念図（義務教育段階）
出典：文部科学省 2017 より転用。

童生徒に対する教育を特別支援教育という。日本では 2007 年より学校教育法の一部改定により特別支援教育が始まっている。発達障害に注目が集まっているが，特別支援教育は上記の障害のある児童生徒のすべてを含む。発達障害（自閉スペクトラム症，学習障害，注意欠如・多動性障害）のある子どもだけが特別支援教育の対象ではない（図 10-1）。

2　国内法と制度の変化—2007年の署名から2014年の批准まで

日本は発達障害についてどのように国内法を整備してきたのだろうか。国内の法整備を表 10-1 に示す。

2004 年まで日本には発達障害に関する法律がなかった。そのため日本は**発達障害者支援法**をつくり，発達障害と発達障害者の定義を明確にした。

発達障害者支援法における**発達障害**とは「自閉症，アスペルガー症候群その他の広汎性発達障害，学習障害，注意欠陥多動性障害その他これに類する脳機能の障害であってその症状が通常低年齢において発現するもの」（第 2 条第 1 項）と定義されている。医学的診断カテゴリーが自閉症から自閉スペクトラム症に変化したことを受けて，アスペルガー症候群その他の広汎性発達障害は診断されなくなる傾向がある。したがって，発達障害とは，自閉スペクトラム症（通常学級に在籍している場合は「高機能自閉症」），学習障害（限局性学習症），注意欠如・多動性障害の 3 つと考えてよい。

表 10-1　障害者の権利条約前後の国内法の整備

2005 年	発達障害者支援法（成立は 2004 年 10 月）。
2007 年	障害者の権利条約に署名。
2007 年	特別支援教育の始まり。
2011 年	障害者基本法改正。
2012 年	障害者総合支援法。
2013 年	障害者差別解消法。
2014 年	障害者の権利条約を批准。
2016 年	発達障害者支援法改正。

　2016年の発達障害者支援法の改正において「発達障害があるだけでは発達障害者（児）とは呼ばない」ことが加えられた。「『発達障害者』とは，発達障害がある者であって発達障害及び社会的障壁により日常生活又は社会生活に制限を受けるものをいい，『発達障害児』とは，発達障害者のうち 18 歳未満のものをいう」(第 2 条第 2 項)。つまり，発達障害者（児）とは，発達障害をもつだけでなく，それにより生活上の制限を受けている人である。

　この法律以降，日本社会として，障害のある人の周囲の理解や環境整備，**合理的配慮**を行う法的義務が明確にされた。また発達障害者支援法は第 8 条で**個別の教育指導計画**と**個別の指導計画**を義務づけている。公立の小・中学校では，発達障害の診断書のある子どもの家族の求めに応じて，この 2 つを作成している。なお，これらの書式は自治体によって異なる。合理的配慮は**ICF による障害基準**を理解しながら覚える必要がある。合理的配慮の詳しい説明は第 2 節に譲る。

　2007 年，日本で特別支援教育が開始される。これは**学校教育法**を一部改正し，特別支援教育を位置づけたことによる。そのポイントは 3 点あった。

〈学校教育法の一部改正による特別支援教育の始まり〉

①盲学校・聾学校・養護学校を障害の種類別に超えた特別支援学校に一本化。

②特別支援学校では在籍児童等の教育を行うほか，小・中学校等に在籍する障害のある児童生徒等の教育について助言援助に努める。

③小・中学校等においては学習障害(LD)，注意欠如・多動性障害(ADHD)等を含む障害のある児童生徒に対して適切な教育を行うこと。

---

　①は，障害別だった特殊学校を特別支援学校で統一したことであり，②は特別支援学校のセンター機能と呼ばれている。③が「通常学級にいる発達障害の子ども」であり，具体的には学校教育法第 81 条である。

　6.3 %（文部科学省 2002）とも 6.5 %（文部科学省 2012）ともいわれる発達障害

子どもの状態像を正確に捉え共有する─仮に判断して支援策を立てる

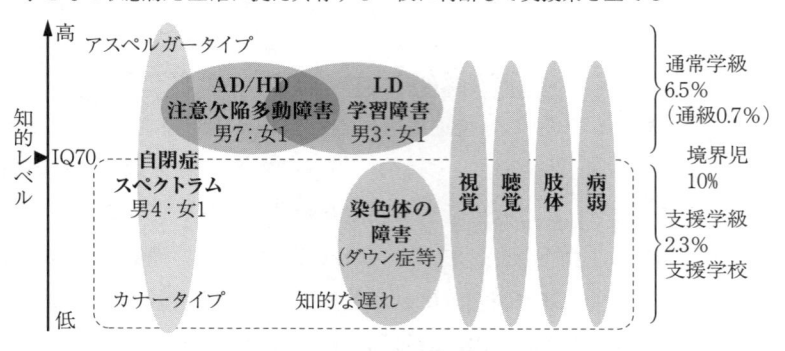

図10-2　安倍首相による特別支援教育の対象と割合

注：特別支援学校や特別支援学級に通う子どもが約2.3％，通常学級に在籍する発
　　達障害のある子どもが約6.5％，境界児が約10％，合計すると約18.8％とな
　　る。特別支援教育を必要とする子どもは決して少数ではない。
出典：ベネッセ総合教育研究所 2015 より転用。

の可能性のある子どもの数が公表され，現在でも通常学級の発達障害が最も
注目を集めている（斎藤 2012）。しかし，従来の障害児教育に新しい発達障害
を加えたものが日本の特別支援教育である。通常学級にいる発達障害の子ど
もに対して行う教育だけが特別支援教育ではない（図10-2）。

　2011年には日本の障害者政策の最も基本となる**障害者基本法**が改正された。
ここで，障害者とは「身体障害，知的障害，精神障害（発達障害を含む）その
他の心身の機能の障害がある者であつて，障害及び社会的障壁により継続的
に日常生活又は社会生活に相当な制限を受ける状態にあるもの」と規定され
ている。このことにより発達障害は「障害者」のカテゴリーに含まれた。

　また社会的障壁についても，「障害がある者にとつて，日常生活又は社会
生活を営む上で障壁となるような社会における事物，制度，慣行，観念その
他一切のもの」と定義されている。これは国連による障害者の権利条約に準
じたもので，日本の障害者基本法も**社会モデル**で障害を捉えていることを意
味する。

　2012年の障害者総合支援法は障害者の福祉政策の改定を担い，2013年の
障害者差別解消法は国全体として**不当な差別的取り扱いの禁止**（第7条・第8

条）と**合理的配慮の提供**（第 5 条）を決定している。

　ただし，障害者差別解消法には 2 つの限界がある。第一は，国公立の学校では合理的配慮が法的義務だが，民間の事業者では努力義務である点である。つまり，私立学校の場合，極端にいえば，何もしなくても見逃されてしまう可能性がある。また，国公立にしろ，私立にしろ，それを破った場合の罰則規定がない点も課題といえる。第二は，個々人の義務が弱い点である。せっかくよい法律ができても，教員や地域の人々がそれを知らなければ法律は実態として機能しない。教員間で発達障害についての意識に差があれば，結局のところ，この法律は機能しづらい。

　この場合，自治体が条例レベルで罰則を規定したり，教員に研修を課したり，住民にタウンミーティングを開催するなど，合理的配慮について周知徹底を行うことが望ましい。

　こうした限界が指摘されつつも，以上の経緯を経て，障害者の権利条約の内容を国内法にほぼ取り込み，日本は 2014 年に障害者の権利条約を批准した。今後はチーム学校の枠組みの中で各法律と法の精神を共有化が求められる。

3　発 達 障 害

　発達障害には教育学的判断と医学的診断がある。イギリスにおける特別な教育的ニーズも同様だが，教育領域における発達障害とは，必要な教育的援助を考えるための教育学的な概念である（日本では発達障害者支援法がこれにあたる）。そのため，教育領域での発達障害の把握は「診断」でなく**判断**と呼ばれる。また発達障害は「中枢系の機能障害」が原因として考えられており，「中枢系の器質障害」は前提とされていない。

　医学的診断としては DSM-5（アメリカ精神医学会「精神疾患の診断統計マニュアル（第 5 版）」）や ICD-10（国際疾病分類）をはじめとする医学的な分類がある。このうち DSM-5 において，発達障害は「神経発達障害」に相当しているが，当然，細かい部分では相違もある。なお日本の教育界は「発達障害者支援法」施行通知の際，ICD に準拠するように次官通知に明記されている。これ

コラム 8：基礎的環境整備とユニバーサルデザイン授業

　合理的配慮の前提には基礎的環境整備があります。しかし，基礎的環境整備はあまり知られていません。基礎的環境整備とは，実際に合理的配慮を行うための①予算，②人材確保，③校内体制づくりの 3 点です。たとえば，自閉スペクトラム症の子どものために時間が明示できる時計を買いたいと思っても学校の予算枠がなければそれを買うことはできません。ソーシャルスキルトレーニングの講師を学校に呼ぶにしても，謝金だけでなく，どういう必要性で予算を使うのか教員間で納得してもらう必要があります。どの学校にも特別支援委員会は設置されていますが，年に何回，研修をできるかには差があります。

　このように，インクルーシヴ教育システムの構築に向けての予算，人材，校内体制づくりが基礎にあり，実際の合理的配慮が実践されます。国立特別支援教育総合研究所によると，「基礎的環境整備」は以下のように定義されています（下線は筆者）。

> 　基礎的環境整備とは，「合理的配慮」の基礎となるものです。障害のある子どもに対する支援について，法令に基づき又は財政措置等により，例えば，国は全国規模で，都道府県は各都道府県内で，市町村は各市町村内で，それぞれ行う教育環境の整備のことです。
>
> 　「合理的配慮」は，「基礎的環境整備」を基に個別に決定されるものであり，それぞれの学校における「基礎的環境整備」の状況により，提供される「合理的配慮」も異なることとなります。
>
> 　なお，「基礎的環境整備」についても，「合理的配慮」と同様に体制面，財政面を勘案し，均衡を失した又は過度の負担を課すものではないことに留意する必要があります（国立特別支援教育総合研究所 2019）。

　基礎的環境整備の上に，各学校の合理的配慮があります。逆にいうと，学校や自治体が変わると，実践できる合理的配慮も異なる点に注意しましょう。A

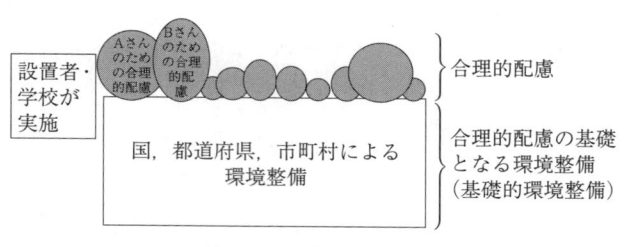

図　合理的配慮と基礎的環境整備の関係
出典：国立特別支援教育総合研究所 2019。

という学校で実践できた配慮が B という学校では実践できないという背景には基礎的環境整備の違いがあります。

　ただし，どの自治体であっても，発達障害のある子どもにも，障害がない子どもにも等しくわかりやすい授業を研究し，実践することを合理的配慮とする点は変わりません。近年，このような授業をユニバーサルデザイン授業と呼んでいます。ユニバーサルデザインとは「障害のある人のわかりやすさ・使いやすさを考慮して，さらに全員がわかりやすく・使いやすくなるように配慮した道具・環境整備・実践・システム構築」のことです。発達障害のある子どもにだけ注目するのではなく，すべての子どもがわかりやすくなる授業を目指すのがユニバーサルデザイン授業です。阿部 (2014) によると，特別な配慮を必要とする子どもの周囲の子どもに着目することで，その子本人やクラス全体の状態が改善することがあります。今後，ユニバーサルデザイン授業がいっそう注目されていくでしょう。

らの医学的診断はすべて**状態像**（いくつかの特徴的な行為や状態があてはまれば，それに応じて診断名をつける）である。

（1）通常学級での発達障害

　2002 年に文部科学省が「通常の学級に在籍する特別な教育的支援を必要とする児童生徒に関する全国実態調査」を行った結果，知的発達に遅れはないものの学習面や行動面で著しい困難を示す児童生徒の割合は 6.3 ％であることがわかった。これを追試した文部科学省 (2012) の調査では 6.5 ％となっている。

　文部科学省 (2012) は，2012 年 7 月に中央教育審議会の初等中等教育局特別支援教育課が報告書をまとめた。そこでは「合理的配慮」だけではなく，通常学級を含めた**基礎的環境整備**の充実が欠かせないとしている（コラム 8）。

（2）障害の種類

　本節では文部科学省の定義を主に置くが，各項の最後に精神医学領域における名称と診断基準（主として DSM-5）の一部を載せる。子どもの正確な状態を理解するためにも，実際に DSM-5 を参照し，神経発達障害としての診断

基準の詳細や記載された実態像について理解したい。

1）知的障害

法的には発達障害の中に知的障害は含まれていない。この意味では知的障害と発達障害は異なる。ただし，対象には知的障害が含まれていることから，ここで詳しく説明する。

身体障害が身体障害者福祉法第4条で定義されているのに対し，知的障害は知的障害者福祉法において法的な定義がなされていない。これは知的障害の大きな特徴である。文部科学省の知的障害は，2002年「就学指導の手引き」において，「発達期に起こり，知的機能の発達に明らかな遅れがあり，適応行動の困難性を伴う状態」とされている。知的障害は，発達期（18歳未満）に起こるものであるため，外傷性による知的機能の低下は知的障害には含まれない。

発達の遅れを判断する際には，知能検査によって測定された知能指数（以下IQ）が判断基準の一つとして用いられる。IQは平均が100となるように設定されており，知的障害の基準となる値は「IQが70またはそれ以下」とされている。このIQの値によって，知的障害の重症度が分類されており，表10-2はIQによる重症度の分類と状態像である。ただし，知的障害はIQだけ

表10-2　知的障害の重症度による分類表

分類	IQ	状　態　像
軽　度	50〜69	・おおよその身辺自立は達成可能。 ・言葉や抽象的な内容の理解において遅れがみられる。 ・10代後半までに，おおよそ小学校6年生程度の学業的技能の習得が可能。
中等度	35〜49	・身辺自立においては，支援を必要とする面がある。 ・言葉の遅れは生じるが，言語的コミュニケーションは可能である。 ・小学校2年生程度までの学業的技能の習得が可能。
重　度	34〜20	・幼児期においては言語による会話は不可能。学童期に入り，言葉によるコミュニケーションが可能となる。 ・基本的な身辺自立（排泄や食事など）は，学童期に入り達成される。
最重度	20未満	・言葉を覚えることは困難。 ・常に支援を必要とする。

表 10-3　精神医学における診断基準（DSM-5）

知的能力障害（知的発達症／知的発達障害）
知的能力障害（知的発達症）は，発達期に発症し，概念的，社会的，および実用的な領域における知的機能と適応機能両面の欠陥を含む障害である。以下の 3 つの基準を満たさなければならない。 ①　標準化された知能検査によって知的機能の欠陥が確かめられる。 ②　同年齢および同じ社会的文化背景をもつ人と比較して，個人的自立や社会的責任を満たすことができなくなるという適応機能の欠陥。 ③　知的および適応の欠陥は，発達期の間に発症する。

で決定されるわけではない。

2）学習障害または限局性学習症

1999 年の「学習障害児に対する指導について（報告）」において学習障害（Learning Disability または Learning Disorder：LD）は，「基本的には全般的な知的発達に遅れはないが，聞く，話す，読む，書く，計算する又は推論する能力のうち特定のものの習得と使用に著しい困難を示す様々な状態を指すものである。学習障害は，その原因として，中枢神経系に何らかの機能障害があると推定されるが，視覚障害，聴覚障害，知的障害，情緒障害などの障害や，環境的な要因が直接の原因となるものではない」と定義されている。

学習障害を「特定の領域がまったくできない状態」とみなす意見があるが，それは誤解である。たとえば書字障害とは，文字がまったく書けない状態ではない。文字を書く状況で強いストレッサーが負荷され，書くのに多大な時間がかかったり，書いても読みにくい文字が多い状態を指している。「文字が書けるから書字障害ではない」「遅いけれど，文章が読めるから読字障害ではない」ということではない。

DSM-5 では，限局性学習症（Specific Learning Disorder：SLD）は読字，書字表出，算数（計算，推論）という構成になっている。ディスレクシア（失読症）もこのカテゴリーに含まれる。文部科学省の定義はこれらに「聞く」「話す」が加えられている。

表10-4　精神医学における診断基準（DSM-5）

限局性学習症／限局性学習障害
A．学習や学業的技能の使用に困難があり，その困難に対して介入がなされても，以下の症状の少なくとも1つが存在し，少なくとも6カ月間持続している。 (1) 単語を正確かつ流暢に読むことの困難さ。 (2) 読んでいるものの意味を理解することの困難さ（読解力の問題）。 (3) 綴字の困難さ。 (4) 書字表出の困難さ。 (5) 数字の概念，数値，または計算を習得することの困難さ。 (6) 数学的推論の困難さ（数学的問題を解くことが困難）。
B．欠陥のある学業的技能では，その人の成績がその年齢の平均よりも十分に低く，学業や日常生活に障害を引き起こしている。また，個別施行の標準化された到達尺度（検査など）や総合的な臨床評価で確認されている。
C．大多数の人で学習困難が低学年のうちに容易に明らかになる。しかし，一部では，高学年になるまで明らかにならない場合もある。

3）注意欠如・多動性障害

　注意欠如・多動性障害（Attention-Deficit/Hyperactivity Disorder：以下 ADHD）は，2003年の「今後の特別支援教育の在り方について（最終報告）」において「年齢あるいは発達に不釣り合いな注意力，及び／又は衝動性，多動性を特徴とする行動の障害で，社会的な活動や学業の機能に支障をきたすものである。また，7歳以前に現れ，その状態が継続し，中枢神経系に何らかの要因による機能不全があると推定される」と定義されている。ADHD にはメチルフェニデート（商品名：コンサータ）や選択制ノルアドレナリン阻害薬（商品名：ストラテラ）などが使用されることがある。しかし，これらの薬物は ADHD を治すものではなく，一時的に症状を緩和させるものである点に留意が必要である。

　ADHD の理解において注意すべき点は，状態像の現れ方には3タイプあるという点である（表10-5）。

　ADHD は DSM-5 において多くの点で診断に変更があったカテゴリーである。まず，症状の出現が「7歳以前」が「12歳以前」に変更されている。この点は，文部科学省の定義との相違である。また広汎性発達障害，特に自閉スペクトラム症との合併を認めた。また上位概念が「破壊的行動障害」から

表 10-5　ADHD における分類

分類タイプ	状　態　像
不注意優位型	不注意（忘れ物，紛失，集中が持続しないなど）が目立ち，多動性はあまりみられない。話しかけても聞いていないようにみられたり，順序立てて物事を行うことが困難であったりする。
多動性・衝動性優位型	落ち着きがなく，手遊びや，授業中の立ち歩きなどがみられる。また，衝動性が高いため，思いつきの行動や発言，感情的な行動を抑えることが難しい。
混合型	不注意優位型と多動性・衝動性優位型の双方の状態像をもつ。不注意・多動性・衝動性のうち，どの度合いが強いかは個々人による。

「神経発達障害」に移行している。さらに重症度の表記（軽症・中等症・重症）も変更点の一つである。

4）高機能自閉症

　2003 年の「今後の特別支援教育の在り方について（最終報告）」によれば，高機能自閉症（high-functioning Autism）は「3 歳位までに現れ，①他人との社会的関係の形成の困難さ，②言葉の発達の遅れ，③興味や関心が狭く特定のものにこだわることを特徴とする行動の障害である自閉症のうち，知的発達の遅れを伴わないものをいう。また中枢神経系に何らかの要因による機能不全があると推定される」と，定義されている。「状況理解の悪さ」やスケジュールなどへのこだわり行動，同時並行処理の不全，感覚の鋭敏性または鈍麻性など，その現れ方は多様である。なお，DSM-5 ではアスペルガー障害がなくなり，自閉スペクトラム症で統一されている。また ADHD との重複診断が可能になった点など，診断基準に大きな変化がみられる。医学的診断の基本症状は，①社会的コミュニケーションの障害，②対人関係の障害，③著しい興味の限定と反復である。社会的コミュニケーションの障害とは，「文法的には正しくても，文脈に沿った言葉の使い方に困難がみられる」という意味である。言葉の遅れは自閉スペクトラム症の一部にみられるものの，自閉スペクトラム症の必要条件ではなくなった点に注意したい。

表10-6　精神医学における診断基準（DSM-5）

注意欠如・多動症／注意欠如・多動性障害

A.（1）および／または（2）において，それぞれの症状のうち6つ（またはそれ以上）が少なくとも6カ月間持続したことがあり，その程度が発達の水準に不相応で，社会的および学業的／職業的活動に直接，悪影響を及ぼすほどである。

（1）不注意
・細部を見過ごしたり，見逃してしまう。作業が不正確である。
・講義，会話，または長時間の読書に集中し続けることが難しい。
・直接話しかけられたときに，しばしば聞いていないようにみえる。
・課題に取り組むが，すぐに集中できなくなる。または容易に脱線する。
・課題や活動を順序立てることがしばしば困難。
・精神的努力の持続を要する課題（例：学業や宿題など）を避ける，嫌う，またはいやいや行う。
・課題や活動に必要なものをしばしばなくす。
・しばしば外的な刺激によってすぐ気が散ってしまう。
・しばしば日々の活動で忘れっぽい。

（2）多動性および衝動性
・しばしば手足を動かしたり，いすの上でもじもじする。
・席に座っていることを求められる場面で，しばしば席を離れる。
・不適切な状況でしばしば走り回ったり高い所へ登ったりする。
・静かに遊んだり余暇活動につくことがしばしばできない。
・しばしば"じっとしていない"。
・しばしばしゃべり過ぎる。
・しばしば質問が終わる前に出し抜いて答え始めてしまう。
・しばしば自分の順番を待つことが困難である。
・しばしば他人を妨害し，邪魔する。

B．不注意または多動性・衝動性の症状のうちいくつかが12歳以前から存在する。

C．不注意または多動性・衝動性のうちのいくつかが2つ以上の状況（例：家庭，学校，友人や親戚といるとき）において存在する。

表10-7 精神医学における診断基準（DSM-5）

自閉スペクトラム症／自閉症スペクトラム障害
①複数の状況で社会的コミュニケーションにおける持続的な欠陥がある。 ・情緒的な欠陥—通常の会話のやりとりができない。異常な近づき方。感受の共有の難しさなど。 ・視線を合わせることと身振りの異常，または身振りの理解や使用の欠陥，表情や非言語的コミュニケーションの完全な欠陥など。 ・状況に合った行動をとることの困難，想像上の遊びを一緒にすること，友人をつくることの困難，仲間に対する興味の欠如など。 ②行動，興味または活動の限定された様式。 ・おもちゃを一列に並べる，物を叩くなどの単調な常同行動，反響言語（相手の言葉を繰り返す），独特な言い回しなど。 ・小さな変化に対する苦痛，儀式のような挨拶習慣，同じ食物を食べることへの要求など。 ・きわめて限定され執着する興味。 ・感覚刺激への過敏または鈍感さ，並外れた興味（痛みや体温に無関心，特定の音や光に反応する。過度な接触を試みる，光などを熱中してみるなど）。 ③症状は発達早期に存在していなければならない。

4 発達障害の子どもたちへの学習支援

（1）学習支援と合理的配慮

　「発達障害の子どもたちの学習を支援する」。この一文を実現することは，実は文章のイメージほど単純ではない。学習を支援するということは，学習面で何らかの「困難さ」が生じていると，容易に想像がつくであろう。しかし，困難さはどのような場面・状況で生じているのだろうか？　困難さはなぜ生じるのだろうか？　困難さはどの程度のものだろうか？　そもそも困難さを子どもたちはどのように捉えているのだろうか？　……このように，「困難さ」について探求しないと，子どもたちの困難さを解消する学習支援は実現しない。

　困難さ支援という観点では，「合理的配慮」の説明が欠かせない。合理的配慮は，2014年にわが国が批准した障害者の権利に関する条約（略称：障害者の権利条約）第2条で，以下のように定義されている。

> 〈第2条〉　障害者が他の者との平等を基礎として全ての人権及び基本的自由を享有し，又は行使することを確保するための必要かつ適当な変更及び調整であって，特定の場合において必要とされるものであり，かつ，均衡を失した又は過度の負担を課さないものをいう。

　また，第24条において，教育についての障害者の権利を認め，この権利を差別なしに，かつ，機会の均等を基礎として実現するため，障害者を包容する教育制度（inclusive education system）等を確保することとし，その権利の実現に当たり確保するものの一つとして，「個人に必要とされる合理的配慮が提供されること」が位置づけられている。さらに，合理的配慮は，2016年の4月に施行された「障害を理由とする差別の解消の推進に関する法律（障害者差別解消法）」により，学校を含む国の行政機関・地方公共団体・独立行政法人・特殊法人に対し，法的に義務づけられた。ここで強調したいのは，学習面の困難さがあっても，子どもたちには教育を受ける権利があり，困難さに対する配慮は，権利を保障するための学校の義務ということである。

　学校現場では合理的配慮の実現に向け，創意工夫を重ね，さまざまな取り組みがなされている。また，さまざまな支援グッズや支援機器，ソフトウェアやアプリケーションが公開されており，特に近年，インターネット環境やタブレット端末といったICTが学校現場に積極的に導入されるなど，障害のある児童生徒に対する合理的配慮を実現する環境は急速に整ったといえよう。一方で，学校現場では児童生徒にフィットした支援をみいだせず，苦悩しているという声もよく聞く。それでは，児童生徒に合理的配慮を提供する（フィットした支援をみいだす）にはどうすればよいのだろうか？

（2）国際生活機能分類

　児童生徒に合理的配慮を提供するために基本となるのが，WHOが2001年に定めた**国際生活機能分類**（ICF：International Classification of Functioning, Disability and Health）の考え方である。

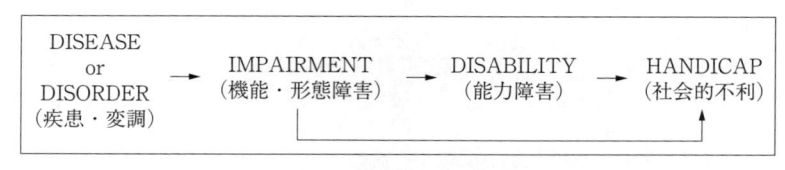

図 10-3　ICIDH の 3 階層

出典：文部科学省。

　ICF について説明する前に，ICF の前身として 1980 年に制定された，**国際障害分類**（ICIDH：International Classification of Impairments, Disabilities and Handicaps）について説明しておきたい。ICIDH は疾患・変調（disease or disorder）と障害を別に定義し，障害を機能・形態障害（impairment），能力障害（disability），社会的不利（handicap）の 3 階層で構成することにより，疾患・変調の結果，生活・人生に及ぼす影響までを「障害」として取り上げた，画期的なモデルといえる（図 10-3）。一方で，社会的不利に帰結することから，障害をネガティブに捉えている点や，家族や友人，医療・保健・福祉・教育といったサービスの環境的な因子が考慮されていない点などが問題点として指摘されていた。

　このような ICIDH に対する批判を受け，改訂されたのが ICF（国際生活機能分類）である。ICF は，人間の生活機能と障害に関する状況を記述することを目的とした分類であり，生活機能（心身機能・身体構造，活動，参加）と，生活機能に影響する健康状態，および背景要因（環境因子，個人因子）から構成される。以下に ICF の概念図と各用語の定義を示す（図 10-4）。

　ICIDH との大きな違いは，「障害は社会的不利に直結する」といったネガティブな捉え方ではなく，「生活機能」というポジティブ面を中心に捉えている点が挙げられる。また，環境因子，個人因子といった背景因子が考慮されている点も ICIDH との大きな違いといえよう。

　ここで具体的な例を用いて説明する。活発で社交的な性格であるものの，読字障害（知的・理解面に異常はみられないが，文章の読みに年齢不相応の困難さがある）と診断された児童 N は，劇のセリフを覚えることができず，劇に出演することに対して消極的になっていた。この状況を ICF の概念図にあてはめる

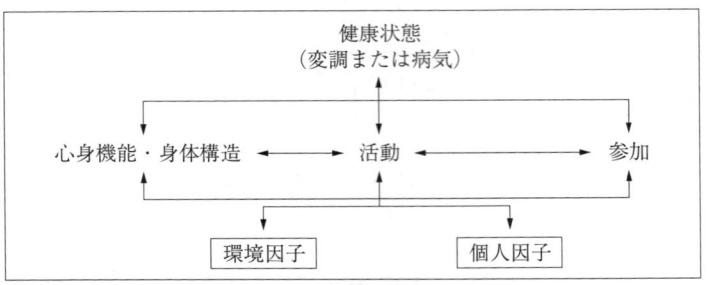

心身機能：身体系の生理的機能（心理的機能を含む）
身体構造：器官，肢体とその構成部分などの，身体の解剖学的部分
　　活動：課題や行為の個人による遂行
　　参加：生活・人生場面への関わり
環境因子：人々が生活し，人生を送っている物的・社会的・態度的環境
個人因子：個人の人生や生活の特別な背景

図 10-4　ICF の概念図

出典：文部科学省。

と，「心身機能・身体構造」は，「読字速度の遅さや読字の不正確さ」，「活動」は「台本を読む行為の難しさ」，「参加」は「劇に参加できない」，となる。ここまでの説明であれば，障害をネガティブに捉える ICIDH の考え方と同様であるが，これらの点を踏まえて，背景因子を考慮することで生活機能を高めるという点が，ICIDH との大きな違いである。ここで背景因子に着目すると，まず，「個人因子」は「活発で社交的な性格」であることから，活動や参加の阻害因子ではないと判断できる。そのため，現段階では特別な配慮が行われていない「環境因子」について検討することで，生活機能が促進されると考えられる。次に，こういった状況を踏まえ，タブレット端末の読み上げ機能（選択した文章を人工音声で読み上げてくれる機能）を用いたセリフの練習が許可されたとする。また，音声読み上げ機能を用いることで，台本の内容を記憶できたとしよう。すると，「環境因子」が「読み上げ機能の利用」となり，環境因子が変容したことで，「活動」が「台本行為を読むことができる」，「参加」が「劇に参加し，役を演じることができる」と，生活機能面でポジティブな結果になっていることがわかる。

　このように，環境因子を見直すことにより，生活機能の面でポジティブな

結果を生み出すことが期待できる。この環境因子に該当するのが，本節の冒頭で述べた合理的配慮であり，逆にいえば，合理的配慮は生活機能面でポジティブな結果を生み出すための背景因子と捉えることができる。つまり，児童生徒の生活機能を意識し，生活機能と合理的配慮の相互作用を客観的に捉えない限り，合理的配慮の実効性はないのである。

（3）ICF の観点からみた合理的配慮の留意点

　ICF を念頭に合理的配慮について考えると，注意すべき点がみえてくる。本書では代表的な 2 つの注意点について示す。

　一点目の注意点として，障害種別から支援内容を不用意に断定してはいけない点が挙げられる。たとえば，自閉スペクトラム症と診断されたとしても，ADHD の特性が含まれている場合もあれば，知的発達段階で大きく異なる場合もあり，また，家庭環境やサービス提供の有無，個別の性格・趣味・意欲といった児童生徒固有の背景因子によっても，児童生徒が感じる困難さの質や内容は異なってくる。つまり，支援内容について検討する際は，障害種別のみでなく，児童生徒の背景因子（環境因子・個人因子）を的確に把握し，さらに，生活機能との相互作用を常に意識する必要がある（(4)支援内容を検討する際の留意点の項を参照のこと）。

　二点目の注意点として，「困難さ」を感じている児童生徒が，解消を求めるときに発生するが，教師や支援者は「子どもが困っていること」を前提に話を進めてはいけない点が挙げられる。困難さが発生するのは，活動に「参加」しているから発生するものであり，そもそも活動に参加していなければ困難さは発生しない。たとえば，「黒板の字をノートに記録できない」は，「授業に参加している」「勉強に参加している」といった「活動の場に参加している」ことが前提で発生する困難さであり，授業や活動に参加しなければ，黒板の字をノートに写す機会は発生しない。つまり，困難さを支援する前に，活動に「参加」するための「主体性」を支援することが重要といえよう。特に，障害のある子どもたちの中には自尊心や自己肯定感が低いケースがあり，活動に参加するためのモチベーションが低いことを鑑みると，「主体性支援」

は重要な役割を担う（(5)主体性を支援する意義の項を参照のこと）。

（4）支援内容を検討する際の留意点

　支援内容を検討するのに留意すべき点について，自閉スペクトラム症（以下 ASD）の児童生徒に対する支援を例に考える。ASD は「見通しが立たない状況に陥ると混乱する」「視覚的に表現できるものの方が理解しやすい」という傾向が，多くの先行研究において報告されている。こういった ASD の児童生徒に対する合理的配慮という観点で，「スケジュール」や「タイマー」を用いた実践が多く報告されている。図 10-5 は ASD の人向けに㈱おめめどうが販売している「4 コマメモ」という商品であるが，このようにスケジュールを視覚的に提示することで，口頭で指示するよりも理解しやすく，見通し不全による混乱を避けることが可能である。

　こういった議論をすると，「スケジュールの導入＝合理的配慮」といった発想になりがちである。しかし，ここに大きな落とし穴がある。教師がスケジュールを作成し，提示する方法は，児童生徒の不安やストレスを解消するという点でメリットがあることを否定するものではない。一方で，このスケジュールの提示方法は，教師が児童生徒に対して一方的に情報を提供している点にお気づきであろうか？　一方的な情報提供は，結果的に教師の指示を待たないと行動できないといった危険性を含んでいる。ICF の「活動」や「参加」という観点では，児童生徒の意思表出が重要になる。つまり，単方向ではなく双方向のコミュニケーションを意識することが求められる。この事例の場合，たとえば，スケジュールの利用に慣れた（理解した）段階で，たとえば 4 コマメモの 4 コマ目を空欄にして，本人がやりたい活動を記入させたり，絵カードで選択して貼りつけたりといった取り組みが考えられる。タイマーについてもスケジュールと同様，ICF の活動と参加

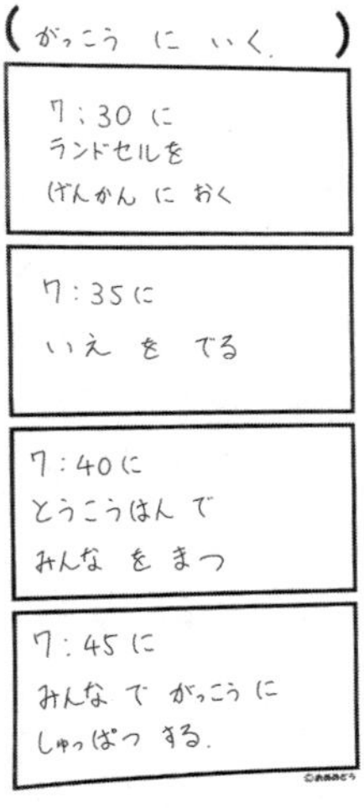

図 10-5　4 コマメモ

の観点で考えると，タイマー終了後の活動は，児童生徒にとって魅力のあるものである必要がある。特に導入当初は，教室に入りたがらない児童生徒に対して「あと5分経ったら，教室に入る」といった使い方は避けるべきであろう。このように児童生徒の「活動」と「参加」を意識することで，児童生徒にフィットした支援や合理的配慮の提供が可能となる。

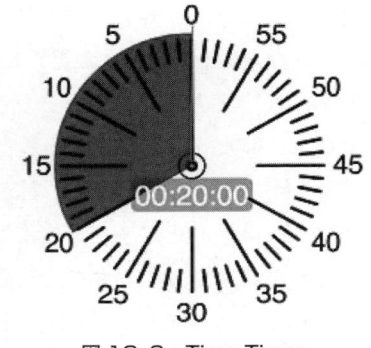

図 10-6　Time Timer

　次に，「活動」と「参加」を意識することの重要性については，これまで指摘した通りだが，それを実現するためには「心身機能・身体構造」について把握（アセスメント）することが重要である。ASD の例で説明すると，ASD は「時間の見通しが立たない」点も，多くの先行研究で報告されている。そこで，時計やタイマーなどを用いて「あと5分」と指示するケースがあるが，ASD の児童生徒にとって「5分」という概念の理解が難しい場合がある。このように時間の概念を十分に理解できていない状況で，時計やタイマーを用いて時間の見通しを立てようとしても，それは合理的配慮とはいえない。もし，時間の概念を理解していない場合は図 10-6 に示す Time Timer（Time Timer 社製）のように，残り時間を色で提示することで，数字や時間の概念がなくても，時間の概念理解を可能にする支援ツールの利用など，対策を講じる必要がある。このように，児童生徒個々の心身機能・身体構造を教師が適切に把握していないと，「活動」「参加」を意識したとしても，適切な支援や合理的配慮を提供することはできない。

（5）主体性を支援する意義と支援内容の検討

　モチベーションや主体性を支援する意義について理解することを目的に，本項ではモチベーションや主体性を「お金」に例えて説明する。

　ほめられたり，認められたり，勝負に勝ったり，相手に要求が伝わったりといった，ポジティブな要素を「収入」と捉える。一方で，叱られたり，馬

鹿にされたり，勝負に負けたり，要求が伝わらなかったりといった，ネガティブな要素を「支出」と捉える。すると，発達障害の子どもたちは「収入」と「支出」，どちらが多くなるだろうか？　多くの子どもたちは「支出」が多くなる，つまり借金状態に陥ると考えられる。

　したがって，貯金をすることが重要になるのだが，このような議論をすると，「ほめる」ことに着目されてしまう傾向がある。しかし，それはあくまで一時的な収入であり，すぐに借金が膨らんでしまう。大切なのは収入が得られる見通し，つまり，「貯蓄の見通し」をもつことである。「やればできる（貯金できる）」という見通しが立つと，返済の見通しが立たない借金状態から，貯金に対するモチベーションが生まれる。つまり，活動に対する主体性が高まるのである。

　ここで，中学校3年生のAの事例を紹介する。Aは因数分解を解くことはできるものの，小学校3年生の文章題を解くことに困難さがみられる。このことから，Aは「文章理解」に困難さがあると考えられたため，文章理解から貯蓄の見通しを立てることは困難と判断し，文章理解に向けた取り組みを保留し，高等学校レベルの計算問題（三角関数など）に取り組んだ。結果，宿題に対して主体的に取り組むようになり，「僕は馬鹿じゃなかった。もしかしたら他の教科も解けるかもしれない」といった主体性を示す発言がみられるようになった。そこで，Aにとって比較的試験の点数を獲得しやすいと想定される歴史に挑戦させたところ，歴史に対しても主体的に取り組む様子がみられた。つまり，貯金ができることで，それを借金（苦手なこと）の返済にあてることができるようになったと考えられる。

　また，モチベーションや主体性を生み出すと同時に，これらを持続させることも重要になる。そのためには，課題のハードルを適切に設定することが重要といえよう。まず，児童生徒の努力のみでは越えられない障壁（バリア）については，事前に取り除いたり回避したりといった「合理的配慮」が必要である。次に，心身機能・身体構造を教師が適切に把握し，ハードルを頑張れば越えられそうな高さに設定することで，ハードルを越えた達成感によりモチベーションを高めることが可能となる。

　ここで小学校 2 年生の B の事例を紹介する。B は，自分でひらがなやカタカナを書くことに対してモチベーションが出てきたものの，手先が不器用で，うまく鉛筆で書くことができない。B に対して，鉛筆で文字を書く課題を設定した場合，字を書くことに対するモチベーションはあったとしても，手先が不器用であるがゆえに，鉛筆で字を書くことが成功体験につながらない可能性が考えられる。この課題は「字を書く」「鉛筆を使う」の複合課題であり，ハードルとしては非常に高いものといえる。

　そこで，モチベーションを阻害するバリアに該当する「鉛筆で書く」については事前に取り除いておく必要があるものの，従来の紙の教材だと，どうしても鉛筆やペンが必要となる。そこで，タブレット端末のひらがな練習アプリを利用すると，指で直接書くことができるため，鉛筆やペンを使う必要がなく，文字を書くために必要な「文字を認識する」「なぞり書きをする」といった，目的に焦点化した課題を提供することが可能となる。もちろん，将来を見据えて鉛筆で書くことの必要性を否定するものではない。しかし，B は貯金が比較的容易なひらがな練習アプリに挑戦し，モチベーションを高めることで，鉛筆に挑戦していることから，結果的に鉛筆の利用が可能になる可能性もある。

（6）合理的配慮の観点からみた ICT の可能性

　合理的配慮という観点で，近年 ICT の可能性に注目されている。ICT は困難さ支援，主体性支援の双方の観点で有効性が指摘されている。ICT が有効である理由の一つとして，アプリの種類数が豊富である点が挙げられる。たとえば，前述のスケジュールやタイマーのアプリだけでも多くの種類が公開されており，種類の豊富さは子どもにフィットする可能性が高いことを意味する。以下，合理的配慮の観点からみた ICT の可能性について紹介する。

　表出性コミュニケーション，すなわち児童生徒からの発信を手助けするという観点では，コミュニケーション支援機器が有効である。「Drop Talk (Droplet Project 製)」（コラム 9），「トーキングエイド（U-Plus 社製）」「PECS for iOS (Pyramid Educational Consultants 社製)」など，コミュニケーション支援を目

的としたものが多く公開されている。また，「筆談パッド（Catalystwo 製)」「UD 手書き（PLUS Voice 社製)」といった筆談アプリも有効といえよう。

　読字障害のように，文字や文章の読みに困難を伴う場合，「文字を読む楽しさ」や「本を読む楽しさ」を知ることが重要である。前者の「文字を読む楽しさを知る」という点では，「Office Lens（Microsoft 社製)」（コラム 9）のように，カメラで撮影した画像から「文字」を抜き出し，音声読み上げを可能にする「イマーシブリーダー」を用いれば，カメラで撮影した画像の音声読み上げが実現可能である。読みたいけど読めないといった子どもの困難さを解決するのみでなく，本読みへの主体性を高めることにもつながるといえよう。後者の「本を読む楽しさを知る」という意味では，「ボイス オブ デイジー」のように，読みに困難がある人向けに開発された，印刷された本や一般的な電子書籍を読み上げてくれるアプリが有効であろう。文字の大きさや色，読み上げ速度やピッチを自由に変更できるところが，やはり読み困難に特化した専用のアプリの利点といえる。ほかにも，文字認識，音声読み上げ，写真や PDF への書き込み（手書きの線や文字・写真・録音音声）機能を有する「タッチ＆リード」といったアプリも公開されている。

　書字障害のように，文字の書きに困難さがある場合，「文字や文章をアウトプット（出力）する楽しさを知る」ことが大事である。出力という観点ではキーボードによる文字入力の方が手書きの文字入力より簡単なケースもあるため，積極的にタイピングを覚えるというのも一つの方法といえよう。ただし，「書くのは苦手だけれど，手書きで書けるようになりたい」といったケースの場合，「mazec」等に代表される手書きキーボードを使うという方法もある。字を書くという達成感と，書いた字を自動変換してくれるため，後から読み返す際に自己肯定感が下がりにくいといった利点もある。大きい字なら書ける場合は，「MetaMoji Note」に代表されるノートアプリが使いやすい。①大きく文字を書く→②書いた文字を囲んで選択する→③文字を縮小する，というプロセスを踏めば，手書きの文字でノートを作成することが可能になる。

　主体性支援という観点では，たとえば，地理が得意な児童に対して「地理

クイズ」や「日本地図パズル」といったアプリを利用したり，勉強に対して
は苦手意識があるものの電車が好きという児童に対して，他の児童生徒の前
で「電車」の写真を使ったプレゼンテーションをさせるという実践も考えら
れる。得意なことを伸ばすというよりは，得意なことを使って「貯蓄の見通
し」を立てることが重要であり，ICT は見通しを立てるためのツールの一つ
といえよう。

コラム9：特別支援教育のためのソフトなど

　ICT 機器により，児童生徒のコミュニケーションを支援する試みが多くなされています。専門機器を利用して行うこともありますが，タブレット PC やスマートフォンにコミュケーション支援のアプリを導入する取り組みが多くなっています。障害を念頭に置いて作成されたアプリではなくても，さまざまな困難を緩和するためのアプリが多く存在し，利用者の扱いやすいものを選択することが可能となっています。

　話し言葉でのコミュニケーションを支援するアプリの総称を VOCA（Voice Output Communication Aid）と呼びます。タブレット PC 等に導入し，イラスト画像をタップすることでそれを音声で読み上げ，意図を相手に伝えることができます。下図は Droplet Project の「Drop Talk」です。

　また，文字の読みに困難がある場合には，文章を読み上げるアプリが役に立つでしょう。「イマーシブリーダー」と呼ばれる機能は，画像データの中にある文字を抜き出し，文字を大きく表示したり，音声として読み上げたりする機

10時

困っている

横断歩道

図　Drop Talk

図　Office Lens

能です。この機能により，画像にある文字をアプリで読み上げ，文字の読みを支援することができます。上図は，Microsoft が提供している「Office Lens」です。カメラ機能も連携しており，紙の書類をカメラで撮影し，書類中の文字を読み上げることが可能です。図の通り，斜めになっている資料もまっすぐに整えることが可能です。画像から文字を抜き出すことについては，100 ％とはいきませんが，かなりの精度で行うことが可能です。

第 11 章　アクティブ・ラーニングと ICT 教育

1　「主体的・対話的な深い学び」と「ICT 教育」の展開

アクティブ・ラーニングとは「学修者が主体的に，仲間と協力しながら課題を解決するような指導・学習方法の総称」である。2016 年以降，文部科学省はアクティブ・ラーニングという用語を使用しない方向で動いており，「主体的・対話的な深い学び」へと変化している。ただし，意味するところが大きく変わったわけではない。

アクティブ・ラーニング登場の背景には「グローバル経済にふさわしい人間をつくる」という傾向と「今までの授業のスタイル（特に一方向の授業による暗記中心の学び）を変えよう」という要求が中心となっている。以下，アクティブ・ラーニングの登場から現在までの推移を解説する。

（1）アクティブ・ラーニング提唱の理由

現在注目されている**アクティブ・ラーニング**（Active Learning：以下 AL）は社会のグローバル化，高度情報化，知識基盤型社会の到来の 3 点を背景に教育界に導入された。これは世界的な傾向である。

経済の世界的な流れとして，それまでの国単位で経済活動を行う時代から，「インターネットで世界がつながり，言葉や文化の差を超えて，ときには国境を越えて経済的な活動をする」，**グローバル経済化**が進んできた。またインターネットを通じ，世界の情報をリアルタイムで入手できるようになり（**高度情報化**），総じて国や地域に縛られない経済活動や生活環境が急速に進んでいる（**グローバル化**）。

この時代に必要なことは，それぞれの言語や文化への尊重や，世界とつな

がる ICT などの活用能力，あるいは協調性（コミュニケーション能力）であろう。また 21 世紀は「何が起こるか予想がしづらい時代」であり，「一人ひとりがもっている知識を活用して，チームで協力しながら，突然起きる問題の解決にあたる問題解決型の能力が求められる社会（**知識基盤型社会**）」である。こうした理由から，特に経済界はこのような能力やスキルをもった人材を求めている。

　これらに加え，日本には**少子高齢化**による産業構造の変化という課題も存在する。これまで日本の産業構造はアジア諸国の低賃金の労働力に支えられながら，国内外のマーケットを拡大していた。しかしアジア各国も急速に経済を発展させており，下請けのような位置から経済的な競争相手へと変化している。他方，少子高齢化のため日本の生産人口は減少している。従来の「安い製品を大量生産し，大量に売ってマーケットを拡大する」という発想では人口が減少する日本は競争力を失う。そこで大量生産・大量消費ではなく，新しい製品やサービス，システム，組織づくりの**イノベーション**（技術革新）を起こし，新しいマーケットを開発したり，経済効率を高める必要がある。

　大学のどの学部を出ようと，経済界が求める能力は，「大量の暗記をして正確な知識をすばやく回答する能力」以上に，「いくつかの知識を組み合わせて，新しい価値や仕組み，製品を創造する能力」へと変化している。

　世界各国でこの能力とスキルを教育行政に反映させるためのモデルがつくられた。世界最大の経済シンクタンクである **OECD**（Organization for Economic Cooperation and Development：**経済協力開発機構**）による**キーコンピテンシー**やアメリカの IT 企業が主導して作成した **21 世紀型スキル**などは，こうした能力やスキルを各国の教育政策に反映させるためのモデルである。

　では，大学教育の中でこうした能力を身につけるにはどのような方法があるだろうか。今までのように，大教室での板書中心の講義や，古典を熟読し，解釈を得るような講義では能動性と協働性に欠け，十分ではない。現代社会が求めるスキル教育に対しても不十分である。実際，そうした大学教育（学士教育）は国民・産業界・学生から厳しい評価が下されている（中央教育審議会 2012）。

そこで，こうした能力とスキルを得る方法として，また厳しい評価が下される大学の講義に能動性と協働性を与える学習法の総称として，AL が提唱された。

〈アクティブ・ラーニングの定義〉

教員による一方向的な講義形式の教育とは異なり，学修者の能動的な学修への参加を取り入れた教授・学習法の総称。学修者が能動的に学修することによって，認知的，倫理的，社会的能力，教養，知識，経験を含めた汎用的能力の育成を図る。発見学習，問題解決学習，体験学習，調査，学習等が含まれるが，教室内でのグループ・ディスカッション，ディベート，グループ・ワーク等も有効なアクティブ・ラーニングの方法である（文部科学省　用語集より引用）。

　以上のような理由で，AL は大学教育から始められた。現在は小・中学校の AL 型授業が注目されているが，それはあくまでも AL の一側面である。

（2）アクティブ・ラーニングの初等中等教育への拡大

　大学教育の中で AL が求められたとしても，高等学校まで AL をやっていない子どもたちが突然 AL に取り組むのは困難である。グローバル化，少子高齢化，高度情報化に備えなければならないのは次世代の子ども全員であり，大学生だけではない。

　また，**学びからの逃走**（佐藤 2000）といわれるように，小学校から中学校への期間に勉強嫌いが増加していることも問題視されている。特に小学校高学年から中学校 2 年生にかけての「勉強嫌い」の増加率は注目に値する。中学校 2 年生になると約 6 割の子どもが勉強嫌いとなっている。東京大学社会科学研究所・ベネッセ教育総合研究所（2016）の「勉強嫌いの増加」に関する調査結果を図 11-1 に示す。

　こうした勉強嫌いの原因として，従来の暗記中心の勉強や一方向的な板書

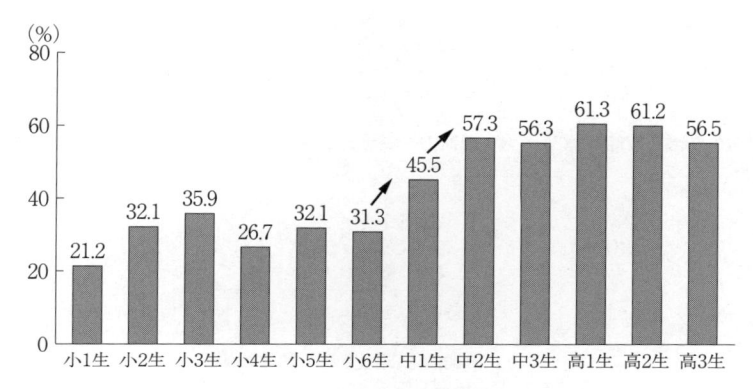

図 11-1　小・中学生の勉強嫌いの増加

注 1 :「まったく好きではない」＋「あまり好きではない」の合計。
　　2 : 小 1 〜 3 生は保護者の回答。保護者には，「お子様は『勉強』がどれくら
　　　　い好きですか」とたずねている。
　　3 : 小 4 生〜高 3 生は子どもの回答。子どもには，「あなたは『勉強』がど
　　　　れくらい好きですか」とたずねている。
出典 : 東京大学社会科学研究所・ベネッセ教育総合研究所 2016 より転用。

形式の授業スタイルが指摘されていた（佐藤 2000）。東京大学社会科学研究所・ベネッセ教育総合研究所（2016）の結果をみても，勉強嫌いと勉強好きの子どもの主な相違は，**内発的動機づけ**の高さと「何が分かっていないか確認する**モニタリング方略**の差」にある。そこで児童生徒の内発的動機づけ（主体的な関心の高さ）とモニタリング方略を高めるような授業形式が求められるようになった。その授業形式として小・中学校からも AL に注目が集まった。

　こうして，大学に遅れること 2 年，2014 年に文部科学大臣が中央教育審議会に「初等中等教育における教育課程の基準等のあり方について」を諮問し，AL の検討を訴えた。ここから小・中学校に AL の導入が始まる。

　中央教育審議会の答申は 2020 年度の新学習指導要領に反映される（2018 年から移行期間となる）。2020 年の新学習指導要領では「育成すべき資質・態度」を**個別の知識・技能，思考力・判断力・表現力等，学びに向かう力，人間性等**の「3 つの柱」に整理している。これを実現するために AL（現在は「主体的・対話的な深い学び」）という手法が期待され，小・中・高等学校で AL 型授業の取り組みが開始されている（図 11-2）。

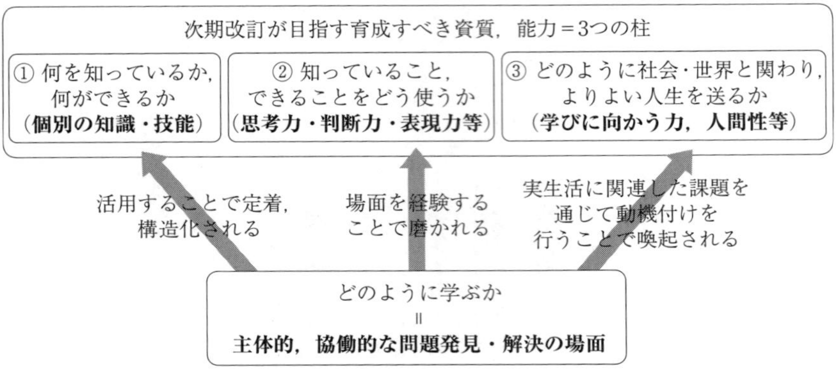

次期改訂が目指す育成すべき資質，能力＝3つの柱

① 何を知っているか，何ができるか
（個別の知識・技能）

② 知っていること，できることをどう使うか
（思考力・判断力・表現力等）

③ どのように社会・世界と関わり，よりよい人生を送るか
（学びに向かう力，人間性等）

活用することで定着，構造化される

場面を経験することで磨かれる

実生活に関連した課題を通じて動機付けを行うことで喚起される

どのように学ぶか
＝
主体的，協働的な問題発見・解決の場面

図 11-2　アクティブ・ラーニングと 3 つの柱の関係
出典：内田洋行教育総合研究所　2019 より転用。

　AL は高等学校の授業にも拡大をみせた。2014 年，「新しい時代にふさわしい**高大接続**の実現に向けた高等学校教育，大学教育，**大学入学者選抜**の一体的改革について」（太字は筆者）という中央教育審議会の答申の中でも，**高等学校における AL** が言及された。答申資料では「高等学校教育については，（中略）課題の発見と解決に向けた主体的・協働的な学習・指導方法であるアクティブ・ラーニングへの飛躍的充実を図る」と記されている。こうして AL は高等学校にまで拡大された。

　この答申は「高大接続」を含んでいる点が重要である。高大接続や大学入学者選抜の改革とは「大学入試の改革」を意味する。換言すると，この答申は大学入試に AL が関係してくることを示している。大学入試に AL が影響を与えるならば，大学進学率を意識する私立の高等学校も AL を無視できなくなる。

　こうして，公立・私立を問わず小・中・高・大学のすべてにわたり，AL の視点が重視されるようになった。さらに，中央教育審議会 (2012) は **AL を通じた生涯学習システム**を提唱している。

（3）アクティブ・ラーニング型授業の大枠

　具体的に AL の視点を重視した授業（以下 AL 型授業）をどうやって進める

のだろうか。文部科学省の定義では「発見学習，問題解決学習，体験学習，調査，学習等が含まれるが，教室内でのグループ・ディスカッション，ディベート，グループ・ワーク等」と書かれているものの，決まったやり方があるわけではない。

　多数の事例からおおよその枠組みを整理すれば，まず，主体的な学習への参加を求める工夫が行われている。この点は，何らかの課題についてグループでアイデアを出し合い，互いに意見を尊重し合い，創造的な問題解決を行うことを基本的な枠組みとしている。たとえば大学であれば，ICT の活用スキルを学び，語学力を磨き，少人数のゼミで問題解決型の能力を養い，パワーポイントでプレゼンテーションの資料をつくり，クラスの中で発表を行い，評価を得る。最もありふれたケースでは，何らかの問題ケースをみせ，最初に一人で考え，次にペアまたは小集団で意見を集約し，さらにクラス全体で意見を共有化し，その問題に関する理解を深めるなどである。

　こうした授業の結果，基本的な知識とその活用だけでなく，多くの場合，「対話のスキル」や「出てきた意見をまとめ，優先順位をつけるスキル」「メタ認知として文脈を読む能力」や「発想力」や「モニタリング方略」などを身につけることが授業のねらいとされている。

　AL 型授業の問いは唯一の正解があるような問いではない。したがって，小・中学校においても，児童生徒が意見を出しやすい雰囲気をつくることや，児童生徒から出てきた意見を読み取り，上手にまとめて授業を進めていくことが教員に求められる。

（4）アクティブ・ラーニングから「主体的・対話的な深い学び」へ

　AL の重要性は，それまでの学習指導要領が「何を教えるか」を記述していたのに対し，答申は AL を通じて「いかに教えるか」または「いかに児童生徒は学んでいるか」という視点を学習指導要領に含めた点にある。すると，AL 型授業の最大のポイントは「どのように教師が教えるか」から「どのように児童生徒が学んでいるかという視点の転換をもった学びかどうか」である。「授業のねらいに合わせて，話し合わせて，発表をさせる。その結果，○

○という能力やスキルが身につく（だろう）」という形式が大切なのではない。

　しかし，現場では授業の進め方が重視され，本来の AL が求めた「視点」が意識されづらくなる問題点が出てきた。実際，小・中・高等学校の学校現場からは，「教員が創意工夫する授業の方法に，一定の型をあてはめるのではないか」という批判の声が挙がっていた（小針 2018）。

　そこで 2015 年，文部科学省は「AL はあくまでも授業の視点である」という立場を明確にした。文部科学省（2016b）は，法令と同じ効果をもつ学習指導要領の中で定義が多義的な「アクティブ・ラーニング」を使用することを避けたと述べ，2016 年にはその視点を**主体的，対話的，深い学び**という 3 点にまとめた（文部科学省 2016b）。現場の混乱を生みつつも AL 型授業は「主体的・対話的な深い学び」として，その可能性が議論されている。

　AL 型授業は ICT 教育との相性がとてもよく，ICT を活用した AL 型授業が広がり始めた。その理由は，①大学の教員養成課程において「教育現場における ICT 活用スキル」の学習が求められていること（教員養成課程をもつ大学では，「教育における ICT の活用スキル」を授業で教える必要がある），② AL 導入の背景になったグローバル化に ICT 活用技術は欠かせないこと，③「主体的・対話的な深い学び」とは広義の情報の活用を含んでおり，ICT はその中心的

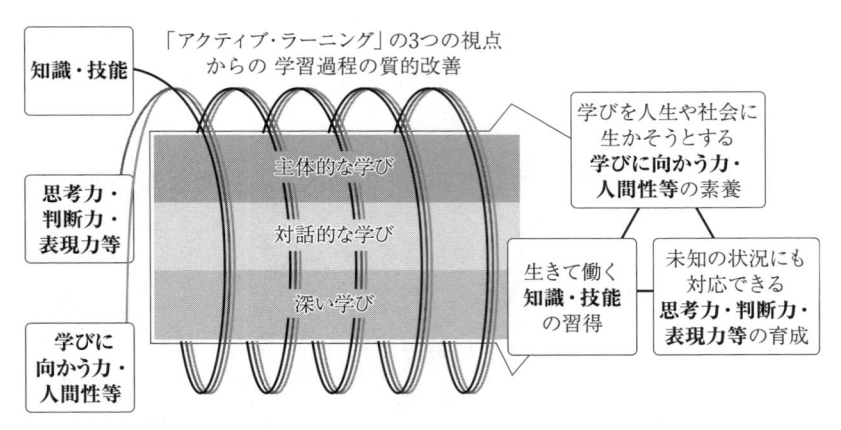

図 11-3　資質・能力の育成と主体的・対話的な深い学びの関係（イメージ）
出典：中央教育審議会 2016b より転用。

役割を果たすことなどである。

　こうした背景に基づいて，文部科学省（2016b）は「情報に関わる資質・能力について」において「アクティブ・ラーニングの視点に立った学習プロセスの ICT の効果的活用」を提案し，「深く，対話的で豊かな学習を実現」するものとして「ICT の効果的活用」を訴え，さらに ICT の効果的活用は「情報活用能力の育成にもつながる」と述べている。こうして AL 型授業と ICT 活用は互いに影響を与え合うようになった（図 11-3）。

2　大学の学修におけるアクティブ・ラーニングの導入と課題

　本節では表 11-1 のうち，大学の**学修**に AL が導入された経緯について確認する。最初に基本的な事柄として「学修」という表現を説明する。通常，大学は単位制で科目を履修させている。多くの大学の講義は一回 90 分の講義が 15 回という構成だろう。実は，90 分の講義だけでは単位取得に十分ではなく，自分で予習と復習をする時間（課外学習をする時間）を加え，そのうえで学習目標を達成して，単位は認定される。つまり，一コマの単位には 90 分の講義にプラスして予習と復習の時間が前提なのである。「授業と課外学習」を前提とした学びを「学修」と呼ぶ。したがって単位制を採用している大学の学びは学修と表現されることが望ましい。

　前節ではグローバル化が世界の産業構造を変化させ，日本の少子高齢化も

表 11-1　AL と主体的・対話的な深い学びの展開

グローバル化，高度情報化，知識基盤型社会の到来を受け，能動的な学習態度と協働的で創造的な能力とスキルが求められるようになった。
- → 2012 年　大学でこれらを身につける理念と方法論として AL が注目
  （学士力，課題探求能力など）。
- → 2014 年　小・中・高でもこれらを身につけさせる AL が注目
  （新学習指導要領における「生きる力」「3 つの柱」）。
- →実践の中で AL の方法が硬直化。
- → AL から「主体的・対話的な深い学び」へ（2016 年）。
- →主体的・対話的な深い学びの中でも ICT 教育を活用（2016 年前後）。
- → AL の限界や問題点の指摘が始まる（2018 年前後）
- → ICT の負の部分も注目される（2016 年前後）。

加わり，さらに経済界からの要望もあり，大学教育からALが導入される経緯をみてきた。しかしより詳細に検討すると，単純なグローバル化や少子高齢化ではなく，大前提として「日本が経済不況に陥っており，その対策として新卒者のあり方を変えたい経済界のニーズ」という側面がある。つまりALは日本の経済の不況と関連がある。

1990年代初頭のバブル経済崩壊以降，日本経済は低迷し，新卒者の正規雇用（正社員）が大幅に減少した。大学を卒業して，正社員となって，研修を積み，一人前の社会人になっていくルートから外れる青年層が増加した（山田2004）。この時代は非正規社員やニートの問題がクローズアップされている（本田ら 2006：社浦ら 2007：斎藤ら 2007）。企業は社員を育てる余裕がなくなり，即戦力の人材を求めるようになった。

そこで2006年に経済産業省は**社会人基礎力**を提唱した。それは「前に踏み出す力（主体性など）」「考え抜く力（創造力など）」「チームで働く力（発信力と傾聴力など協力する力）」から成立していた。この3点はALによる「主体性」「創造性」「協働性」と類似している。社会人基礎力では学外のインターンシップや学内のALが提案もされている。

こうした背景をもちつつ，2008年の中央教育審議会大学分科会制度・教育部会の「学士課程教育の構築に向けて（審議のまとめ）」の中で一度だけ「アクティブ・ラーニング」という用語が使用され，従来のような一方向の学習スタイルを批判し，双方向の学習スタイルの提案がなされた。ただし2008年の本答申では「アクティブ・ラーニング」の用語は削除されており，ALは教育行政から姿を消していた。

ALが復活するのは2012年8月に提出された中央教育審議会答申「新たな未来を築くための大学教育の質的転換に向けて―生涯学び続け，主体的に考える力を育成する大学へ」（以下，質的転換答申）と，それに続いて策定された「大学教育再生加速プログラム」である。質的転換答申におけるALの定義を以下に示す。

<〈中央教育審議会答申におけるアクティブ・ラーニングの定義〉>

〈中央教育審議会答申におけるアクティブ・ラーニングの定義〉

教員と学生が意思疎通を図りつつ，一緒になって切磋琢磨し，相互に刺激を与えながら知的に成長する場を創り，学生が主体的に問題を発見し解を見いだしていく能動的学修。

　西川 (2015) によると，そもそも「アクティブ・ラーニング」という言葉は2012年の答申を機会に初めて生まれた言葉である。AL は 1990 年代のアメリカの大学教育改革にその起源がある (Bonwell & Eison 1991)。しかしその ALと日本で 2012 年より指摘されてきた AL には相違点も大きい。つまり，2012年以降，日本で最も注目された AL は，2012 年から文部科学省主導で取り入れられた概念といえる。

　2012 年の質的転換答申と審議のまとめを要約すると，次の通りになるだろう。従来の学士課程教育は，国民・産業界・学生から厳しい評価が下されており，またこれからの時代に対応するには有効ではない。大学における学修の多くが学生に受動的学修（パッシブ・ラーニング）を強いており，それゆえ積極的かつ能動的な学生・人材を輩出できない。それゆえ大学は教育の質的な変化を図ることで，知識基盤型社会と呼ばれる予測困難な時代に対応した課題解決型の能動的学修（AL）を行う必要がある。こうして大学教育の中でAL は導入されるようになった。

　AL 型授業の大規模な検証はこれからだが，現在までの研究では AL 型授業はこれまでの大学の授業と比較して学生の満足度が高いことが示唆されている（木枝 2017：三重大学高等教育研究所 2017：米田・太田 2018 など）。これは大学に AL を取り入れた長所である。

　他方，大学教育における AL の問題点は批判的思考力の不足である。現在，AL は世界的に行われているが，批判的な思考力（クリティカル・シンキング）を含んでいる AL と，含んでいない AL がある。天野（2013）や小針（2018）によると，たとえば中国やシンガポールにおける AL には批判的思考力の育成はあまりみられない。そして，日本の AL も同様に，批判的思考力の育成

が乏しい。イノベーションの創造は批判的思考力と関係することから，今後，大学における AL に批判的思考力をどう組み入れるかが検討課題となるだろう。

小針（2018）が指摘するように，そもそも学校教育の歴史は**系統学習**と**経験学習**の間を揺れ動いてきた。系統学習とは系統立てて編成された学習内容を順番に学習していく方法である。一方，経験学習とは体験を通じて内発動機を重視しつつ，学習する方法である。系統学習は基礎学力に必須だが，行き過ぎれば機械的な暗記になり，内容がわからないまま先に進んでしまうことがある。経験学習は内発的動機を満たしやすいが，時間がかかり，知識に偏りが生じやすい。両者の関係は相補的であり，絶対的な対立構造ではない。

AL の議論も，実はこの系統学習と経験学習の流れの中にある古くて新しい議論である。「AL 時代だ，さぁどうする」と声高に叫ぶ論者も一部にいるが，不安に駆られる必要はない。これまでの教育論を踏まえて，時代のニーズにあった現実的な能力とスキルを考え，AL 型授業に必要なファシリテーション能力を高めることや，学生の学びの質（批判的思考力やメタ認知の育成など）を高める努力が教員に求められている。

3　初等中等教育における「主体的・対話的な深い学び」と ICT 教育

（1）コンピテンシーモデルと PISA ショック

本節では，① AL が小・中・高等学校にその範囲を拡大したこと，②その一方で AL の方法論が一部硬直化し，「主体的・対話的な深い学び」へと変化したこと，さらに，③実践の中で ICT 活用が用いられるケースが多くなり，ICT 教育との相互交流が見受けられることの3点を解説する。

小・中・高等学校へと AL がその範囲を拡大したのは，大学と同様に「グローバル化」「高度情報化」「知識基盤型社会の到来」があり，さらに小・中学生の勉強嫌いの増加が原因となっていた。しかし，より詳細にみると，学

校教育にコンピテンシーモデルの導入と PISA ショックの論点もその理由に挙げられる。

コンピテンシーモデルとは「知識を活用して何ができるようになったのか」を教育の目標にするモデルである。コンピテンシーモデルは初等中等教育だけでなく，高等教育（大学教育）にも取り入れられている。近年の大学のシラバスの学習目標が「～ができるようになる」という形式に改められたのはコンピテンシーモデルの影響である。

コンピテンシーモデルは**活用型学力重視モデル**ともいわれる。これまでの学校教育はコンテンツベースド（内容による編成）であり，「何年生のいつまでに何を教わったか」を基本に構成されていた。しかし，国際的な教育モデルのほとんどがコンピテンシーモデルに移行しており，日本の教育モデルもコンピテンシーモデルへと変化する必要に迫られた。特に世界の教育モデルの中心にある「思考力・判断力・表現力」に関するコンピテンシーの向上には AL が有効なのではないかという認識があった。

初等中等教育に Al を導入したもう一つの理由は，PISA ショックである。**PISA**（Programme for International Student Assessment）とは，OECD 加盟国を中心に，15 歳（日本では高校 1 年生）を対象とした国際学習到達度調査であり，測定する分野は「読解力」「数学リテラシー」「科学リテラシー」である（2003 年は「問題解決」も調査されている）。PISA は特定の学校カリキュラムの習得状況を測定する **TIMSS** などとは異なり，知識や技能を実生活のさまざまな場面で直面する課題にどの程度活用できるかを評価している。

〈PISA 型学力〉
知識の量ではなく，実生活で知識を活用する能力（活用型学力）。

2000 年以降，PISA は 3 年ごとに実施され，世界各国の国際順位が発表される。2003 年と 2006 年の結果で，日本は全体的に成績を落とした。特に読解力の順位の下落が目立った（表 11-2）。これを **PISA ショック**と呼ぶ。

表 11-2 PISA における日本の順位の比較

	2000 年	2003 年	2006 年	2009 年	2012 年	2015 年
(1) 科学的リテラシー						
全参加国中の順位	2 位	2 位	6 位	5 位	4 位	2 位
OECD 加盟国中の順位	2 位	2 位	3 位	2 位	1 位	1 位
(2) 読解力						
全参加国中の順位	8 位	14 位	15 位	8 位	4 位	8 位
OECD 加盟国中の順位	8 位	12 位	12 位	5 位	1 位	6 位
(3) 数学的リテラシー						
全参加国中の順位	1 位	6 位	10 位	9 位	7 位	5 位
OECD 加盟国中の順位	1 位	4 位	6 位	4 位	2 位	1 位

　初等中等教育における PISA ショックに対応する学習方法として AL が注目された。ただし，AL が PISA 型学力の向上に役立つ学習方法なのかという点は疑問も指摘されており（小針 2018 など），今後の検証が必要である。

（2）アクティブ・ラーニングの硬直化と 「主体的・対話的な深い学び」

　初等中等教育に取り入れられ始めた AL は多くの成功事例が報告されている（高木・中山 2018：邑上 2018：茂野 2018：徳橋・水落 2018 など）。その成果については一定の評価がなされてよい。その一方で AL の短所ないしは限界も指摘されてきた。

　第一は，AL 型授業では主体性や能動性が大前提となっている。主体性や能動性の高さは内発的動機づけが高いことを意味するが，すべての子どもの内発的動機づけを高めることはできない点である。これは AL に限らず，いかなる教育方法であっても困難なことだろう。

　内発的動機づけは本人のパーソナリティに加えて，環境要因が大きな影響を与えている。たとえば自己決定理論（第 7 章第 2 節第 1 項 1）参照）によれば，内発的動機づけは自律性欲求，有能性欲求，関係性欲求の 3 要因が満たされた場合に高くなる。しかし，すべての子どもがその 3 要因を満たしているとは考えにくい。

　すると，内的動機づけの低い子どもはどうしても一定の割合で存在する。実際にはワークショップ形式の活動は，その活動に参加しない自由の保障が前提となっている（中野 2001）。実は授業で行う AL はこの自由を（授業なので）認める構造になっていない。すると，この子どもたちにとって AL 型授業は（能動性よりも）強制的に話し合わされる側面が強くなり，むしろ苦痛になるのではないかという指摘もある（小針 2018 など）。

　第二は，たとえ研修を受けたとしても，AL 型授業を教員全員ができるようになるわけではない点である。ここには 2 つの意味がある。一つ目は，AL 型授業の研修を受けて，型通りに実践することは，AL を画一化してしまうパラドクスが生じてしまう点である。教員にはそれぞれ授業の内容についての独自性が存在する。研修通りの AL 型授業の実践は教員が創意工夫してきた教え方を画一化するおそれがある。教え方に工夫をしている教員ほど，画一的な AL 型授業には疑問を覚えるだろう。

　二つ目はどのように展開するかわからない AL 型の授業は，いつもうまくいくとは限らず，相当な負担を教員に強いる点である。教員の多忙さが社会的な問題になっている現在，新たに AL 型授業の研修を増やすことも問題であり，さらに，研修を増やしたところで，AL の本質的な不確実性のため，教員が習熟するには相当な時間がかかることも懸念される。

　第三に，AL を方法論としてみなすことの限界がある。法的拘束力のある学習指導要領に AL が方法論として規定されてしまうことは，授業の進め方を制限するおそれがあるという法律上の問題が生じる（田上 2016）。その他，小・中の教員からすると AL はすでに行っているとの意見や AL 型授業の評価方法が定まっていない点などが課題である。

　こうした批判を受け，2016 年 12 月，中央教育審議会答申「幼稚園，小学校，中学校，高等学校及び特別支援学校の学習指導要領等の改善及び必要な方策等について」では，授業改善の視点として**主体的・対話的な深い学び**を提示し，「アクティブ・ラーニング」という表現を回避し始めた。AL はあくまでも教える際の「視点」であり，国が法律として何らかの教え方を教員に押しつけているわけではないことを明確にするためである。「主体的・対話

表 11-3　主体的・対話的な深い学びとは何か

主体的な学び	学ぶことに興味や関心をもち，自己のキャリア形成の方向性と関連づけながら，見通しをもって粘り強く取り組み，自己の学習活動を振り返って次につなげる学び。
対話的な学び	子ども同士の協働，教職員や地域の人との対話，先哲の考え方を手がかりに考えること等を通じ，自己の考えを広げ深める学び。
深い学び	習得・活用・探求という学びの過程の中で，各教科等の特質に応じた「見方・考え方」を働かせながら，知識を相互に関連づけてより深く理解したり，情報を精査して考えを形成したり，問題をみいだして解決策を考えたり，思いや考えをもとに創造したりすることに向かう学び。

的な深い学び」とは表 11-3 のように定義される。

　このうち「深い学び」に注目してもらいたい。「深い学び」とは知識を覚えるだけでなく，さまざまな状況で知識を活用できる能力の獲得である。つまり，「深い学び」という視点でコンピテンシーモデルと PISA 型学力が求められている点に注意したい。

4　「主体的・対話的な深い学び」と ICT 教育

（1）公教育の中の情報教育

　2013 年の**日本再興戦略**（2013 年 6 月 14 日閣議決定）以降，「世界最先端 IT 国家創造宣言」「第 2 期教育振興基本計画」がそれぞれ閣議決定され，国の動向として ICT の普及が行われようとしていた。これを受けて，文部科学省は2011 年に「教育の情報化ビジョン」を策定し，2011 年度から 3 年間にわたって実証研究である「学びのイノベーション事業」が実施され，2014 年 3 月にその成果が取りまとめられている。この事業では，1 人 1 台のタブレット端末の配付，教室に電子黒板や無線 LAN などが配備された環境で ICT を活用した教育の効果検証，ICT を利用した指導方法の開発などが行われている。現在，基礎自治体の一部の小・中学校で 1 人 1 台のタブレット端末が実現しているのは，こうした国政の動向と教育行政を背景にしている。

　その一方で，小・中学校の授業では情報機器を活用する授業が増えてきているが，「情報教育」単体の授業はない。小学校においては，いわゆる「総合的な学習の時間」のテーマとして情報教育が扱われることが多く，調べ学習でまとめた内容をプレゼンテーションするという形式で学習が進められるなど，情報活用の実践力を育成することが主眼としている。また，学習指導要領中には情報モラルを身につけるよう記述があり，教科にこだわらず全教科で取り組むよう求めているが，特に条件がないためすべて学校現場に任されているのが現状である。

　中学校においては，主に「技術・家庭」で情報教育が取り扱われている。現行の学習指導要領では技術分野は「材料と加工に関する技術」「エネルギー変換に関する技術」「生物育成に関する技術」「情報に関する技術」の 4 項目で構成されている。

　新学習指導要領になり大きく変更される点は，小学校では，プログラミング教育が必須となることである。プログラミング教育により ICT の人材育成が目的ではなく，「プログラミング的思考」（コンピュータに意図した処理を行わせるために必要な論理的思考力）を育成することを目的としている。

（2）ICT 普及の影

　AL との交流もあり，ICT 教育は急速に進展しているが，子どもの生活に ICT が影を落とす側面もある。基本的には ICT は中立的な情報処理の機械だが，それが子どもの生活の中にある不安定な要因をさらに増幅するケースも存在する。文部科学省は 1996 年の第 15 期中央教育審議会第一次答申で，こうした情報化の影の側面について「一人一人が情報の発信者となる**高度情報通信社会**においては，**プライバシーの保護**や**著作権**に対する正しい認識，『ハッカー』等は許されないといったコンピュータセキュリティーの必要性に対する理解等の**情報モラル**を，各人が身に付けることが必要」と述べている。

　さらに文部科学省 (1996) は，次に示す諸問題を「情報化の影」の部分として指摘し，ICT 機器はあくまでも道具であり，その使用には情報モラルや自分で情報を判断する力が必要であることを述べている。

①　さまざまなマスメディアから流されるあまりにも多くの情報の中で，子どもたちはどの情報を選択するかきわめて難しい環境に置かれていること。

②　情報機器等の技術が進歩すればするほど増加する**間接体験・疑似体験**と**実体験**との混同を招くこと。

③　テレビゲーム等に没頭する例に象徴されるように，あまりにも長時間にわたって情報機器等に向かい合うことが**人間関係の希薄化**や真の**生活体験・自然体験**の不足を招いたり，子どもたちの**心身の健康**にさまざまな影響を与えること。

本項ではこれらの「影」の要因のうち，長時間にわたるゲームの利用（ネット依存）と，ネットいじめについて解説する。

1）ネット依存

一般的に依存（嗜癖）と呼ばれているものは2つに分けられる。アルコールやたばこなど，体内に取り入れることが習慣になり，その利用を抑えられなくなり，健康や生活に支障をきたしているものを「物質依存」と呼ぶ。他方，ギャンブルやショッピングなど，特定の行動や行動プロセスに依存し，その行動を抑制できなくなるものを「行動嗜癖」と呼ぶ。ネット依存は行動嗜癖に属する。

ネット依存の状態は，ゲームやSNSの利用により日常生活に支障をきたしている。インターネットの利用時間を確保するために，睡眠時間を削って体調不良，運動不足による肥満，食事をインスタントラーメンなどで済ませるために栄養不足などの影響があるとされている。神奈川県ら（2014）が，生活習慣とインターネットの利用時間の関係性について調査しており，朝食を食べない・睡眠時間が短いグループにスマートフォン等の長時間利用の傾向がみられたとの報告がある（図11-4）。

DSM-5では，今後研究が進められるべき精神疾患の一つとして「インターネットゲーム障害」を提言している。同様に，WHOの疾病分類であるICD-11では，「ゲーム障害（gaming disorder）」が提言されている。ICD-11は2019年5月のWHO総会で採択され，2022年1月に発効する。(1)ゲームの時間や頻度をコントロールできない，(2)日常生活でゲームを最優先する，(3)こ

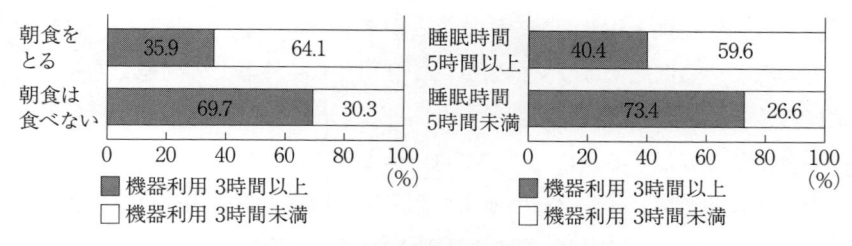

図 11-4　生活習慣と機器利用時間の関係

うした行動が 1 年以上続くなどの条件があてはまると，ゲーム障害と診断される可能性がある。

　日本でもネット依存の検討が行われているが，日本の特徴としては，ゲームへの依存だけではなく，Twitter や LINE など SNS の利用時間が長く，友人等との接触を求める「きずな依存」が大きな影響を及ぼしている（橋元・総務省情報通信政策研究所 2013）。総務省の 2013 年全国調査では，依存傾向の高い人の割合は小学生 2.3 %，中学生 7.6 %，高校生 9.2 %，大学生 6.1 %，社会人 6.2 %であった。

2）ネット依存の予防・対策

　ネット依存の予防・対策はインターネットの利用にルールをつくるのが基本である。以下は，インターネット利用のルールづくりのポイントである。

　①　ゲームやスマートフォン等の機器は，対象者所有の物でなく，保護者の名義で貸し出す形をとる。

　②　保護者と対象者がルールを一緒に決める。

　③　ルールづくりは対象者の主体性を重要視し，ルールを破ったときのルールも決めておく。

　④　機器の利用場所・時間帯（および金額）を決める。

　⑤　ルールは書面で残しておき，双方がいつも確認できるようにする。

　また，自治体独自にネット依存対策を行っている所もある。愛知県刈谷市は早くからネット依存対策に取り組んでおり，市教育委員会や学校，保護者が連携を行い，保護者への啓発活動を行っている。現在の ICT 機器については保護者の理解が進んでいない状況もあり，地域・学校・家庭と連携し，保

護者への情報提供・注意喚起をすることが望ましい。ネット依存は，学校内で行われている問題ではなく，家庭内で利用される機器での問題であり，家庭での取り組みが重要となる。

ネット依存に対する技術面のアプローチとしては，コンピュータやスマートフォンにおいて，インターネットの利用を制限する**フィルタリング機能**がある。フィルタリング機能は特定の Web サイトの閲覧に制限をかけることができ，利用者が有害な情報に触れなくするものである。18 歳未満の子どもが所有するスマートフォンには，契約時にフィルタリング機能の加入が義務となっている。また，保護者がアプリ等の利用のコントロールをする**ペアレンタルコントロール機能**と呼ばれるものもあり，制限をかけることでゲームを長時間行えず，ネット依存を予防する。

フィルタリング機能やペアレンタルコントロール機能などの技術面，家庭でのルールづくりや ICT への理解，学校・教育委員会などの協力など，総合的にネット依存の対策に取り組むことが重要である。

3）ネットいじめ

2013 年度に成立した，いじめ防止対策推進法による**いじめ**とは，「児童等に対して，当該児童等が在籍する学校に在籍している等当該児童等と一定の人的関係にある他の児童等が行う心理的又は物理的な影響を与える行為（インターネットを通じて行われるものを含む）」である。

いじめの態様についても調査されており，「パソコンや携帯電話で，誹謗中傷や嫌なことをされる」いわゆる「ネットいじめ」は，2016 年度で 1 万783 件（いじめ全体の3.3 %）である。これは，ネットいじめの調査が開始された 2007 年度より 3～6 %とほぼ変わらない割合である（図 11-5）。

ネットいじめの割合が低いことは，ネットいじめは周囲に様子がわかりにくく認知されにくいことも原因と考えられる。多くの場合，ネットいじめはいじめの中の一部であり，他のさまざまないじめ行為と関連しながら行われていることを示している。ただし数は少ないとはいえ，海外では自殺者の報道も多く，ネットいじめ独自の対策も必要である。ここではその手段によりネットいじめを「メッセージ型」「掲示板型」「グループ型」に分類して説明

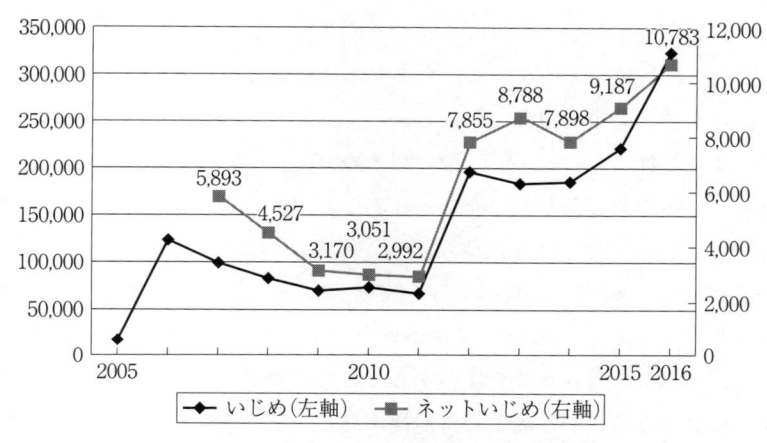

図 11-5　いじめ・ネットいじめの認知件数
注：2005 年は発生件数。

する。

「メッセージ型」は，メールや SNS 等のメッセージ機能を利用し，悪意あ
る言葉を被害者に直接投げかけるものである。「掲示板型」は，インター
ネット上の Web サイトなど不特定多数が閲覧できる場所に，被害者を攻撃
する文言や，被害者の個人情報を書き込むことである。2018 年現在ではあま
りみられなくなったが，学校裏サイトなどがその例である。

「グループ型」は，SNS のグループでのチャット機能などを利用し，複数
人により悪意ある言葉を被害者に直接投げかけるものである。「メッセージ
型」とほぼ同様であるが，複数人で被害者を攻撃することが特徴的であり，
またグループ外からは様子を確認することができないことが多い。「LINE 外
し」と呼ばれるような個人をグループに入れずに，「仲間外れ」をネット上
で行うものもある。

ネットいじめは学年が進むごとに増加する。また，従来型のいじめと比較
すると以下のような特徴がある。

①　匿名性が高く，重篤化する危険性が高い　　「掲示板型」のいじめでは，
加害者は実名をさらさずに一方的にいじめを行うことができる。もちろん，
Web サイトの管理会社に要請をして書き込んだ本人を特定することは可能

だが，実名をさらさないことによりいじめを行う心理的ハードルが下がる。さらに，直接対峙していないこともあり，加害者は被害者の様子をうかがわず歯止めが効かない可能性がある。

　②　**認知されにくい**　　従来型のいじめでは，実際にいじめている様子をみたり，身体的な外傷などがみてとれることがあるが，ネットいじめでは当事者以外が認知することが困難な場合がある。特に，「グループ型」のいじめではグループ外の第三者がいじめを確認することは困難である。いじめの情報を削除すると，いじめの証拠が残りにくい。当事者にはつらいがスクリーンショットを撮り状況を保存することも必要である。

　③　**悪意ある情報が拡散する可能性が高く，その削除が困難なことがある**「掲示板型」のいじめでは，悪意ある情報に不特定多数が触れる可能性がある。それらの情報は真実か真実でないかを確認されないままに，情報がさらに拡散する可能性もある。また，情報が掲載されている Web サイトの管理会社に削除要請をして該当情報を削除することはできるが，一度拡散されてしまった情報をすべて削除することは難しく，いたちごっこになることも多い。

　④　**時間・空間を超えて行われる**　　従来型のいじめでは，「学校のクラスの中」「登校している間」など，時間や空間が限定されていじめが行われるが，ネットいじめではその制限がない。どの時間どの場所においても加害者はいじめを行うことができ，被害者はそれらが行われている情報機器から離れることしか術はない。また，その情報機器から離れることによって，「仲間外れ」といういじめが始まるケースもある。

　⑤　**被害者と加害者の力関係が少ない**　　従来型のいじめでは，力が強い，口がうまい等のある能力をもつものが他者を攻撃することがみられる。しかし，ネットいじめでは，それらの力はあまり必要なく，情報機器の操作能力だけあればよい。そのため，誰でも被害者や加害者になる可能性がある。

4）ネットいじめの予防・対策

　ネットいじめの予防・対策としては，技術的な側面では以下のようなものがある。

　①　**なりすましメール受信拒否**　　電子メールには，他のメールアドレス

になりすましてメールを送信することが比較的容易に行える。他人になりすまして悪意あるメッセージを送信することで，友人間の関係にひびが入ることもある。ほとんどの電子メール機能には，これらのなりすましメールを受信拒否する機能が盛り込まれている。

　②　**フィルタリング**　　フィルタリングはインターネットの Web サイトの閲覧を一部制限する機能である。学校裏サイト等の問題ある Web サイトへの閲覧を制限することで，いじめの温床となる Web サイトへの接触を防ぎ，加害者にも被害者にもさせないようにする。

　③　**レーティング＋ペアレンタルコントロール（保護者管理機能）**　　スマートフォン，タブレット PC のアプリには，レーティングと呼ばれる対象年齢を表示されている。アプリも子どもの発達に応じた利用を行うことが求められ，不必要なトラブルに巻き込まれないよう確認することが望まれる。また，スマートフォン・タブレット PC には，「キッズモード」と呼ばれるような，子どもが利用するアプリを制限できる。

　ただし，これらにより，ネットいじめが完全に防げるわけではない。また，他のトラブルに巻き込まれないためにも，家庭での利用のルールづくりなど保護者の理解が最も重要である。たとえばだが，自宅での携帯電話の利用をリビングに限定すれば，頻繁にメッセージが飛んでくるなど様子をうかがい知ることができ，ネットいじめの早期発見につながる。保護者に対する啓蒙活動も学校現場に求められている。

　ネットいじめが発覚した場合には，速やかに対応することが重要である。保護者と学校側が連携し，法務省の人権相談窓口等も利用して，悪意ある情報の削除など，対応をする必要があるだろう。また，国や自治体においても，2016 年頃より，LINE などの SNS を利用した相談が増え，電話相談やメール相談を超える件数が報告されている。電話などでは直接話しにくいことも SNS では自分のペースで表現することができるため，今後とも SNS による相談が増えるものと思われる。

コラム 10：ユニセフによるネットいじめ防止ポスター

　多くの場合，ネットいじめは単体で行われるのではなく，いじめ被害者がさまざまないじめ行為の一つとしてネットでも被害を被っている形が多いでしょう。しかし，ネットいじめ独自の対策が不要ということにはなりません。カナダのパーソンズさんは，ネットで繰り返し嫌がらせを受けた後に自殺しました。父親が優しかった娘をしのび，ネットに上げた詩は世界中から哀悼の情を呼び，アクセスが殺到しました。

　このように，海外のネットいじめの対策をみると，多くの場合，自殺者が出ていて，その保護者が立ち上がり，自治体や政府を動かし，ネットいじめ対策に深く関係していることがわかります。

　ネットいじめがおそろしいのは，一度流出した情報は半永久的に拡散することでしょう。この特徴はいじめの強度を高めます。「たった一回の撮影で十分（自殺に追い込める）」というコピーとともに話題になったユニセフのチリ支部によるネットいじめ撲滅キャンペーンのポスターがあります。ポスターはこのURL で参照することができます（https://adgang.jp/2015/07/101651.html）。

　ネットいじめが単独で起きる件数は少数ですが，ときに大変重篤な事態を引き起こします。2018 年，新潟県でいじめ被害を訴えるメモを残して自殺した高校 3 年生の男子生徒は SNS で誹謗中傷されるなどのいじめを受けていたことがわかっています。ネットいじめ独特の性質を分析し，独自の対策を立てることも必要なのです。ネットいじめ対策は「数」の問題だけではないのです。

第12章　学校不適応

1　適応・不適応とフラストレーション

（1）適応と不適応

　適応とは「発達の中で遺伝情報と経験をもとに，物理・社会的環境との間において，欲求が満足され，さまざまな心身的機能が円滑になされる関係を築いている過程またはその状態」を指す（根ヶ山 1999）。つまり適応とは「家庭や学校や遊びや習い事の中で，その子どもがやりたいことを，その子らしく，安心して行える状態」といえる。一方，**不適応**とは「環境あるいはその個人の精神内界に対して，適さない行動や反応を示すこと」（小林 1999）とされている。

　適応には，外的適応と内的適応がある。周囲に合わせて，皆と上手に過ごしているのは外的適応である。一方，自分の興味関心に従い過ごしているのは内的適応である。外的適応とは社会の基準に沿った行動をしている状態で，内的適応とは自分の欲求の基準に沿った行動をしている状態である。

　外的適応ばかりを重視すると，自分自身の欲求の犠牲が大きくなり，**過剰適応**の問題が生じる（表12-1）。一方，内的適応ばかりを重視し，外的適応を無視し過ぎると，社会との接点が減少し，非社会性や反社会性の問題が生じるだろう。

　学校適応とは「児童生徒が学校生活を送るうえで，欲求が満たされ，児童・生徒の心身的機能が円滑になされている過程または状態」といえる。また**学校不適応**とは「学校生活または児童生徒の精神的内界に対して，適さない行動や反応が示されている過程または状態」と定義できる。

表12-1 適応と不適応

適応	発達の中で遺伝情報と経験をもとに，物理・社会的環境との間において，欲求が満足され，さまざまな心身的機能が円滑になされる関係を築いている過程またはその状態。
（外的適応）	社会的基準を守り，他人と協調することにより社会から容認されることで心理的な安定を得る。
（内的適応）	主観的に自己を受容し，個人としての心理的な内界の安定を得ることによって環境に適合しようとする。
不適応	環境あるいはその個人の精神内界に対して，適さない行動や反応を示すこと。
（過剰適応）	過剰な外的適応のために，内的適応が満たされていない状態またはその過程。

表12-2 学校適応と学校不適応

学校適応	児童生徒が学校生活を送るうえで，欲求が満たされ，児童生徒の心身的機能が円滑になされている過程または状態。
学校不適応	学校生活または児童生徒の精神的内界に対して，適合しない行動や反応が示されていること。

「学校でやりたいことを安心して行うことができて，ある程度の満足感を得ている」ならば，それは学校適応であり，「学校でやりたいこともあまりできず，緊張したり不安になったりする時間が長く，不本意な行動が増えて，満足感も低い」ならば学校不適応といえる（表12-2）。

（2）フラストレーション理論

フラストレーションとは「欲求が何らかの要因により妨害され，満足されない状態。または，その状態から生じる不快な緊張や不安，怒りなどの反応」である。一般にフラストレーションは，①**フラストレーション状況**，②**フラストレーション状態**，③**フラストレーション行動**（反応）の順番で進行する。

フラストレーション状態を**適応行動**，**準適応行動**，**不適応行動**の3パターンで理解すると，フラストレーション反応の全体像を把握するのに便利である（新井 1997）。

フラストレーション状態のとき，現実的かつ合理的な行動でそれを解消し

ようとするのが「適応行動」である。「ほしいおもちゃが高額で，すぐに買えないので，お小遣いを貯めて買う」とか，「誕生日プレゼントまで待ち，親に頼んで買ってもらう」などは適応行動といえる。上手に適応行動をとれば，フラストレーション状態は解消する。

　しかし，お小遣いを貯めてもなかなか買えないほどおもちゃが高額だったり，親がプレゼントを拒否した場合，子どもにフラストレーション状態が生じる。子どもはフラストレーション状況が継続しているにもかかわらず，フラストレーション状態を弱めなくてはならない。そのため，適応機制と呼ばれるメカニズムが働く（表 12-3 参照）。**適応機制**とはフロイトによる精神分析理論から生まれたもので，「不快な感情を伴う体験を回避し，自分を守り，心理的な安定を得るために用いられる心理的作用」であり，意識されないものが多い。

表 12-3　主な適応機制

抑圧	社会的に認められない欲求を無意識下に押し込め，忘却する。	退行	過去の発達段階に戻ること。
抑制	損得勘定を考えて，意識的に欲求の表出や充足を我慢すること。	逃避	現状の苦しさを別のものにエネルギーを使って回避すること。
昇華	社会的に認められない欲求を，社会的に認められる形に代えて欲求を満たし，緊張を解消する。	同一化	自分以外のものと自分とが融合した一体感をもとうとすること。
合理化	失敗や望ましくない行為，うらやましい存在に対する否定を正当化し，失敗や罪悪感，嫉妬心などを回避する。「甘いレモン型」と「酸っぱいブドウ型」がある。	取り入れ	自分以外のものを取り入れて，心の安定を図ること。
打ち消し	罪悪感や不安を覚える行為や認知をとった場合，それを打ち消すような行動を過剰に行う。	投影	相手に向かう感情が，相手が自分に向けていると考えること。
置き換え	本来のものとは違うもので欲求を充足させること。	反動形成	本心とは相反する行動をしたり，いったりすること。
知性化	自分とって不快な感情を一般論や抽象論にして，距離をとって表現すること。	補償	望ましい特性を強調することで弱点や欠点を補うこと。

出典：國分 1980 pp.54–55 を一部改変して表を作成。

表からわかるように，適応機制による行動はフラストレーション反応を一時的に緩和するものの，根本的な解決にはなっていない。そのため適応機制に基づく行動は**準適応行動**と呼ばれる。

（3）コンフリクト

　レヴィンはフラストレーションが生じる条件を検討し，**コンフリクト (葛藤)** の概念を提唱した。コンフリクトとは「ほぼ等しい強さの欲求や目標が2つ以上同時に存在して，どちらを選べばよいのか選択に迷う状態」である。また，**接近**とはポジティブな対象 (正の誘意性)，**回避**はネガティブな対象 (負の誘意性) を意味する。人はポジティブな印象をもつ対象には近づきたくなり，ネガティブな印象をもつ対象は避ける傾向がある。これに基づき，レヴィンは，主に3つのコンフリクトのタイプを提唱している。

　接近−接近タイプは2つ以上のポジティブな対象によるコンフリクトである。つまり，ほしいものが2つ以上あり，選択を迫られている状況といえる。限られた予算の中で欲しいものが2つあるのに一つしか買えない状況は接近−接近タイプのコンフリクトである。

　接近−回避タイプは，接近したい目標はあるがリスクも高い状況を意味する。好意をもつ人に近づきたいが，近づくという行動は遠ざけられる可能性 (振

接近−接近タイプ	魅力ある対象が同時に存在する ⊕ ← ☺ → ⊕ 「牛丼にするか，ピザにするか」
接近−回避タイプ	一つの対象が接近と回避を引き起こす ⊕⊖ ←→ ☺ 「フグは食いたし，命は惜しい」
回避−回避タイプ	近づきたくない対象が同時に存在する ⊖ ← ☺ → ⊖ 「勉強はしたくない，落第点をとるのも嫌だ」

図 12-1　コンフリクト（葛藤）の3基本型

られる可能性）も含んでおり，判断に迷うような状況が接近–回避タイプのコンフリクトである。

　回避–回避タイプのコンフリクトは回避したいことが 2 つ以上あり，その中のいずれかをやらなければならない状況を意味する。歯医者に行くのは怖いが，虫歯を放置してさらに痛くなるのも怖いというような状況は回避–回避タイプのコンフリクトである（図 12-1）。

　コンフリクトが生じれば，確かにフラストレーション状態にはなるだろう。コンフリクトは日常生活の中で生じるフラストレーション状況の原因を上手に説明している。

2　ストレスとコーピング

（1）ストレス

　セリエはさまざまな疾患に共通する症状を**汎適応症候群**（general adaptation syndrome）と呼んだ。さらにセリエは汎適応症候群を「有害物質に対する生体の防御反応」と考えた。そして，この症候群がみられる状態を（「歪み」を表わす工学用語を参考にして）**ストレス**（stress）と名づけた。ストレスとは「生理的または心理的な負荷がかかり，生体に防御反応が生じるほど心身が緊張した状態」といえる。心身に負荷を与える有害な刺激は「ストレッサー（stresser）」と呼ばれる。私たちが日常用語で使用する「ストレス」は，学術的には「ストレッサー」と表現するのが正しい。

　ストレッサーに対する反応は，警告反応期，抵抗期，疲はい期（疲弊期）に区別される。また，**警告反応期**は**ショック相**と**抗ショック相**から成り立つ。

　不快なストレッサーを受けたとき，人は警告反応期に入り，一時的に発汗したり，血圧が上がる，あるいは血の気が引き，体温が下がり，めまいが生じるなどのショック反応が表れる（ショック相）。このショックは生体が有害な刺激を受けたことを警告する意味がある。しばらくすると，ショックから立ち直り，血圧や体温などは平常に戻り始める（抗ショック相）。ショックか

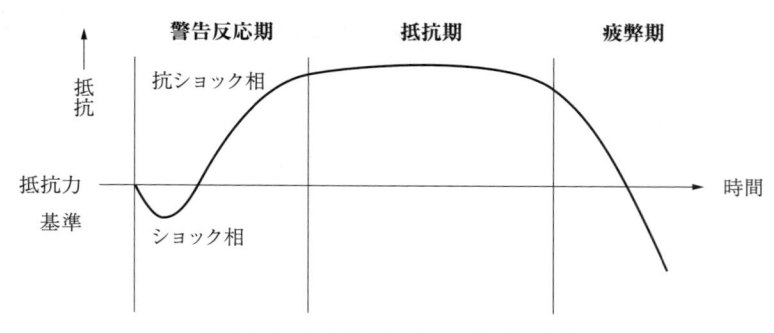

図 12-2　ストレス反応の 3 相期の変化
出典：セリエ　1988。

ら立ち直り，生体の抵抗力が持続している期間は**抵抗期**と呼ばれる。この期間内に何らかの形でストレッサーが解消されればよいが，ストレッサーが持続すると，やがて抵抗力は突破され，**疲はい期（疲弊期）**が訪れる。疲はい期には免疫力や体重減少などがみられ，ときには死に至ることもある（図 12-2）。

（2）人間のストレス理論—心理的ストレッサーと認知的ストレスモデル

ストレッサーは，騒音や暑さ，寒さ，湿度のような**物理的ストレッサー**と，睡眠不足や過労，栄養不足のように，生理的な心身の歪みを生む**生理的ストレッサー**，そして，人間関係のトラブルや怒りや緊張など，認知的機能により評価された**心理的ストレッサー**に分けられる。また震災や戦争体験，性的被害，家族や親友の自殺など，その人の生命や存在に強い影響を及ぼすストレッサーを**外傷性ストレッサー**と呼ぶ。外傷性ストレッサーは PTSD につながる可能性もあり，その対応は専門家との連携が必要になる。

生物学的ストレスモデルはストレス反応の共通性を上手に説明しているが，パーソナリティやソーシャルサポートなどが影響する「心理的ストレッサー」を組み込んでいない点に問題がある。そこで社会学者の**ホームズ**と内科医の**ラーエ**（1967）は「人々に共通する心理的ストレッサーはどのようなものか」を検討し，**社会的再適応評価尺度**を作成した。この尺度の特徴は，ストレスフルなライフイベントを抽出しただけではなく，ストレッサーの強

度を点数化し，心理的な要因による健康被害を予測できる点である（表12-4）。

　Holmes & Rahe（1967）によると，1年間に体験した生活上の変化の評価点の合計点から，翌年深刻な健康障害の起きる確率は159〜199点なら37％，200〜299点なら51％，300点以上なら79％に及ぶことを報告している。たとえば，1年以内に，転居（20点）し，転職などにより労働時間が変わり（20点），上司とのトラブル（23点）が発生して，夫婦喧嘩（35点）が絶えなかったとしよう。その結果，退職（45点），離婚（73点）となった場合，合計は216点となり，200〜299点の範囲に入る。したがって，その翌年は51％以上の

表12-4　社会的再適応評価尺度

順位	出来事	ストレス値	順位	出来事	ストレス値
1	配偶者の死	100	23	子どもの独立	29
2	離婚	73	24	親戚とのトラブル	29
3	夫婦別居	65	25	自分の輝かしい成功	28
4	留置所などへの勾留	63	26	妻の転職や離職	26
5	家族の死	63	27	入学・卒業・退学	26
6	けがや病気	53	28	生活の変化	25
7	結婚	50	29	習慣の変化	24
8	失業	47	30	上司とのトラブル	23
9	夫婦の和解	45	31	労働時間や労働条件の変化	20
10	退職	45	32	転居	20
11	家族の病気	44	33	転校	20
12	妊娠	40	34	趣味やレジャーの変化	19
13	性の悩み	39	35	宗教活動の変化	19
14	新しい家族が増える	39	36	社会活動の変化	18
15	転職	39	37	1万ドル以下の借金	17
16	経済状態の変化	38	38	睡眠習慣の変化	16
17	親友の死	37	39	家族だんらんの変化	15
18	職場の配置転換	36	40	食習慣の変化	15
19	夫婦喧嘩	35	41	長期休暇	13
20	1万ドル以上の借金	31	42	クリスマス	12
21	担保・貸付金の損失	30	43	軽度な法律違反	11
22	職場での責任の変化	29			

確率で深刻な健康被害を発症する可能性がある。

　ラザルスとフォルクマン（1991）は，滅多にないようなライフイベントという「ストレッサーの内容」ではなく，「日常的なストレッサーをどう解釈するか」という認知プロセスの機能に注目した。ラザルスとフォルクマン（1991）によると，不快な出来事が起きた際，人は認知プロセスの中で2つの評価を行っている。

　第一は，「その不快な出来事はどれくらい自分を傷つけるか（**自己脅威性**）」である。このプロセスは**第一次評定**と呼ばれる。第二は，「その不快な出来事に対処できるか（**対処可能性**）」である。このプロセスは**第二次評定**と呼ばれる。

　「自分を大きく傷つけることが起き，それに対して自分ではどうすることもできない」事態が起きたとき，生体に大きな歪みが生じ，ストレス反応が現れる。そして，認知的ストレスモデルにおけるストレスとは，上記のような「ストレッサーからストレス反応に至るシステム全体」を指す。

　一方，ストレッサーが生じても，助けてくれる友人が多かったり，信頼できる相談相手が存在すれば，ストレッサーの強度が弱まるだろう。また対処スキルがたくさんある人と，あまりない人ではストレス反応の表れに差があるだろう。つまり，その人がどのくらい友人をもっているか，どのくらい対処スキルがあるかなどの影響を受けるため，「ストレス反応がどの程度表れるか」については個人差が大きい。

　こうした「ストレスを弱める影響力」は**ストレス緩衝効果**といわれる。ストレス緩衝効果をもつ要因としては**ソーシャルサポート**と**コーピング**が代表的である。ソーシャルサポートは支持的な人間関係であり，コーピングはストレッサーへの数々の対処法である。

3　学校不適応への対応と種類

（1）問題行動と対応

　文部科学省は毎年「**児童生徒の問題行動等生徒指導上の諸問題に関する調査**」を行っている。この調査における「児童生徒の問題行動」とは「暴力行為」「いじめ」「出席停止」「長期欠席」「自殺」「高校中途退学」であった。このうち，「長期欠席は問題行動か」については文部科学省でも議論があり，2016 年，文部科学省は「不登校を問題行動としてはならない」という通知を全小・中・高等学校に通達している。そこで 2016 年度より，上記の調査は「**児童生徒の問題行動・不登校等生徒指導上の諸課題に関する調査**」へと名称変更がなされ，不登校を問題行動と区別している。

（2）学校不適応のカテゴリー

1）不 登 校

　問題行動ではないにせよ，既存の学校生活に不適応を起こしているという意味で，ここでは不登校を取り上げる。

　文部省 (1991) によれば，不登校は「何らかの心理的，情緒的，身体的あるいは社会的要因・背景により，登校しないあるいはしたくともできない状況にあるために年間 30 日以上欠席した者のうち，病気や経済的な理由による者を除いたもの」と定義されている。

　小学校では 237 人に 1 人，中学校では 35 人に 1 人の割合で不登校の児童生徒が存在する。また，図 12-3，図 12-4 からもわかるように，不登校は学年が上がるごとに人数が増えていく傾向がある。2016 年度の文部科学省の調査では，小・中合わせて 90 日以上欠席した者が不登校の 57.6 ％を占めており，依然として長期にわたる不登校の児童生徒が多い。

　不登校の分類は小泉 (1973) による分類が基本となり，これに基づき文部省の分類 (1999) が作成されている (表 12-5)。

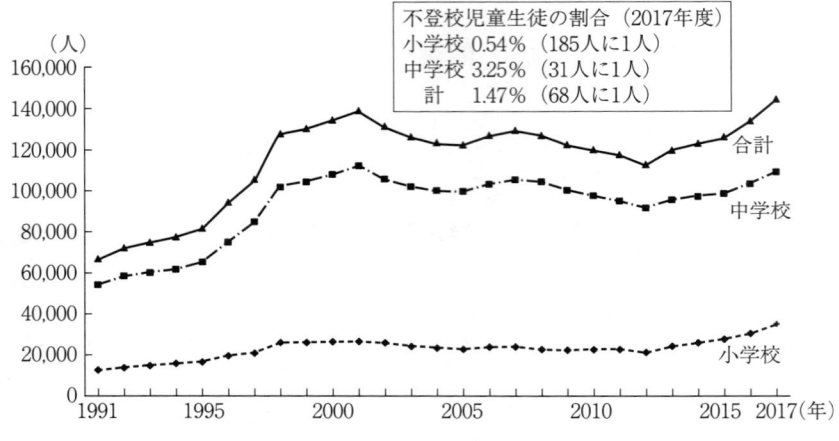

図 12-3　不登校児童生徒数の推移

出典：文部科学省 2018。

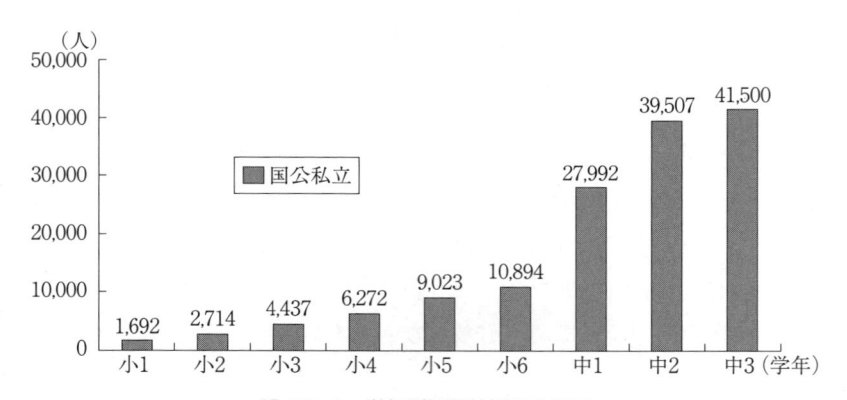

図 12-4　学年別不登校児童生徒数

出典：文部科学省 2018。

　不登校の原因論は，当初，「個人・家庭要因説」に始まり，やがて「社会原因説」が登場して，その後に「どの子にも起こりうるもの」という文部省（1992）の見解を経ている。いずれにしても単一の原因で不登校現象の全体を語ることはできない。「不登校の原因は家庭のしつけがおかしいから」「不登校は本人の意思が弱いから」「不登校の原因はいじめ」などの意見を聞くが，それらは不登校のごく一部である。文部省（1992）は，不登校が「どの子ども

表 12-5　文部省（当時）の不登校の分類

区分	区分の説明
学校生活に起因する型	嫌がらせをする生徒の存在や教師との人間関係等，明らかにそれと理解できる学校生活上の原因から登校せず，その原因を除去することが指導の中心となると考えられる型。
遊び・非行型	遊ぶためや非行グループに入ったりして登校しない型。
無気力型	無気力で何となく登校しない型，登校しないことへの罪悪感が少なく，迎えに行ったり強く催促すると登校するが長続きしない。
不安などの情緒的混乱の型	登校の意思はあるが身体の不調を訴えて登校できない，漠然とした不安を訴えて登校しない等，不安を中心とした情緒的な混乱によって登校しない型。
意図的な拒否の型	学校に行く意義を認めず，自分の好きな方向を進んで登校しない型。
複合型	上記の型が複合していていずれかが主であるかを決めがたい型。
その他	上記のいずれにも該当しない型。

出典：文部省 1999。

にも起こりうる」との認識を示しており，「学校生活の中で子どもが自分自身の存在感を実感できること」，また，「学校が子どもにとって精神的に安心できる場所になること」の重要性を認めている。

　一方，2000 年代に入り，学校文化からの逸脱の一つとしての不登校も注目されている。「主に学校文化の中心となっている価値観と，そこから導かれる行動規範に関与できない度合いが高いことを理由とする不登校」を**脱学校文化型不登校**と呼ぶ（斎藤・吉森 2017：奇ら 2018）。彼らは登校すれば授業に参加するし，友人もそれなりにいる。また積極的に不登校になりたいと思っているわけではない。その一方で学校行事や学校が共通の目標としてきた行動を求める際には強いストレス反応を示す。つまり，学校文化の価値や態度の共有に強い抵抗を示すタイプである。

　複合的不登校（斎藤・吉森 2017：奇ら 2018）は**生態学的システム理論**（第 5 章第 4 節(4)参照）によって構造的に把握される不登校の理解の仕方である。マイクロシステムとしては，相対的貧困家庭の増加，核家族化の進行，都市とローカルの現代的格差などがある。ここでは，伝統的な学校と家庭の情緒的な結びつきと，学校を私企業のように捉える**学校の法化現象**が複合しながら

進行している。

　エクソシステムとしては，各自治体の都市開発と子どもの福祉的支援事業，居場所事業，不登校支援事業，特別支援教育事業，その自治体の教育委員会の価値観などが存在する。その地域に適応指導教室はどのくらいあるのか。発達障害者支援センターはどのように運営されているのか。その自治体でスクールカウンセラーを独自に雇用しているかなどは不登校支援に影響力をもつ。また多くの自治体で，子ども支援事業は自治体と NPO の協働となっている。「どのような NPO がその地域にあるか」「その NPO と自治体はどういう関係にあるか」などの地域の子育て環境も不登校支援にかかわってくる。

　メゾシステムとしては，ケースを担当する教育委員や学校の管理職の価値観と校内体制がある。またその学校が伝統的に重視する文化的な価値観も影響を与える。こうして，個々のケースにかかわる具体的な人間関係がマイクロシステムとして登場する。これらが複合的に関係し合いながら進行するのが現実の不登校である。複合的不登校は複雑化する子どもの心理的な傷つきと表裏の関係にある。

　このように，さまざまな不登校のタイプがあるものの，公立学校における不登校対策の原則は，本人の意思を尊重した主体的な進路と社会的自立である。適応指導教室が学級復帰を前提としているように，2016 年まで公立学校の不登校の対応の目標は学級復帰であった。しかし，2017 年 3 月公示の新学習指導要領に，（不登校への対応は）「登校だけを目標としない」ことが明記された。

〈公立学校における不登校の対応の原則〉

不登校児童については，個々の状況に応じた必要な支援を行うことが必要であり，登校という結果のみを目標にするのではなく，児童や保護者の意思を十分に尊重しつつ，児童が自らの進路を主体的に捉えて，社会的に自立することを目指す必要がある（小学校学習指導要領解説　総則編）。

　つまり，不登校対策の新しい公的基準は「社会的自立を目指して，本人の意思を尊重した教育環境の整備を支援すること」である。かつては「学級に復帰するつもりがあるなら，保健室登校や望む授業への参加を認める」など，学級復帰の意思確認を不登校の児童生徒に求めるケースがあった。しかし，新学習指導要領では，本人の意思を無視して学級復帰を求めることは否定されている。**教育機会確保法**（2016 年成立）は「児童生徒の意思を十分に尊重して支援が行われるよう配慮すること」「不登校というだけで問題行動であると受け取られないよう配慮すること」という文言が附帯決議で盛り込まれている。本人が全面的な学級復帰を目標としていなくても，保健室登校や一部の授業への参加は可能である。不登校対応への新しい公的基準は教育機会確保法という法的な基盤に基づいている。

２）い　じ　め

　2006 年度以降，文部科学省によるいじめの定義は**発生件数**から**認知件数**へと転換した。その定義は「当該児童生徒が，一定の人間関係のある者から，心理的，物理的な攻撃を受けたことにより，精神的な苦痛を感じているもの。なお，起こった場所は学校の内外を問わない」である。客観性ではなく，被害者の認識でいじめを定義できるので「認知件数」と呼ばれる（図 12-5）。

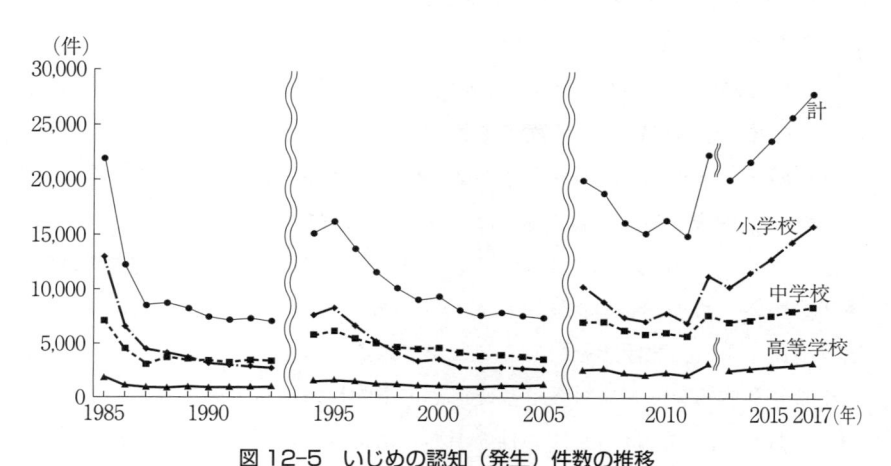

図 12-5　いじめの認知（発生）件数の推移

出典：文部科学省 2018。

2012 年に実施された「いじめ緊急調査」のいじめ認知件数は半年で約2倍になっている。

　2013 年6月にはいじめ防止対策推進法が制定されている。また同年，「いじめの防止等のための基本的な方針」(2013 年10月11日文部科学大臣決定) が決定しており，日本のいじめ対策は大きな変革期を迎えたといえる。いじめ防止対策推進法でのいじめの定義は「児童等に対して，当該児童等が在籍する学校に在籍している等当該児童と一定の人的関係にある他の児童等が行う心理的又は物理的な影響を与える行為 (インターネットを通じて行われるものを含む) であって，当該行為の対象となった児童等が心身の苦痛を感じているもの」とされている (第2条第1項)。

　インターネットによるいじめを含めた点が新しいが，基本的にこの定義は先の文部科学省の定義を踏襲している。この法律の成立により，いじめが法的に禁止され (第4条「児童等は，いじめを行ってはならない」)，法的基盤をもちながら，いじめ指導が変化している。学校はいじめ対策に関する組織 (名称はさまざまだが，校内委員会において，たとえば「いじめ対策推進委員会」など) を置かなければならない (第22条)。またいじめが起きないように，定期的にアンケート調査を行うなどの努力をしなければならない (第20条)。そして，いじめが生じた場合，いじめ被害者が安心して教育を受けられるようにするための措置を速やかに講じることを命じている (第26条)。

　いじめの**疑い**を認知した時点で，学校は本人と情報提供者の安全を確認する。その後，学校は**いじめ事実の確認** (第23条第2項) を行う。いじめが認定された場合，学校は (いじめ被害者と保護者への) **支援** (第23条第3項)，(いじめ加害者への) **指導**と (いじめ加害者の保護者への) **助言**を行う (文部科学省，2007 年2月5日付18文科初第1019号)。それでも改善がみられない場合，**市町村の教育委員会**がいじめ加害者の保護者に対して学校教育法第35条第1項に基づき，性行不良による**出席停止**を命じることができる (第26条)。

　なお，具体的ないじめ対策は基礎自治体や学校によって異なっている。たとえばある自治体ではいじめの疑いがあればすべて個票を作成し，経緯を記録し，教育委員会に月別で提出させている。さらにいじめが認定された場合

にはその経緯を個別の対策計画を作成し，いじめ解消までの推移を教育委員会に提出させている自治体もある。

　次に重大ないじめが発生した場合の対処（第28条）を述べる。**重大ないじめ（重大事態）**とは「いじめにより（中略）児童等の生命，心身又は財産に重大な被害が生じた疑いがあると認めるとき」と「いじめにより（中略）児童等が相当の期間学校を欠席することを余儀なくされている疑いがあると認めるとき」の2点である。つまり，いじめにより自殺が起きたり，おおよそ30日以上の治療を必要とする暴力を振るわれていたり，恐喝をされていたりする場合と，あるいは，おおよそ30日程度，いじめにより学校に行きたくても行けない事態に陥った場合が「重大事態」とみなされる。この判断を行うのは学校だが，児童生徒や保護者が学校の判断に不服な場合は申し立てを行うことができる。なお，学校が「いじめの結果ではない」と判断していても，申し立てがあった場合は重大事態が発生したものとして報告・調査等にあたる必要がある（2017年度　文部科学省いじめ防止基本方針）（図12-6）。

　公立の学校で重大事態が発生した場合，学校は教育委員会にそれを報告し，教育委員会は当該する地方公共団体の長にそのことを報告することが義務づけられている（第30条）。学校は速やかに重大ないじめの実態を調査し，それを教育委員会に報告する。基礎自治体の長は学校の調査に検討の余地がある場合，第三者委員会を組織し，重大ないじめの実態を調査できる。

　文部科学省（2017）（2017年3月14日文部科学大臣　最終通達）によると，**いじめ解消の定義**は，①いじめ行為がやんでいること（最低3カ月間），②被害者が

図12-6　学校が行ういじめ対策の流れ
注：改善がみられない場合は**教育委員会**によるいじめ加害者の出席停止もありうる。

心身の苦痛を感じていないこと（被害者の子どもと保護者に面談等で確認）の2点が満たされることである。

　いじめ解決の問題点として，いじめの認知件数について学校間で明確な差が生じていることである。いじめを認知した学校は全体の56.5%である。いじめ防止対策推進法に従えば「いじめはどの学校でも起こりうる」はずだが，学校全体の約40%はいじめを認知していない。一方，報告されたいじめの解消率は88.7%で比較的高い。全体の約10%のいじめは確かに解決困難だが，約90%のいじめは学校の取り組みで解決されている。つまり，ほとんどのいじめは解決できない課題ではない。しかし，いじめの存在を認めない約40%の学校の中には，解決できるいじめの放置が含まれている可能性が高い。

　中井（2016）によれば，いじめは**孤立化**（集団の中で一人にさせられる），**無力化**（努力しても助けは来ないことを認識させられる），**透明化**（自尊心を奪われ，いじめ加害者からどうにでもなる存在とみなされる）という3段階で推移する。いじめ被害者に行うべき最も重要な対応は，いじめ被害者の孤立感の解消であると中井（2016）は指摘している。

　森田・清永（1994），森田（2010）は**いじめの四層構造論**によるいじめ対策を

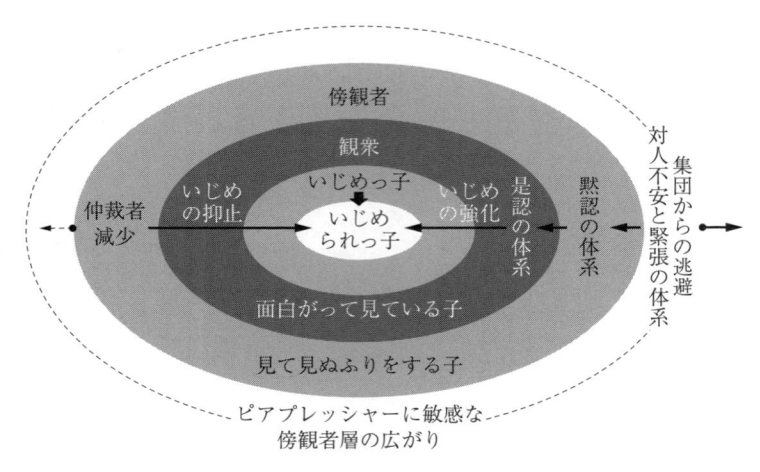

図12-7　いじめの四層構造

出典：森田・清永　1994。

提唱している。いじめは「被害者」と「加害者」以外に，加害者をはやし立てる「観衆」と，いじめを知りつつ傍観している「傍観者」の四層構造から成立している（図12-7）。したがって，いじめへの介入は，子どもたちが傍観者から仲裁者になる力をつけることにあり，日常的な学級経営の手腕が問われる。

3）非　　　行

非行少年とは行政上の概念または警察用語である。少年法第 3 条第 1 項に定められている**犯罪少年**，**触法少年**，**ぐ犯少年**の総称を非行少年と定義することが多い。

〈非行少年とは〉

① 犯罪少年（14 歳から 19 歳の刑法犯少年及び特別法犯少年）。

② 触法少年（刑罰法令に触れる行為をした **14 歳未満の少年**）。

③ ぐ犯少年（保護者の正当な監督に服しない性癖があるなど，一定の事由があって，その性格又は環境から判断して，将来，罪を犯し，又は刑罰法令に触れる行為をするおそれのある少年。ただし，単に深夜はいかいや喫煙・飲酒を行う「不良行為少年」を含まない）。

非行行為について斎藤（2016）は，①少年「凶悪」犯罪は増えていないこと，②増えているのは軽犯罪であること，③**神戸連続児童殺傷事件**のような内容は戦前もあったこと，④**反社会性**よりも**非社会性**の病理が指摘されていること，⑤**少年法の厳罰化**の流れが強まっていることの 5 点を指摘している。

このうち，「反社会性よりも非社会性の病理が指摘されている」とはどういうことだろうか。反社会性とは「社会的規範に対する逸脱行為」であり，違法行為は典型的な反社会的な行為である。未成年の喫煙や万引き，暴走行為，援助交際などは反社会的行動といえる。

一方，非社会性は 2 つの意味で使用されている。「自分の意見や関心に基づいて他者と交流する」ことを「社会性」とした場合，「自分の意見や関心が限

<h2 align="center">コラム11：4つの事件</h2>

　不幸ないじめによる自殺事件が報道されるたびに，加害者への処罰感情も強まり，少年法の精神やいじめ対策が手ぬるいと非難されます。しかし，歴史的にみると，少年法は加害者への厳罰化から加害者の人権重視へ，そしてまた厳罰化へと揺れています。事件が起きるたびに厳罰化が叫ばれますが，加害者を厳罰にするだけでは何も解決しないことは歴史的に明らかです。以下に社会的影響力が大きかった4つの事件を紹介します。

①　中野富士見中学校自殺事件—いじめによる自殺

　1986年，東京都中野区立中野富士見中学校2年生の男子生徒が，岩手県の盛岡駅ビルのショッピングセンター地下の公衆便所で自殺。後に「このままじゃ生き地獄になっちゃうよ」と書かれた遺書が発見された。男子生徒は中学校2年生よりいじめに遭うようになり，日常的に暴行を受けるまでになった。いじめグループは「葬式ごっこ」と称し，クラスメイトに男子生徒の「葬式の寄せ書き」を書かせる。この寄せ書きには担任も加担し，実際の色紙が報道された。葬式ごっこモチーフはその後多くのメディアに影響を与えている。

　いじめ自殺事件として報道されたものをさかのぼると，この事件にたどり着きます。当時の新聞は葬式ごっこで書かれた寄せ書きをそのまま報道しています。

②　神戸連続児童殺傷事件—検察官送致と医療少年院

　1997年，兵庫県神戸市須磨区で数カ月にわたり，複数の小学生が被害を受け，2人が死亡し，3人が重軽傷を負う事件が起きた。被害者の頭部が「声明文」とともに中学校の正門前に置かれた点，地元新聞社に「挑戦状」が郵送された点など，強い暴力性と劇場型犯罪の要素が注目された。犯人が14歳で，逮捕されるまで中学校生活を送っていたこと，動物虐待などの素行障害の傾向が報道されたこと，国家の威信をかけた医療矯正教育が行われたこと，また出所後，元犯人が事件の本を出版したことなどが注目された。この事件以降，検察官送致（逆送）の増加と，少年への厳罰化の世論が強まった。

　逮捕された少年は検察官から身柄を送致されたのち，家庭裁判所に送られます。家裁は少年の家庭環境などを調べたうえで少年審判を開き，最終処分を決めます。このとき，家裁が刑事処分にすべきだと判断した場合に，少年を検察官に送り返すことを検察官送致といいます。

　逆送になるのは2つのパターンがあります。第一は，家庭裁判所が調査・審判を行っている間に少年が20歳になった場合です（年齢超過による逆送）。事件を起こしたときではなく，調査・審判中に20歳を超えれば，少年法ではなく，成人の刑事手続きに戻されます。

　もう一つのパターンは，刑事処分が相当であることによる逆送です（少年法第20条第1項・第2項）。多くの場合，殺人事件や傷害致死事件など，被害者が死亡してしまった事件や放火事件などの重い犯罪の場合がこれにあたります。

2000 年の法改正により，事件を起こしたときに 16 歳以上の少年で，故意の犯罪行為により被害者を死亡させた罪の事件については，原則として検察官に逆送されることとなりました。

　逆送と並んで，この事件は医療少年院の矯正教育の効果も問題になりました。医療少年院とは，心身に著しい故障がみられる 12 歳以上 26 歳未満の者を収容する少年院です。全国に 4 カ所しかなく，東日本には関東医療少年院と神奈川医療少年院，西日本には宮川医療少年院と京都医療少年院があります（中津少年学院も医療少年院としての設備をもっています）。

　神奈川医療少年院と宮川医療少年院は知的障害や発達障害，情緒的未成熟などの理由により通常の少年院での教育が難しい少年を対象に「治療的教育」を行います。

　関東医療少年院と京都医療少年院は，少年院であるとともに，身体疾患者・身体障害者・精神病などの心身に欠陥や病気のある少年を治療するための病院でもあります。事件の少年は関東医療少年院で治療矯正プログラムを受けました。

　少年については多くの本が出版されています。少年への医療的な矯正プログラムの効果については読者に判断をお任せします。

③　大津いじめ自殺事件―第三者委員会の設置

　2011 年 10 月，大津市内の中学校で男子生徒が自宅マンションから飛び降り自殺した。学校と教育委員会は自殺後に，担任を含めて誰もいじめの事態に気づいていなかったと一貫して主張した。後の報道機関の取材で，学校側は生徒が自殺する 6 日前に「生徒がいじめを受けている」との報告を受け，担任らが対応を検討したことが明らかになった。学校はそれを認めたが，当時はいじめではなく喧嘩と認識していたと説明した。学校側を監督する教育委員会も，当初自殺の原因はいじめではなく家庭環境が問題と説明していた。

　大津市市長は市長直属の第三者調査委員会を設立し，独自調査を依頼した。5 人の委員は元裁判官や弁護士，大学教授らで構成され，市長は今後のためのモデルにしたいと述べた。2013 年 1 月 31 日，調査委員会は自殺の直接の原因は同級生らによるいじめであると結論づけた。この事件は，自殺した少年が自殺の練習をさせられていたのではないかとの報道があり，さらに教育委員会がいじめの解明に消極的だったため，教育長が襲われる事件が起きたことでも注目された。この事件はいじめ防止対策推進法の成立に大きな影響を与えた。

④　神戸中 3 自殺事件（いじめメモ隠蔽事件）

　神戸市立中学校 3 年生の女子生徒（当時 14 歳）が 2016 年に自殺した。いじめをうかがわせる他生徒からの聞き取りメモがあったのに，市教育委員会の首席指導主事は，学校側に指示して，そのメモを隠蔽していたことが，市教委が委託した弁護士の調査でわかった。その主事は遺族にもメモの内容を伝えていなかった。

弁護士の調査によると，メモは女子生徒が自殺してから5日後に，学校の教員が生徒6人から聞き取ったものだった。メモには亡くなった生徒へのいじめがあったとする内容や，いじめたとされる生徒の名前などが含まれており，学校内に保管されていた。

　当時の校長は2017年3月，関係資料の開示を求めた生徒の遺族に対し「（メモは）存在しない」と説明。自殺の経緯を調べた市教委の第三者委員会の調査や，遺族が神戸地裁に申し立てた証拠保全の手続きでもメモを提出しなかった。

　弁護士は関係者からの聞き取りや資料の調査をもとに，当時の校長が市教委の首席指導主事の指示に従って事実を伏せたと認定した。首席指導主事はメモが明らかになれば事務処理が煩雑になると考え，校長も遺族の反応を心配してメモがないことにしたいと思っていた，と推認。「隠蔽が誤った対応であることはいうまでもなく，非難されるべきだ」と結論づけた。首席指導主事は指示を認める一方，理由については「わからない」と答えたという（2018年6月3日朝日新聞より引用）。

　大津いじめ自殺事件以降，第三者委員会が注目されました。第三者委員会は自治体の長の直属のものと，基礎自治体の教育委員会によるものがあります。通常，後者の第三者委員会にはその自治体の校長経験者などが含まれていることもあり，本当に第三者性が保障されているか，議論になるところです。また記事の事件のように，第三者委員会は警察ではないため，調査にも限界があるでしょう。第三者委員会はオンブズパーソン制度と並び，重篤ないじめ事件の解明に欠かせない存在ですが，今後はきちんと第三者性を保障できる制度設計が求められるでしょう。

定的になり，他者との交流を回避している」非社会性と，「自分の意見，関心が自分でもわからなくなっている」非社会性である（表12-6）。

　「自分の意見や関心が限定的になり，他者との交流を回避している」タイプの非社会性の背景には「対人関係を結ぶことへの強い不安ないしは回避」があり，「何週間も自室に閉じこもって家族以外とコミュニケーションをとらない（**社会的引きこもり**）」などの行動が生じる。過度の引っ込み思案の一部にもこのタイプの非社会性の課題をもつ子どもがいるだろう。一般的な「非社会性」はこの意味（「極端に非社交的」）で使用されることが多い。つまり，極端に非社交的なタイプである。

　「自分の意見，関心が自分でもわからなくなっている」タイプの非社会性

表 12-6　反社会性と非社会性

反社会性	社会的規範に対する逸脱行為が習慣的に行われている。
非社会性	①自分の意見や関心が限定的になり，他者との交流を回避している。
	②自分の意見，関心が自分でもわからなくなっている。

の背景には「他者からのネガティブな評価への不安や恐怖」があり，比較的
重篤なケースでは，過剰適応，軽度の解離，リストカットなどの行動が生じ
る。表面的な学校生活の適応とは別に，スクールカウンセリング室では過剰
な自己嫌悪や自己否定，あるいは家族への攻撃が語られることも多い。「非
行の前兆がない子どもが突然起こす非行行動（**いきなり型非行**）」の説明で使わ
れる「非社会性」はこの意味である。表面的には普通の生活をしているよう
にみえて，自己の関心や欲求，目標が阻害されているタイプといえる。

　一見，反抗的で激しく自己主張する反社会性にせよ，無気力や過剰適応に
よる混乱をみせる非社会性にせよ，教育相談の中で傾聴していくと共通して，
「自己像の混乱」や「抑制されていたホンネ」が語られることが多い。反社会
性と非社会性は同じ盾の両面なのかもしれない。なお，反社会性と非社会性
に関連して，**素行障害（行為障害）** と**反抗挑戦性障害**も問われるときがあるの
で押さえておきたい。

　最後に校内暴力について整理する。警察庁（2016）の「少年の補導及び保護
の概況」によると，全国の警察が扱った校内暴力事件（対教師暴力，生徒間暴力，
施設・備品損壊）は中学校と高等学校が前年より減少したにもかかわらず，小
学校では 5 年連続の増加となって事件数・補導者数ともに過去最多を更新し
ている。また，校内暴力のうち対教師暴力だけをみると，小学校が事件数 23
件，補導 23 人，中学校が事件数 369 件，検挙・補導 375 人，高等学校が事件
数 7 件，検挙 8 人となっており，小学校が高等学校よりも事件数と検挙・補
導者数が多くなっている。これは小学生が粗暴化しているのではなく，小学
校が警察と連携をもち始めた影響が大きい（図 12-8）。

4）精 神 疾 患

　教員は子どもの行動の背景に精神疾患が関係しているのか，いないのかの

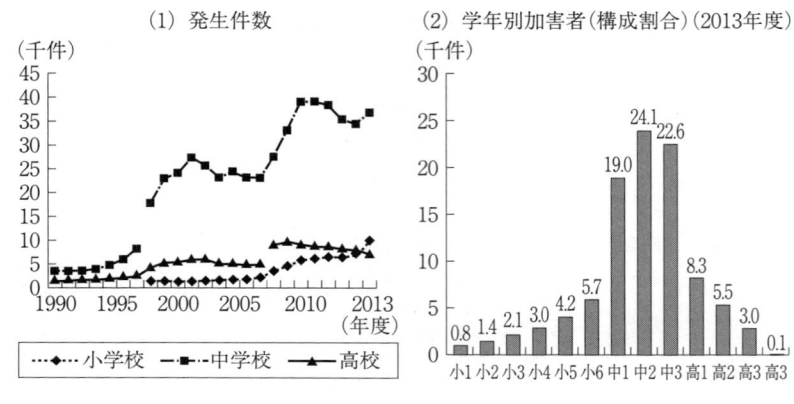

（1）発生件数　　　　　　　（2）学年別加害者（構成割合）（2013年度）

図 12-8　学校内における暴力行為の発生件数
注1：1997 年度から調査方法など改めている。
　2：調査対象は，1996 年度までは公立中・高であり，1997 年度から公立小学校が，2006 年度からは国私立学校が，2013 年度からは高等学校に通信制課程が追加されている。
　3：中学校には中等教育学校前期課程も含む。
　4：（2）のグラフは学校内外の暴力行為の学年別被害者数から作成。
出典：文部科学省 2015。

表 12-7　「子どものうつ病」調査結果

うつ病の有病率	
小 4	0.5 %
小 5	0.7 %
小 6	1.4 %
中 1	4.2 %

注：小 4〜中 1：738 人
出典：傳田 2002：朝日新聞 2008 年 4 月 17 日。

判断には鋭くなるべきである。たとえばかつて**子どものうつ病**は考えづらいと思われていた時期があった。しかし傳田（2002）によると，約 2 万人の小中学生のうち，小学生 1.2 %，中学生 4.2 %がうつ病と診断されており，12 歳以降のうつ病の発症はおとなと大差がなくなることが報告されている（表 12-7）。

　子どものうつ病は**重篤気分調節症**（Disruptive Mood Dysregulation Disorder：DMDD）として新たに DSM-5 に加えられている。子どものうつ病は落ち込みよりも怒りやすくなるなどの特徴があるので，注意したい。

〈重篤気分調節症の診断基準〉

A．言語的（例：激しい暴言）および／または行動的に（例：人物や器物に対する物理的攻撃）表出される，激しい繰り返しのかんしゃく発作があり，状況やきっかけに比べて，強さまたは持続時間が著しく逸脱している。

B．かんしゃく発作は発達の水準にそぐわない。

C．かんしゃく発作は，平均して週に3回以上起こる。

D．かんしゃく発作の間欠期の気分は，ほとんど1日中，ほとんど毎日にわたる，持続的な易怒性，または怒りであり，それは他者から観察可能である（例：両親，教師，友人）。

E．基準A～Dは12カ月以上持続している。その期間中，基準A～Dのすべての症状が存在しない期間が連続3カ月以上続くことはない。

F．基準AとDは，少なくとも3つの場面（すなわち，家庭，学校，友人関係）のうち2つ以上で存在し，少なくとも一つの場面で顕著である。

G．この診断は，6歳以下または18歳以上で，初めて診断すべきではない。

H．病歴または観察によれば，基準A～Eの出現は10歳以前である。

I．躁病または軽躁病エピソードの基準を持続期間を除いて完全に満たす。はっきりとした期間が1日以上続いたことがない。

　注：非常に好ましい出来事またはその期待に際して生じるような，発達面からみてふさわしい気分の高揚は，躁病または軽躁病の症状とみなすべきではない（DSM–5より）。

〈子どものうつ病の特徴〉

①怒りっぽさ　　②過眠　　③過食

　近年，**慢性疲労症候群**（Chronic Fatigue Syndrome：CFS）との関連から小児慢性疲労症候群も注目されている。CFSとは身体を動かせないほどの疲労が6

カ月以上の長期間にわたって続き，日常生活に支障をきたすほどになる病態である。その原因はいまだに不明であり，1988年にアメリカ疾病予防管理センターにより新しい病態として提唱された。

慢性疲労症候群の発症年齢は10歳から40歳であり，子どもにも認められている。子どもの慢性疲労症候群は**小児慢性疲労症候群**（Childhood Chronic Fatigue Syndrome：CCFS）と呼ばれる。小児慢性疲労症候群は3カ月以上，日常生活を困難にする微熱と疲労感，昼夜逆転などの睡眠障害，全身の痛み，認知能力の低下を主症状とする。三池ら（2009）はCCFSの特徴的な背景について以下のようにまとめている。

〈**小児慢性疲労症候群に陥りやすい子どもの特徴**〉
① 夜型生活による日常的睡眠不足状態。
② 情報量の多さに伴う競争社会での脳の持続的興奮。
③ 自己抑制的「よい子」生活。

しばしば不登校の子どもは心のエネルギーが切れているといわれる。そのため，安心感と休息が基本的な対応になっていた。「休息によりエネルギーが溜まる」という期待があり，実際多くの子どもがその対応で回復をみせる。同時に，それだけではなかなか回復しないケースもある。CCFSには医学的背景もあり，単純な休息だけでは回復しないことが知られている。休息させているのに変化がみられない場合，CCFSの可能性がある。

これ以外にも，起立性調節障害（OD：Orthostatic Dysregulation）などは教員に必須の知識である。起立性調節障害とは，循環器系の自律神経の働きが悪く，起立時に体や脳への血流が低下する障害である。全身に十分な血液が行き渡らないため，立ちくらみやふらつきが起き，疲れやすくなる。脳への血流の低下から，思考力と集中力が低下する疾患である。不登校の児童生徒の一部にはODに罹患している子どもがいる。この子どもたちに対して「朝起きられないのは怠け」などの認識は許されない。表12-8に教育領域で出会う

表 12-8　子どもにみられる代表的な精神疾患

障害名	概要
コミュニケーション障害	コミュニケーションに関する障害で，言語理解や言語の表出に問題を示す「言語障害」，語音に問題を示す「語音症／語音障害」，音声と音節の繰り返しを特徴とする「小児期発症流暢症（吃音）」などがある。
発達性協調運動障害	協調運動技能の獲得や遂行に遅れがあり，物を落とす，物にぶつかる，物をつかんだり，はさみを使ったり，字を書いたりするなどの微細運動の苦手さ，自転車に乗る，スポーツをするなどの粗大運動の苦手さを特徴とする。
チック障害	突発的で，繰り返し起こり，律動的でない運動または発声を特徴とする。また，多くの運動性チックと１つ以上の音声チックが併存，あるいは併存した時期がある場合には「トゥレット障害」と呼ばれる。
分離不安障害	愛着をもっている人物から離れることに過剰な恐怖や不安を示すことを特徴とする。分離への不安から，外出することを拒否したり，愛着対象から離れる悪夢をみたり，分離によって頭痛や吐き気などの身体症状を示したりすることがある。
選択性緘黙	話し言葉に関する知識はもっており，他の状況では話をしているにもかかわらず，特定の社会的状況（保育園，幼稚園，学校など）において話さないことを特徴とする。
反応性愛着障害	苦痛を感じても養育者に対して最小限の助けしか求めない，他者に対する対人交流や情動反応が少ない，陽性感情（楽しい，うれしいなどの感情）をあまり示さないなどを特徴とする。また不十分な養育環境を経験している。
脱抑制型対人交流障害	見慣れないおとなにためらいなく近づいて交流する，過度になれなれしい態度を示す，ためらいもなく見慣れないおとなについて行こうとするなどを特徴とする。また不十分な養育環境を経験している。
心的外傷後ストレス障害（PTSD）	生命の危機や重傷を負うような出来事を体験，目撃し，その出来事が頭の中で繰り返される，その出来事に関することを回避する，持続的な恐怖や罪悪感を感じるなどを特徴とする。
反抗挑戦性障害	怒りっぽく，しばしばかんしゃくを起こす，子どもや青年の場合にはおとなとしばしば口論する，規則に従うことを積極的に拒否する，故意に人を苛立たせるなどを特徴とする。
素行障害	人や動物に対して身体的な攻撃性を示す，他人の所有物を故意に破壊する，自分の利益のために人をだます，物を盗む，13歳未満に夜間外出をする，怠学傾向を示すなどを特徴とする。罪責感の欠如や共感性の欠如を示すこともある。

障害名	概要
統合失調症	妄想，幻覚，まとまりのない会話や行動，感情表出の減少や意欲の欠如などを主な特徴とする。子どもの発症は稀であるが，子どもの発症の場合は発達の不均衡が目立ち，ゆっくりと発症することが特徴である。
双極性障害	躁のエピソードとうつのエピソードを特徴とする。躁状態のときには気分の高揚，多弁，注意散漫，自尊心肥大などがみられる。抑うつ状態のときには興味，喜びの減退，不眠または過眠などがみられる。
うつ病	抑うつ気分，ほとんどすべての活動に対する興味，喜びの減退，体重の減退や増加，不眠または過眠，疲労感，気力の減退，過剰な罪責感，思考力や集中力の低下，反復的な自殺念慮などを特徴とする。
社交不安障害	社交的な場面（雑談する，よく知らない人と話をする，人前で食べたり飲んだりするなど）に対して顕著な恐怖と不安を感じる，人前で不安症状を示すことが恥ずかしいことだと感じる，結果として社交的な場面を回避するなどを特徴とする。
パニック障害	繰り返し起こる予期しないパニック発作（激しい恐怖とともに，動悸，発汗，息苦しさ，窒息感，気が遠くなる感じなどを体験する）が生じ，パニック発作に対する予期不安，あるいは不慣れな状況を回避するなどを特徴とする。
強迫性障害	強迫観念（強い不安を伴いながら，繰り返される持続的な思考，衝動，イメージなどが浮かぶ）と強迫行為（強迫観念と関連して生じる繰り返しの行動で，手を洗う，順番に並べる，確認する，数えるなどがある）を特徴とする。
解離性障害	解離（記憶や意識，アイデンティティなどが一時的に失われた状態）を特徴とするもので，一人の中に2つ以上のパーソナリティが存在する「解離性同一性障害」，ストレスの高い特定の出来事を思い出せない「解離性健忘」，離人感や現実感が消失する「離人感・現実感消失障害」などがある。
神経性やせ症	年齢，性別，成長曲線に対して必要とされるカロリー摂取を制限して，期待される最低体重を下回っている，体重増加や肥満に対して強い恐怖感情がある，自分の体重に対して歪んだ自己評価をもっているなどを特徴とする。「摂食制限型」と「過食・排出型」の2つのタイプがある。
神経性過食症	平均的な人よりも明らかに多くの食べ物を摂取し，食べることを抑制できないという感覚を有している，過食による体重増加を防ぐために不適切な代償行動（自己誘発性嘔吐，下剤の使用など），自己評価が体重の影響を受けているなどを特徴とする。

代表的な精神疾患を示す。

5）自　　　殺

　学生・生徒等の自殺者数について，2007 年以降の年次推移では，2011 年が 1026 人と最も多かったが，2014 年では 866 人となり，減少傾向を示した（図 12-9）。2014 年の子どもの自殺者は，小学生は 17 人，中学生は 99 人，高校生は 213 人，大学生は 428 人，専修学校生等は 109 人である（図 12-10）。

　厚生労働省（2017）は新たな自殺総合対策大綱で子ども・若者の自殺対策を重点施策として掲げている。自殺未遂の経験があったり，うつ病や統合失調症に罹患している子どものリスクは高くなる。表 12-9 に自殺の危険因子を示す。

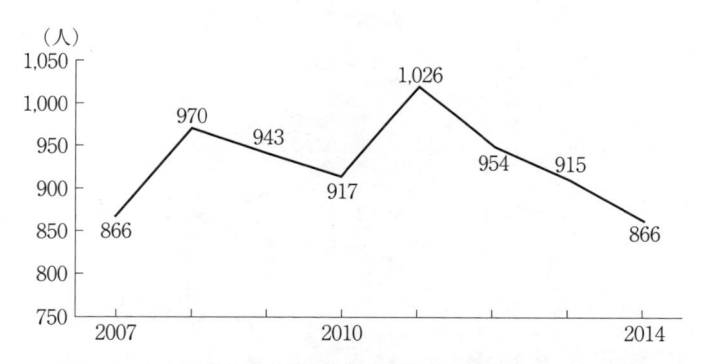

図 12-9　2007 年以降における，学生・生徒等の自殺者数の推移
出典：警視庁「自殺統計」より内閣府作成。

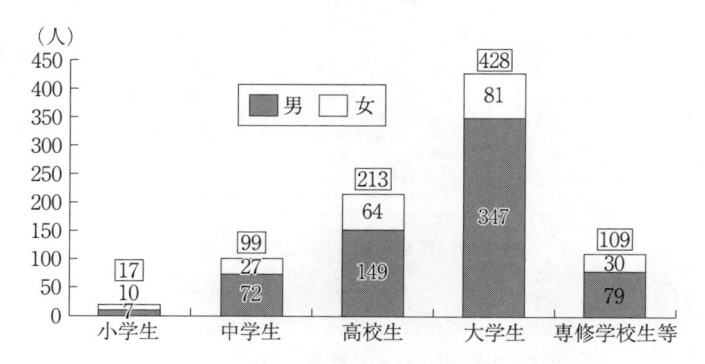

図 12-10　2014 年中の学生・生徒等の自殺者数

コラム 12：社会通念上のいじめと法令上のいじめの違い

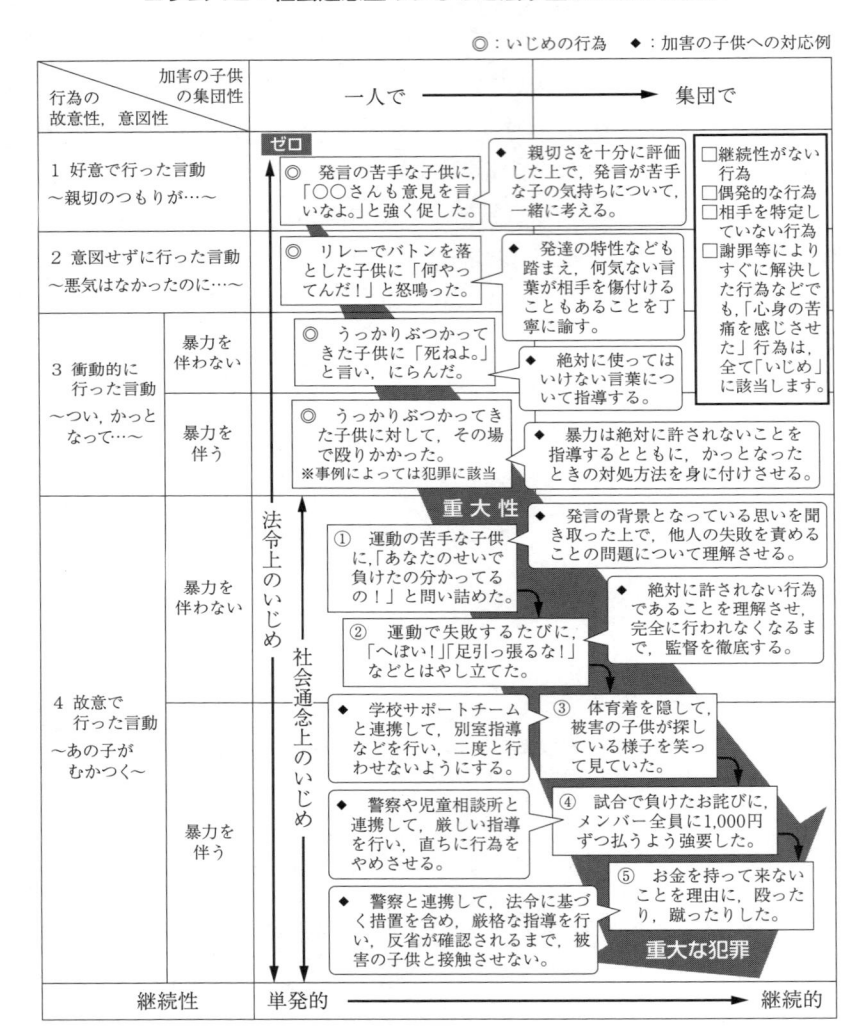

図　法令上のいじめと社会通念上のいじめの違い

注1：上記の類型は，加害の子供の行為によるもので，被害の子供の「心身の苦痛」の
　　　軽重によるものではない。

　　2：どこからが犯罪に該当するかは，事例ごとに異なる。

　　3：「暴力」とは，言葉以外の有形力の行使全般を指す。

いじめ防止対策推進法の問題点の一つに社会通念上の「いじめ」と法律が定義する「いじめ」の相違があります。図は東京都教育委員会 (2017) が作成した「社会通念上のいじめ」と「法的いじめ」の相違を示したものです。

「故意で行った言動」が「いじめ」であることに異論はないでしょう。しかし1から3の行為（「好意で行った言動」「意図せずに行った言動」「衝動的に行った言動」）は「いじめ」ではなく「子ども同士のもめごと」と考える人も多いでしょう。

現実には，いじめの認知はあくまで被害の子どもが「心身の苦痛を感じているかどうか」を考慮して，個別に判断がなされます。ただし，心身の苦痛の訴えがあれば，社会通念上はいじめかどうか微妙なケースでも，法的にはいじめとなる場合があることに注意しましょう。

本当に自殺を行うのか，周囲の人間が判断することは難しい。東京都立中部総合精神保健福祉センター (2019) によると，自殺には，①自殺するという人は自殺しない，②自殺の危険度が高い人は死ぬ覚悟が確固としている，③未遂に終わった人は死ぬつもりなどなかった，④自殺について話をすることは危険だ，⑤自殺は突然起き，予測は不可能であるという5つの誤解があるという。これらはすべて誤解である。自殺をする人は最後まで迷っているし，ある程度の予測は可能である。また，信頼関係があれば自殺について話し合うことは自殺防止に有効である。

自殺ではなく，「死にたいと思う気持ち」については永光 (2018) の研究が

表12-9　自殺の危険因子

どのような子どもに自殺の危険が迫っているのか？	
自殺未遂	
心の病	
安心感の持てない家庭環境	
独特の性格傾向	極端な完全主義，二者択一思考，衝動性など
喪失体験	離別，死別，失恋，病気，怪我，急激な学力低下，予想外の失敗など
孤立感	とくに友だちとのあつれき，いじめなど
安全や健康を守れない傾向	最近，事故や怪我を繰り返す

出典：文部科学省 2009 より転用。

参考になる。永光 (2018) は，中高生 2 万 2000 人の約 30% が「死にたい」と思ったことがあると報告している。このうち，2 ％が「常にそう思う」，5 ％が「過去に（自殺を）試みた」と回答している。悩みの種類は「将来の進路」が約 64% で最も多く，「成績」が約 57 ％，「身体（身長・体重・体形）」が 41 ％となっている。家族で会話する機会が少ないほど「死にたい」と思ったことがある生徒の割合が高まる傾向も明らかにされている (図 12-11)。

本当に自殺の可能性がある子どもについて文部科学省 (2009) は TALK の

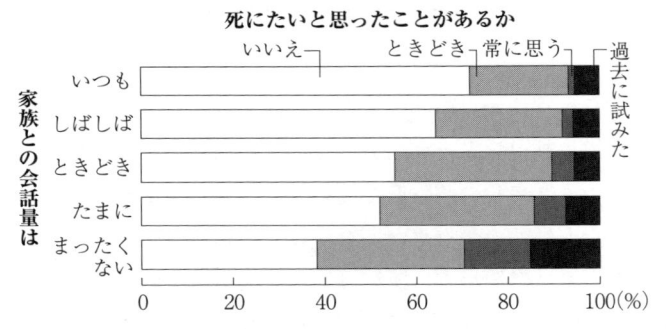

図 12-11　家族の会話量と死にたい気持ちの関係
出典：西日本新聞 2018。

表 12-10　TALK の原則

Tell：　言葉に出して心配していることを伝える。 　例）「死にたいくらい辛いことがあるのね。とってもあなたのことが心配だわ」
Ask：　「死にたい」という気持ちについて，率直に尋ねる。 　例）「どんなときに死にたいと思ってしまうの？」
Listen：　絶望的な気持ちを傾聴する：死を思うほどの深刻な問題を抱えた子どもに対しては，子どもの考えや行動を良し悪しで判断するのではなく，そうならざるを得なかった，それしか思いつかなかった状況を理解しようとすることが必要です。そうすることで，子どもとの信頼関係も強まります。徹底的に聴き役にまわるならば，自殺について話すことは危険ではなく，予防の第一歩になります。これまでに家族や友だちと信頼関係を持てなかったという経験があるために，助けを求めたいのに，救いの手を避けようとしたり拒否したりと矛盾した態度や感情を表す子どももいます。不信感が根底にあることが多いので，そういった言動に振り回されて一喜一憂しないようにすることも大切です。
Keep safe：　安全を確保する：危険と判断したら，まずひとりにしないで寄り添い，他からも適切な援助を求めるようにします。

出典：文部科学省 2009。

原則を推奨している（表 12–10）。

　厚生労働省は青年層に浸透している SNS を使用して，自殺願望をもった子どもの相談を受ける体制の整備に乗り出している。また NPO 法人**チャイルドライン支援センター**も 2016 年からチャットによる相談を開始している。自殺のリスクは保護者にも存在する。リスクの高い保護者には，各自治体が提携している「こころの温度計」(https://fishbowlindex.jp/fujikawagu/demo/start.pl) を利用すると，無料でストレスの高さを調べることができ，相談機関も紹介してくれる。

1　教育相談の基礎

　教育相談に多い誤解は「生徒指導と教育相談は対立していて，生徒指導の先生は厳しいが教育相談の先生はやさしい。教育相談の担当の先生やスクールカウンセラーが行う相談活動が教育相談」というイメージである。現場の実態としてそういう学校もあるが，これは文部科学省の定義とは異なっている（文部科学省 2010）。教育相談とは特別な教員が特別な時間をとって行う相談活動ではなく，日常的な相談から専門的な相談までのすべてを含んでいる。

　教育相談とは「教員と子どもとのコミュニケーションの中で行われる相談活動一般」であり，これを中心に，必要に応じて関係諸機関との連携が行われる。実際の相談は放課後の場合もあれば，休み時間の場合もあるだろう。そのときの教員と児童生徒の対話は日常的な両者の関係を反映している。

　児童生徒の関係づくりには**カウンセリングマインド**が重要と指摘されている。カウンセリングマインドとは和製英語であり，その意味は「教師が児童生徒の意見について受容的かつ共感的に傾聴する態度」である。

　実際の教育現場では，教育相談中，必ずしもカウンセリングマインドに満ちた態度だけで対応しているわけではない。児童相談所や教育相談センターにつなげるべきケースもある。スクールカウンセラーやスクールソーシャルワーカーと協働しなければならないケースもある。カウンセリングマインドと呼ばれる態度で傾聴した方が効果的なケースもある。カウンセリングマインドではなく，あえて指導的な対応で臨むべきケースもある。このように実際の教育相談のあり方は多様で多面的である。

　近年，教育相談に大きな構造的変化が起きている。これは**チーム学校**と呼

ばれる多職種連携のシステムが日本の教育相談の構造に導入されたことである。教育相談にせよ，スクールカウンセリングにせよ，閉鎖的な個別の相談というイメージが強かった。特にスクールカウンセラーは一人職場などと表現されたことも多かった。しかし，現在，この一人職場というあり方は日本の教育相談の方向性として否定されつつある。学校での教育相談は基本的にチームで行う。

（1）教育相談の定義

　文部科学省（2007）が述べる**学校で行う教育相談**とは「一人一人の生徒の自己実現を目指し，本人又はその保護者などに，その望ましい在り方を助言することである」（1999年度中学校学習指導要領解説：特別活動編）。

　その目的は「児童生徒それぞれの発達に即して，好ましい人間関係を育て，生活によく適応させ，自己理解を深めさせ，人格の成長への援助を図るものであり，決して特定の教育が行う性質のものではなく，相談室だけで行われるものでも」ない（文部科学省 2010）。

　このように，教育相談はスクールカウンセラーや教育相談部会の教員だけが行うものではない。以下，この点に関する文部科学省の見解を示す。

　　「（教育相談）の方法としては，1対1の相談活動に限定することなく，す
　　べての教師が生徒に接するあらゆる機会をとらえ，あらゆる教育活動の
　　実践の中に生かし，教育相談的な配慮をすることが大切である」（1999年
　　度中学校学習指導要領解説：特別活動編）。

　教育相談は学校の基盤的機能の一つであり，校長のリーダーシップのもと，相談体制の充実が図られる（文部科学省 2007：2010）。「相談体制の充実」とは「専門家や社会資源と連携し，教育相談の多様なニーズに組織的に対応すること」である。教育相談では，多くの場合，生徒指導部会やいじめ防止対策推進委員会，特別支援委員会などの校内委員会で関係者が情報を共有し，連携して相談にあたる集団対応が行われる。連携先としては，スクールカウン

セラーやスクールソーシャルワーカー，学習支援員などの校内資源はもちろん，基礎自治体が設置する教育相談センターを中心に，適応指導教室，特別支援学級などの公共の社会資源がさしあたり検討されるだろう。ケースによってはフリースクール，放課後等デイサービスなどの社会施設，さらに子ども家庭支援センター，児童相談所等の福祉施設なども学校と連携している。

文部科学省 (2010) は「生徒指導提要」において教育相談の機能を開発的機能，予防的機能，問題解決機能に分類している。**開発的機能**とは「すべての児童生徒を対象として，児童生徒が自分の能力を最大限に発揮して，各発達段階に応じた課題を達成しながら自己実現を図ることができるよう，継続的に援助すること」である。日常の教育活動を通じ，児童生徒のリレーションづくりにつとめ，成長を促していく。

予防的機能とは「児童生徒理解を十分に行い，問題が発生しそうな児童生徒に予防的に働きかけて，本人が主体的に自らの力で解決できるよう援助すること」である。教員による観察や生活ノートの内容などを通じて，問題が起こりそうな児童生徒に働きかけていくことは予防的機能といえる。東京都が行っている「スクールカウンセラーによる小学校5年生と中学校1年生への全員面接」も予防的機能といえる。

問題解決機能とは「児童生徒の具体的な不適応状態に対し，問題解決や回復への援助を行うこと」である。いじめアンケートで発見されたいじめの事実確認をし，いじめ被害者とスクールカウンセラーをつなげ，加害者に対しては教員がチームで指導するなどは問題解決機能といえる。

（2）チーム学校と対応のタイプ

1）チーム学校

現代の教育相談は一人の教員が児童生徒を抱え込むのではなく，学校全体で組織的に対応する協働性の原理のうえで行われている (斎藤 2016)。生徒指導部会，いじめ防止対策推進委員会，特別支援委員会には複数の教員が参加し，情報を共有し合い，校長のリーダーシップのもと，要配慮の児童生徒について，可能な限り組織的に教育相談が行われている。特に中学校の場合，

教科担任制なので，複数の教員が配慮生徒にかかわる以上，情報の共有は必須事項といえる。

　協働性の原理は学校のあり方全体を変化させている。中央教育審議会 (2015) は児童生徒を取り巻く複雑な社会情勢に対応し，児童生徒の多彩な能力を高めるために「チームとしての学校の在り方と今後の改善方針について」を提案している。これは**チーム学校**と呼ばれる学校マネジメント改革であり，スクールカウンセラーやスクールソーシャルワーカー，あるいは教育相談センターや学習支援員などの人的資源の協働は，このチーム学校に集約されつつある。かつては個人商店と呼ばれたスクールカウンセラーも，校内の各種委員会に参加しながら，チーム学校を支える専門職としての職責を得ている（図 13-1）。

　校内委員会を通じて教員，養護教員，スクールカウンセラー，スクールソーシャルワーカー，児童相談所，適応指導教室などのさまざまな立場の人間がケースを共有し合い，連携をしながら教育相談を行う。これが日本の教育相談における多職種連携システムである。

２）対応の種類

　チーム学校による情報共有を前提に，教育相談には，個別対応，チーム対応（組織的対応），特別対応（緊急対応）の３種類がある。**個別対応**は，児童生徒と関係する教員や養護教員，スクールカウンセラーなどがケースに個別に対応することである。**チーム対応**は複数の教員，スクールカウンセラーがかかわるケースである。学校の個性に応じて差はあるが，概して純粋な個別対応は少なく，原則としてチーム対応が中心となるだろう。

　チーム対応を**スクラム型**と**システム型**に分類する考え方がある（平野 2003）。スクラム型は全教員が一致して毅然とした対応をとる教育相談の方法であり，システム型は「指導役」と「聞き役」のように役割を分担し，相補的に児童生徒とかかわる教育相談の方法である。非行行為にはスクラム型が採用されやすく，不登校にはシステム型のアプローチが多いが，最終的に方針の大枠を決めるのは校内委員会や学年会である。

　特別対応（緊急対応）は学校間で連携をとったり，児童相談所や警察，病院

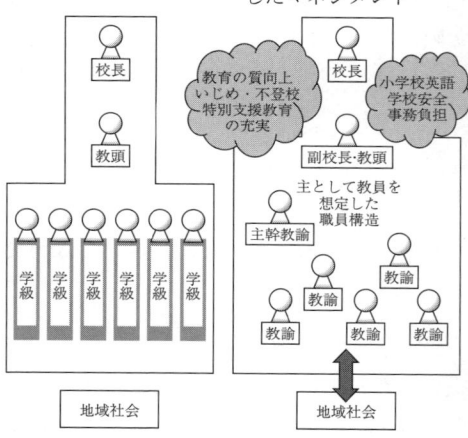
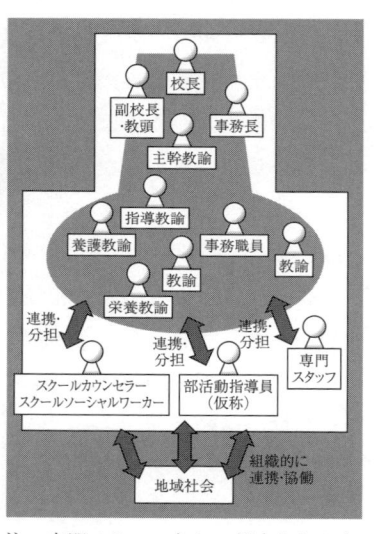

従来

・自己完結型の学校
鍋ぶた型，内向き
な学校構造
「学年・学級王
国」を形成し，教
員間の連携も少な
い　などの批判

現在

・学校教職員に占める
教員以外の専門スタ
ッフの比率が国際的
に見て低い構造で，
複雑化・多様化する
課題が教員に集中し，
授業等の教育指導に
専念しづらい状況
・主として教員のみを
管理することを想定
したマネジメント

チーム学校

・多様な専門人材が責任を伴って学校
に参画し，教員はより教育指導や生
徒指導に注力
・学校のマネジメントが組織的に行わ
れる体制
・チームとしての学校と地域の連携・
協働を強化

注：「従来」「現在」の学校に係る記述は，学
校に対するステレオタイプ的な批判等を表
しているものであり，具体の学校，あるい
は，全ての学校を念頭に記述しているもの
ではない。

注：専門スタッフとして想定されるも
のについては，本答申の22ページ
を参照。また，地域社会の構成員
として，保護者や地域住民等の学
校関係者や，警察，消防，保健所，
児童相談所等の関係機関，青少年
団体，スポーツ団体，経済団体，
福祉団体等の各種団体などが想定
される。

図13-1 「チーム学校」像（イメージ図）
出典：中央教育審議会 2015 より作成。

などの複数の外部機関と学校が連携して対応する場合である。自殺未遂や行
方不明などの緊急時の対応も特別対応である。また，インターネット犯罪や
サイバー型いじめがある場合の対応は特別対応になりやすい。

　近年，学校が苦慮している問題の一つとして「保護者の苦情対応」がある。**モンスターペアレント**といわれる保護者や，企業に抗議する感覚で学校に抗議する保護者が増えている。しかし，実際に学校が苦慮しているのは，ごく平均的な保護者によるコンプライアンスに基づく主張だろう。この背景には**学校の法化現象**と呼ばれる，法的関係の浸透がある。かつての学校は教師と児童生徒，その家族，地域社会の文化に支えらえた情緒的関係が中心であった。しかし，その情緒的関係が失われ，法的な利害関係に基づく人間関係が教師と児童生徒の家庭との間で増加している。

　こうした中で基礎自治体による保護者対応のマニュアル化が進められている。しかし，実際，マニュアル通りに保護者に対応する教員は少数だろう。すべてのマニュアルや原則の実際的な価値は，その作成者の思いとは別に，それを使用する実践者の関与次第である。

2　教育相談の基本的態度と技法

（1）教育相談の基本的対応

　一般に教育相談の原則は，児童生徒とのリレーションを前提にしている。リレーションとは「互いに構えのない，触れ合いのある本音の感情交流であり，相手に対して心が開かれていて，信頼関係があること」である。リレーションは教師と生徒間だけでなく，児童生徒同士にも求められる（表13-1）。

　リレーションに基づく教育相談の基本的な態度とはどのようなものだろか。時折，「こういうことができなければ教育相談をやる資格がない」「こういう人格でないと，教育相談をやってはいけない」などの主張に出会う。しかし，

表 13-1　教師と児童生徒とのリレーションの効果

1.　問題の発生を未然に防ぐことができる。 2.　問題の解決が早く効果的である。 3.　信頼感をもつ児童生徒を育てることができる。

教育相談は学校基盤機能の一つであり，ごく平均的な人格の持ち主が日常的に実行できる。

　これを前提に，教育相談の基本的な態度は，共感的理解，無条件の肯定的配慮（受容），自己一致の態度を維持しつつ，児童生徒への**傾聴**を行い，対話の中で得たさまざまな洞察をもとに，児童生徒の葛藤の解消・緩和と人格の成熟を期待するものである。こうした態度は訓練により学ぶことができる。

　この基本的態度はロジャーズによるセラピストの６条件のうち，特に重要といわれる**３条件**（共感的理解，無条件の肯定的配慮，自己一致）に基づいている。

　共感的理解とは相談する人になりきることではなく，児童生徒の経験を自分のことのように感じながら理解し，それを児童生徒に伝えることである。そこには自分と児童生徒が別人であるという距離感も必要とされる。

　無条件の肯定的配慮（受容）とは，自分と児童生徒の感じ方が違っていたとしても，児童生徒を批判せず，児童生徒の経験を尊重することである。教育相談では「そんな考え方ではダメだ」と児童生徒の意見を否定したり，すぐに解決策を与えたりしない。教師と意見が違っていても，まずは意見を傾聴し，児童生徒の中に問題を解決する力が育つのを待たなければならない。これは非指示的姿勢ともいわれる。面接では沈黙が生じるが，発言を急かすことはない。沈黙はクライエントが心の問題を整理する時間として尊重される。

　教育相談では，教師は適切な範囲で自己開示を行い，話し合うことも必要だが，そこに嘘やお世辞，児童生徒へのおもねりがあってはいけない。これは**自己一致**（真実性）と呼ばれる原則である。なお教育相談の会話では「はい」や「いいえ」では答えられない，クライエントの独自の感じ方，物の見方を尋ねる**オープンクエスチョン**（開かれた質問）が重視される（表 13-2）。

　３原則を守り，オープンクエスチョンを織りまぜながら会話を続けていると，児童生徒との間に「教育相談上の意味のある信頼関係」を築くことができる。この信頼関係を**ラポール**と呼ぶ。

　それぞれの教員やスクールカウンセラーがその人らしいやり方で児童生徒とリレーションやラポールを形成している。上記の３条件をその教員らしく

表13-2　セラピストの3条件

共感的理解	クライエントの内的世界をあたかも自分自身のものであるかのように感じ取り，クライエントに正確に伝える。この「あたかも～のように（as if）」という性格を失うと同一視（治療者が自分の体験とクライエントの体験が同じだと思い込むこと）や同情におちいってしまう。
無条件の肯定的配慮（受容）	治療者はクライエントを自己成長の潜在能力をもった人間として尊重し，無条件に（たとえ自分とは価値が異なっていようとも）あるがままを受け入れ，彼と向かい合う。
自己一致（真実性）	治療者は防衛的にとりつくろったり専門的権威に隠れたりせず，正直な自分を出すべきである。そのためには治療者自らが自分の感情と意識，そして話す言葉とが自己一致していなければならない。

出典：菅野　1996。

取り入れることでラポールは促進される。

　日本の教育相談の実際はロジャーズが提唱する態度によるところが大きく，これを基本にして面接技法が磨かれ，必要に応じて他の方法も加えていく折衷的立場で児童生徒に接している現実がある。

　國分（1981）は学校カウンセリングや教育相談は①学校が対応する問題の多様性，②クライエントへの積極的な働きかけも必要という理由から，一つの流派に限定することなく，折衷的な立場で相談活動を行うべきと主張している。そこで，①カウンセリングの目標（症状除去か，認知変容か，連携が必要かなど），②問題の性質（情緒的か，知的か，緊急か，慢性的かなど），③クライエントの特性（洞察力の高低，発達年齢など）の3点を考慮して，ケースの性質に合わせてアプローチを調整し，実践していく立場が**折衷的立場（折衷的カウンセリング）**である。

（2）教育相談の技法

　教育相談には，個人対応と集団対応がある。個人対応では児童生徒に個別の面接を行うのに対し，集団対応ではクラスや学年全体に**心理教育**を行う。心理教育とは，「普通学級に在籍する子どもから成る集団（主に学級集団）を対象とし，子どもの心理的，社会的健康を増進することを目指した，心理学的知見，心理臨床実践を応用した教育実践活動」と定義される（安達 2012）。たとえば，「総合の時間にクラスで構成的エンカウンターを行い，人間関係を

よくする」などは，クラス単位に介入した心理教育的な集団対応である。

1）個人対応の技法

「生徒指導提要」で紹介されている個人対応の技法を表 13-3 に挙げる。

これらの技法は教育相談のいわば基礎技法だが，これ自体を表面的に使用してもあまり効果はない。これらの基礎技法を押さえたうえで，児童生徒に自然に対応できるようになるには，数年の研修が必要になるだろう。

表 13-3　教育相談で用いるカウンセリング技法

つながる言葉かけ	いきなり本題から始めるのではなく，始めは相談に来た労をいたわったり，相談に来たことを歓迎する言葉かけ，心をほぐすような言葉かけを行います。
	例：「部活のあと，ご苦労さま」「待ってたよ」「緊張したかな」など
傾聴	丁寧かつ積極的に相手の話に耳を傾けます。よくうなずき，受け止めの言葉を発し，時にこちらから質問します。
	例：「そう」「大変だったね」　など
受容	反論したくなったり，批判したくなったりしても，そうした気持ちを脇において，児童生徒のそうならざるを得ない気持ちを推し量りながら聞きます。
繰り返し	児童生徒がかすかに言ったことでも，こちらが同じことを繰り返すと，自分の言葉が届いているという実感を得て児童生徒は自信を持って話すようになります。
	例：児童生徒「もう少し強くなりたい」 　　教員「うん，強くなりたい」
感情の伝え返し	不適応に陥る場合には，自分の感情をうまく表現できない場合が少なくありません。少しでも感情の表現が出てきたときには，同じ言葉を児童生徒に返し，感情表現を応援します。
	例：児童生徒「一人ぼっちで寂しかった」教員「寂しかった」
明確化	うまく表現できないものを言語化して心の整理を手伝います。
	例：「君としては，こんなふうに思ってきたんだね」
質問	話を明確化する時，意味が定かでない時に確認する場合，より積極的に聞いているよということを伝える場合などに質問を行います。
自己解決を促す	本人の自己解決力を引き出します。
	例：「君としては，これからどうしようと考えている？」「今度，同じことが生じたとき，どうしようと思う？」

出典：文部科学省 2010。

2）集団対応の技法

　文部科学省（2010）は，「生徒指導提要」の「教育相談の新たな展開」の中で，表13-4のような心理教育的アプローチを挙げている。これらのアプローチは，個人を対象に行われるだけではなく，道徳や特別活動などの時間を使って，学級や学年を対象に集団で行われることも多い。

表 13-4　教育相談で活用できる心理教育的アプローチ

エンカウンターグループ	一般的には，人間関係づくりや相互理解などを目的に行われ，学級づくりや保護者会などで用いられることが多い。
ピア・サポート（活動）	「ピア」とは「同士」や「仲間」のことであり，児童生徒の社会性を段階的に育成し，児童生徒同士がお互いに支え合う関係をつくるためのプログラム。「ウォーミングアップ」「主活動」「振り返り」という流れを一単位として，段階的に積み重ねる。
ソーシャル・スキル・トレーニング	社会生活で必要なスキルの向上を目的に行われる。個人を対象に行われるものから集団を対象に行われるものもある。具体的なスキルとしては，「自分の考えていることを適切に伝えるスキル」「上手に断るスキル」などがある。
アサーション・トレーニング	「主張訓練」とも訳されるが，対人場面で自分の思いや考えていることを適切な形で主張する方法をトレーニングする。
アンガーマネジメント	怒りの対処法を段階的に学ぶ方法で，怒りなどの否定的な感情をコントロール可能な形に変える。「身体感覚に焦点をあてる」「身体感覚を外在化してコントロールの対象とする」「感情のコントロールについて話をする」などの段階を経て行われる。「呼吸法」や「動作法」なども取り入れられる。
ストレスマネジメント教育	ストレスに対する対処方法を学ぶもので，ストレスの発生メカニズムや，「リラクセーション」や「コーピング」など具体的な対処方法について学習する。
ライフスキルトレーニング	自分の身体や心を守り，健康に生きるためのトレーニングである。「自尊心の維持」「意思決定」「自己主張コミュニケーション」「目標設定スキル」などの獲得を目指すトレーニングである。
キャリアカウンセリング	職業生活に焦点をあてて，自己理解，将来の生き方，自分の目標に必要な力の育て方などをカウンセリング的なかかわりを通して明確にしていく。

出典：文部科学省 2010 p.117 を一部改変。

261

コラム 13：指導死—生徒指導をきっかけとした子どもの死

　指導死とは教員の厳し過ぎる指導の影響で子どもが命を絶つ事態を指します。2017 年福井県の町立池田中学校で，校舎の 3 階の窓から中学校 2 年生の男子生徒が飛び降り自殺をしました。遺書が残されており，町教育委員会は「担任と副担任から強い叱責を受けて追い詰められた末の自殺」としました。これを受けて文部科学省は都道府県教育委員会に「特性や発達段階を十分考慮せず，いたずらに注意や叱責を繰り返すことは，児童生徒を精神的に追い詰めることにつながりかねない」という通知を出しています。

　体罰が禁止されていることからわかるように，教員はむやみに，また無制限に児童生徒に懲戒ができるわけではありません。

　教員は法律に基づく懲戒と，法に基づかない懲戒を行っています。代表的な懲戒は，注意，叱責，居残り，起立，宿題，清掃，文書指導，別室指導，訓告などですが，実際，学校における懲戒はどこまで許されるのでしょうか。以下のものは体罰にはならないとされています。

- ・放課後等に教室に残留させる。
- ・学習課題や清掃活動を課す。
- ・学校当番を多く割り当てる。
- ・立ち歩きの多い児童生徒を叱って席につかせる。

　実際の学校生活では児童生徒を教室に入れないことがあります。これはどこまでが許されるのでしょうか（2010 年度奈良県教育委員会）。

- ・単に授業に遅刻，授業中学習を怠けたこと等を理由として，児童生徒を教室に入れず又は教室から退去させ，指導を行わないままに放置することは，義務教育における懲戒の手段としては許されない。
- ・授業中，児童生徒を教室内に入れない，または教室から退去させることは，その児童生徒のために当該授業に代わる指導が別途行われるのであれば，懲戒の手段として差し支えない。
- ・児童生徒が学習を怠り，喧騒その他の行為により他の児童生徒の学習を妨げるような場合には，教室内の秩序を維持するため，必要な間，教室外に退去させることは懲戒にあたらない。

　これらもすべて，児童生徒の健康状態や精神状態を考えて，肉体的苦痛を与えない範囲で許されるものです。文部科学省の調査では 2006〜2015 年度，中高生 13 人が「教職員との関係での悩み」を原因に自殺しています。毅然とした対応も必要ですが，最低限，児童生徒の意見もよく聞く必要があるでしょう。また，児童生徒が病的な状態になるほど精神的に追い詰める懲戒や説諭は現に戒めなければなりません。

コラム 14：学校における LGBT への理解

　LGBT（エル・ジー・ビィー・ティー：性的マイノリティ）とは女性同性愛者（レズビアン，Lesbian），男性同性愛者（ゲイ，Gay），両性愛者（バイセクシュアル，Bisexual），トランスジェンダー（Transgender）の各単語の頭文字を組み合わせた表現です。トランスジェンダーは広い意味で心と体の性別認識に相違がある人です。トランスジェンダーの中には，性同一性障害として身体的治療を望む人もいれば，まったく望まない人もいます。

　性同一性障害とは，出生時に割り当てられた性別とは異なる性の自己意識をもつために，自らの身体的性別に持続的な違和感をもち，自己意識に一致する性別を求め，ときには身体的性別を自分の性別の自己意識に近づけるために医療を望むことさえある状態を指します。

　2012 年に国連開発計画が発表したレポートによると，「300 人に 1 人はトランスジェンダー」です。つまり 1 学年に 1 人以上は LGBT の児童生徒がいます。また，日本では電通ダイバーシティラボ（2015）が日本の人口の7.6 ％（13 人に 1 人）という報告をしています。ここからダイバーシティ・マネジメントやクィア理論も登場しています。**ダイバーシティ・マネジメント**(Diversity Management) とは，個人や集団間に存在するさまざまな違い，すなわち「多様性」を反映させた文化や制度をつくっていこうとするアプローチです。**クィア理論**とは，画一的な性の分類を再構築するための哲学的・社会学的理論で，ラウレティスなどが代表的な理論家です。

　日本の民間団体「いのちリスペクト。ホワイトリボン・キャンペーン」が実施した「LGBT の学校生活調査」で，日本の性的少数者の約 7 割が学校でいじめられたことがあり，3 割が自殺企図の経験があるとわかりました。文部科学省（2015）は性的マイノリティの子どもについて配慮を求める通知を全国の国公私立の小・中・高等学校に出しました。そこでは，教員が性的マイノリティへの心ない言動を慎むことや，服装や髪形について否定しないことが指摘されました。またサポートチームの設置も推奨されています。

　性同一性障害の子どもへの配慮事項についても，「児童生徒が自認する性別の制服を認める」「着替えの際に皆とは別に保健室の利用を認める」「修学旅行で入浴時間をずらす」などを例示しています。さらに卒業証明書に変更後の性別を書くことなど，柔軟な対応を求めています。

あとがき

　以前から「実践的指導力のある教員養成」が必要であることが指摘されてきました。実践的指導力の定義にはいろいろあると思います。私の中で実践的指導力とは，どんな子どもも理解できる授業を展開する力，子どもたちのやる気を高める力，どんな問題にも臨機応変に対応していく力，子どもや保護者と信頼関係を築く力のことだと思っています。そして，こうした力を身につけるにあたって，教育心理学は非常に有効な学問だと考えています。

　一方，大学で教育心理学の授業を担当している中で常に感じていたことは，「実践的指導力を身につけるために教育心理学は有効な学問である」ことを伝える難しさでした。もちろん，その原因のほとんどは，私の力量不足です。しかし，現場経験の少ない学生たちにとって，教育心理学で紹介される理論と実践のつながりはイメージしづらい部分があるようで，多くの学生は教養的な理解にとどまってしまうような印象をもっていました。極端な例では，教員採用試験に合格するために単純に暗記するものと割り切っている学生にも会ったことがあります。

　本書は，こうした課題を少しでも解決できないかという思いから，もう一人の編者である斎藤富由起先生と企画したものになります。教育心理学の理論と実践とのつながりがイメージしやすい本になるように，研究と教育実践の両方をされている先生を中心に執筆の依頼をいたしました。お忙しい中，突然の執筆依頼を快くお引き受けいただいた先生方に，この場をお借りして心よりお礼申し上げます。

　また，本書の出版の機会を与えてくださった，八千代出版の森口恵美子代表取締役，編集部の井上貴文さんには多大なるご支援を賜りました。特に遅々として進まない私の原稿をお待ちいただき，お二人にはたくさんの励ましのお言葉を頂戴いたしました。深く感謝申し上げます。

　最後になりますが，本書はこれまで私たちが出会ってきた子どもたち，先生方，そして学生たちとのかかわりから生まれました。皆さんとの実践の機

会なくして本書はありえませんでした。本書が少しでも皆さんのお力になれればこれに勝る喜びはありません。心より感謝申し上げます。

2019 年 5 月 21 日

守谷　賢二

引用・参考文献

【第 1 章】

子安増生（1992）「教育心理学の課題」子安増生ら『ベーシック現代心理学　教育心理学（新版）』有斐閣

日本教育心理学会編（2003）『教育心理学ハンドブック』有斐閣

藤澤伸介（2017）「学習とは何か」藤澤伸介編『探究！教育心理学の世界』新曜社

文部科学省（2003）「今後の特別支援教育のあり方について（最終報告）」

文部科学省（2010）「生徒指導提要」

文部科学省（2012）「通常の学級に在籍する発達障害の可能性のある特別な教育的支援を必要とする児童生徒に関する調査結果について」（http://www.mext.go.jp/a_menu/shotou/tokubetu/material/__icsFiles/afieldfile/2012/12/10/1328729_01.pdf）

【コラム 1】

天野郁夫（2006）『教育と選抜の社会史』ちくま学芸文庫

市川伸一（2017）「日本の学校教育と心理学」藤澤伸介編『探求！教育心理学の世界』新曜社

小川正人（2016）「教育課程行政と新学力の課題」小川正人・勝野正章編著『教育行政と学校経営』放送大学教育振興会

橘木俊詔（2016）「教育の役割を問う」『日本の教育格差』岩波新書

【第 2 章】

Ainsworth, M. D. S. et al (1978) *Patterns of Attachment: Psychological Study of the Strange Situation*, Erlbaum.

Butterworth, L. E. G. & Harris, M. (1994) *Principles of Developmental Psychology*, Lawrence Erlbaum.（村井潤一監訳，小山正ら訳〔1997〕『発達心理学の基本を学ぶ─人間発達の生物学的・文化的基盤』ミネルヴァ書房）

Main, M. & Solomon, J. (1990) Procedures for Identifying Infants as Disorganized-Disoriented During the Ainsworth Strange Situation, In M. T. Greenberg et al (Eds.) *Attachment in the Preschool Years: Theory, Research, and Intervention*, University of Chicago Press.

Vygotsky, L. S. (1934) *Thought and Language*, The MIT Press.（ヴィゴツキー, L. S. 著, 柴田義松訳〔1962〕『思考と言語』明治図書出版）

小野瀬雅人（1991）「発達の最近接領域」新井邦二郎編『図でよむ心理学』福村出版

コールバーグ, R. 著, 岩佐道信訳（1987）『道徳性の発達と道徳教育─コールバーグ理論の展開と実践（付：アメリカの道徳教育）』広池学園出版部

野田満（2007）「学習・認知・言語の発達」青柳肇・野田満編『ヒューマン・ディベロップメント』ナカニシヤ出版

藤永保ら（1987）『人間発達と初期環境─初期環境の貧困に基づく発達遅滞児の長期追跡研究』有斐閣

ボウルビィ, J. 著, 黒田実郎ら訳（1991）『愛着行動─母子関係の理論（新版）』岩崎学術出

版社

【コラム 2】

朝日新聞 DIGITAL（2013）1 月 22 日号「桜宮高バスケ部主将の自殺と体罰」
　（http://webronza.asahi.com/national/themes/2913012200001.html）

「子どもを健やかに育むために―愛の鞭ゼロ作戦」（http://www.jaog.or.jp/wp/wp-content
　/uploads/2017/05/ainomuchizero.pdf）

友田明美（2017）『子どもの脳を傷つける親たち』NHK 出版新書

文部科学省（2013）「学校教育法第 11 条に規定する児童生徒の懲戒・体罰等に関する参考
　事例」（http://www.mext.go.jp/a_menu/shotou/seitoshidou/1331908.htm）

【第 3 章】

Baron-Cohen, S. et al（1985）Does the Autistic Child Have a "Theory of Mind"?,
　Cognition, 21, pp.37-46.

Eisenberg, N.（1992）*The Caring Child*, Harvard University Press.（二宮克美ら訳〔1995〕
　『思いやりのある子どもたち―向社会的行動の発達心理』北大路書房）

Fants, R. L.（1961）The Origins of Form Perception, *Scientific American*, 204, pp.66-72.

Gathercole, S. E. & Alloway, T. P.（2008）*Working Memory and Learning: Practical
　Guide for Tearchers*, SAGE Publication.（湯澤正通・湯澤美紀訳〔2009〕『ワーキングメ
　モリと学習指導』北大路書房）

Gelman, R. & Galistel, C. R.（1978）*The Child's Understanding of Number*, Harvard
　University Press.（小林芳郎・中島実訳〔1989〕『数の発達心理学―子どもの数の理解』
　田研出版）

Perten, M. S.（1932）Social Participation Among Pre-school Children, *Journal of
　Abnormal and Social Psychology*, 27, pp.243-269.

Scammon, R. E.（1930）The Measurement of the Body in Childhood, In J. A. Harris et al
　（Eds.）*The Measurement of Man*, University of Minnesota Press.

Tomasello, M.（1999）*The Cultural Origins of Human Cognition*, Harvard University
　Press.（大堀寿夫ら訳〔2006〕『心とことばの起源を探る』勁草書房）

遠城寺宗徳（2009）『遠城寺式乳幼児分析的発達検査法（九州大学小児科改定新装版）』慶
　應義塾大学出版会

岡部康成（2010）「妊娠・胎児期―体内でも聞こえる母親の声」若尾良徳・岡部康成編著
　『発達心理学で読み解く保育エピソード』北樹出版

岡本夏木（1985）『ことばと発達』岩波新書

小田切陽一ら（2013）「わが国の肥満傾向児と痩身傾向児の出現率に対する年齢-時代―コ
　ホート効果（1977-2006 年）と 2007-2016 年の出現率の推計」『日本公衆衛生雑誌』第 60
　巻 6 号，356-369 頁

小野寺敦子（2009）『手にとるように発達心理学がわかる本』かんき出版

柏木恵子（1988）『幼児期における「自己」の発達―行動の自己制御機能を中心に』東京大
　学出版会

白佐俊憲編（1982）『保育・教育のための心理学図説資料』川島書店

西尾博（2001）「1 歳児以降（検査用紙 3〜5 葉）の検査」中瀬惇・西尾博編著『新版 K 式
　発達検査反応実例集』ナカニシヤ出版

深谷優子（2011）「読む力の発達」伊藤亜矢子編著『エピソードでつかむ児童心理学』ミネルヴァ書房

藤井勝紀（2013）「発育発達と Scammon の発育曲線」『スポーツ健康科学研究』第 35 巻，1–16 頁

フリス，U. 著，冨田真紀・清水康夫訳（1991）『自閉症の謎を解き明かす』東京書籍（Frith, U.〔1989〕*Autism: Explaining the Enigma*, Wiley–Blackwell.）

保坂亨（2010）『いま，思春期を問い直す—グレーゾーンにたつ子どもたち』東京大学出版会

保坂亨・岡村達也（1986）「キャンパス・エンカウンターグループの発達的・治療的意義の検討」『心理臨床学研究』第 4 巻，15–26 頁

三宅和夫監修（1989）『KIDS 乳幼児発達スケール〈タイプ T〉』発達科学研究教育センター

明和政子（2012）「乳児の認知」高橋恵子ら編『発達科学入門 2 胎児期〜児童期』東京大学出版会

文部科学省（2017）「平成 29 年度 学校保健統計（学校保健統計調査報告書）」

ローレンツ，K. 著，日高敏隆訳（1998）『ソロモンの指環—動物行動学入門』早川書房（Lorenz, K.〔1980〕*King Solomon's Ring*, Time Life Books.）

【コラム 3】

Egan, K.（2010）*Learning in Depth: A Simple Innovation That Can Transform Schooling*, The University of Chicago Press.（高屋景一・佐柳光代訳〔2016〕『深い学びをつくる—子どもと学校が変わるちょっとした工夫』北大路書房）

【第 4 章】

Atkinson, R. C. & Shiffrin, R. M.（1971）The Control of Short–term Memory, *Scientific American*, 225(2), pp.82–90.

Baddeley, A. D. & Hitch, G.（1974）Working Memory, In G. H. Bower（Ed.）*The Psychology of Learning and Motivation: Advances in Research and Theory*, 8, pp.47–89.

Baltes, P. B. et al（1984）New Perspectives on the Development of Intelligence in Adulthood: Toward a Dualprocess Conception and a Model of Selective Optimization with Compensation, In P. B. Baltes & O. G. Brim, Jr.（Eds.）*Life–span Development and Behavior*, Academic Press.

Craik, F. I. & Lockhart, R. S.（1972）Levels of Processing: A Framework for Memory Research, *Journal of Verbal Learning and Verbal Behavior*, 11, pp.671–684.

Guilford, J. P.（1967）*The Nature of Human Intelligence*, McGraw–Hill.

Mayer, J. D. & Salovey, P.（1993）The Intelligence of Emotional Intelligence, *Intelligence*, 17(4), pp.433–442.

Miller, G. A.（1956）The Magical Number Seven, Plus or Minus Two: Some Limits on Our Capacity for Processing Information, *Psychological Review*, 63(2), pp.81–97.

Squire, L. R. & Zola, S. M.（1996）Structure and Function of Declarative and Nondeclarative Memory Systems, *Proceedings of the National Academy of Sciences*, 93(24), pp.13515–13522.

Vernon, P. E.（1950）*The Structure of Human Abilities*, Methuen.

岡本奎六（1987）「知能の因子構造に関する研究展望」『成城文藝（成城学園創立 70 周年記

念特集号）』第 119 巻，660–633 頁

子安増生（2001）「多重知能理論からみた近年の教育改革批判」『京都大学大学院教育学研
　究科紀要』第 47 巻，28–50 頁

滝沢武久（1971）『知能指数―発達心理学からみた IQ』中公新書

中村淳子・大川一郎（2003）「田中ビネー知能検査開発の歴史」『立命館人間科学研究』第
　6 巻，93–111 頁

野崎優樹（2017）『情動コンピテンスの成長と対人機能―社会的認知理論からのアプロー
　チ』ナカニシヤ出版

三宅晶・齊藤智（2001）「作動記憶研究の現状と展開」『心理学研究』第 72 巻 4 号，336–350
　頁

【第 5 章】

Abrahamson, D. & Lindgren, R.（2014）Embodiment and Embodied Resign, In R. K.
　Sawyer（Ed.）*The Cambridge Handbook of the Learning Sciences*, Cambridge
　University Press.

Alberto, P. A. & Troutman, A. C.（1999）*Applied Behavior Analysis for Teachers*（5th
　ed.）, Prentice-Hall.（佐久間徹ら〔2004〕『はじめての応用行動分析（日本語版第 2 版）』
　二瓶社）

Ausubel, D. P.（1963）*The Psychology of Meaningful Verbal Learning*, Grune & Stratton.

Bandura, A.（1965）Influence of Models' Reinforcement Contingencies on the Acquisition
　of Imitative Responses, *Journal of Personality and Social Psychology*, 1, pp.589–595.

Bandura, A.（1971）Analysis of Modeling Processes, In A. Bandura（Ed.）*Psychological
　Modeling: Conflicting Theories*, Aldine Atherton.（原野広太郎・福島脩美訳〔1975〕『モ
　デリングの心理学』金子書房）

Bandura, A. et al（1963）Imitation of Film-mediated Aggressive Models, *Journal of
　Abnormal and Social Psychology*, 66, pp.3–11.

Berger, S. M.（1962）Conditioning through Vicarious Instigation, *Psychological Review*, 69,
　pp.450–466.

Bronfenbrenner, U.（1979）*The Ecology Human Development: Experiments by Nature and
　Design*, Harvard University Press.（磯貝芳郎・福富護訳〔1996〕『人間発達の生態学―
　発達心理学への挑戦』川島書店）

Cooper, J. O. et al（2007）*Applied Behavior Analysis*（2nd ed.）, Prentice-Hall.（中野良顯
　訳〔2013〕『応用行動分析学（第 2 版）』明石書店）

Evans, M（2016）*Reflections on the Learning Sciences*, Cambridge University Press.

Lave, J. & Wenger, E.（1991）*Situated Learning: Legitimate Peripheral Participation*,
　Cambridge University Press.

Levy, S. T.（2012）Young Children's Learning of Water Physics by Constructing Working
　Systems, *International Journal of Technology Design Education*, pp.537–566.

Lindgren, R.（2012）Generating a Learning Stance through Perspective: Taking in a
　Virtual Environment, *Computers in Human Behavior*, 28(4), pp.1130–1139.

Lindgren, R. & Bolling, A.（2013）Assessing the Learning Effects of Interactive
　Bodybased Metaphors in a Mixed Reality Science Simulation, Paper presented at the
　Annual Meeting of the American Educational Research Association.

Papert, S.（1980）*Mindstorms: Children, Computers, and Powerful Ideas*, Basic Books.

Rogoff, B.（2003）*The Cultural Nature of Human Development*, Oxford University Press.（當眞千賀子訳〔2006〕『文化的営みとしての発達―個人，世代，コミュニティ』新曜社）

Rumelhart, D. E. & Ortony, A.（1977）The Representation of Knowledge in Memory, In R. C. Anderson et al（Eds.）*Schooling and the Acquisition of Knowledge*, Routledge.

Subbotsky, E.（1995）The Development of Pragmatic and Nonpragmatic Motivation, *Human Development*, 38, pp.217–234.

Tough, P.（2016）*Helping Children Succeed: What Works and Why*, Houghton Mifflin Harcourt.

Watson-Gegeo, K. A. & Gegeo, D. W.（1988）Schoolirg, Knowledge and Power: Social Transformation in the Solomon Islands, *Universitv of Hawai'i Working Papers in ESL*, 7(1), pp.119–140.

木村裕（1985）「古典的条件づけ」山内光哉・春木豊編著『学習心理学―行動と認知』サイエンス社

斎藤富由起（2016）「身体性に基づく認知科学と動作主導感」『臨床発達心理学』DTP出版

塘利枝子（1996）「社会・文化」青柳肇・杉山憲司編『パーソナリティ形成の心理学』福村出版

藤澤伸介（2017）「学習とは何か」藤澤伸介編『探求！教育心理学の世界』新曜社

守谷賢二（2015）「パニック行動と応用行動分析」廣木道心ら『発達障がいのある子どもへの支援介助法』ナカニシヤ出版

吉田梨乃・江南健志（2017）「身体化認知から見たシステマ親子クラスの『よい動きのストック』に関する研究」『千里金蘭大学紀要』第14巻，37-46頁

吉田梨乃・斎藤富由起（2015）「システマ親子クラスにおけるコミュニケーションおよび運動の学びに関する研究―ボディワークとしてのシステマ」『千里金蘭大学紀要』第12巻，13-18頁

【コラム4】

Sawyer, R. K.（2003）*Group Creativity: Music, Theater, Collaboration*, Psychology Press.

Sawyer, R. K.（2005）*Social Emergence: Societies as Complex Systems*, Cambridge University Press.

Sawyer, R. K.（2011）*Structure and Improvisation in Creative Teaching*, Cambridge University Press.

【コラム5】

富田英司・中川惠正研究室（2015）『児童・生徒のためのモニタリング自己評価法―ワークシートと協同学習でメタ認知を育む』ナカニシヤ出版

【第6章】

Ausubel, D. P. & Robinson, F. G.（1969）*School Learning: an Introduction to Educational Psychology*, Holt, Rinehart and Winston.（吉田章宏・松田彌生訳〔1984〕『教室学習の心理学』黎明書房）

Cosden, M. A. & Haring, T. G.（1992）Cooperative Learning in the Classroom: Contingencies, Group Interactions, and Students with Special Needs, *Journal of*

Behavioral Education, 2, pp.53–71.

Johnson, D. W. et al (1991) *Cooperative Learning: Increasing College Faculty Instructional Productivity, ASHE-ERIC Higher Education Report*, 4, School of Education and Human Development, The George Washington University.

Johnson, D. W. et al (1993) *Circle of Learning: Cooperation in the Classroom* (4th ed.), Interaction Book Company.

Kilpatrick, W. H. (1918) The Project Method: The Use of the Purposeful Act in the Education Process, *Teachers College Record*, 19, pp.319–335.

Lave, J. (1988) *Cognition in Practice: Mind, Mathematics and Culture in Everyday Life*, Cambridge University Press.

McMaster, K. L. & Fuch, D. (2002) Effects of Cooperative Learning on the Academic Achievement of Students with Learning Disabilities: An Update of Tateyama–Sniezek's Review, *Learning Disabilities Research and Practice*, 17(2), pp.107–117.

Parkhurst, H. (1992) *Education on THE DALTON PLAN*, Parkhurst Press.

Saxe, G. B. (1988) Candy Selling and Math Learning, *Educational Researcher*, 17(6), pp.14–21.

Skinner, B. F. *Teaching Machine and Programmed Learning* (https://slideplayer.com/slide/8687715/)

Slavin, R. E. (1990) *Cooperative Learning: Theory, Research and Practice*, Englewood Cliffs, NJ: Prentice–Hall.

Snell, M. E. et al (2000) Models of Peer Support in Instruction, In M. E. Snell & R. Janney (2000) *Social Relationships and Peer Support*, Paul H. Bookes Publishing Co.

Weinstein, C. E. & Mayer, R. E. (1986) The Teaching of Learning Strategies, In M. Wittrock (Ed.) *The Handbook of Research on Teaching*, Macmillan.

板倉聖宣（1966）『未来の科学教育』国土新書

教職課程研究会編（2003）『教育の方法と技術』実教出版

佐伯胖（1975）『「学び」の構造』東洋館出版社

佐藤学（1996）『教育方法学』岩波テキストブック

白水始（2012）「認知科学と学習科学における知識の転移」『人工知能学会誌』第27巻4号，347–358頁

水野りか（1998）「再活性化説に基づく効果的な分散学習スケジュールの実現」『教育心理学研究』第46巻2号，173–183頁

宮城県教育総合センター（2003）「実践　問題解決能力を向上させる指導」（http://www.edu-c.pref.miyagi.jp/longres/H15_A/pdf/gkgb28.pdf）

やまぐち総合教育支援センター（2019）「ティーム・ティーチング」（http://www.ysn21.jp/furecen/q-a/07-04teamteaching.pdf）

【第7章】

Atkinson, J. W. (1957) Motivational Determinants of Risk–taking Behavior, *Psychological Review*, 64, pp.359–372.

Bandura, A. (1977) Self–efficacy: Toward a Unifying Theory of Behavior Change, *Psychological Review*, 84, pp.191–215.

Bandura, A. (1985) *Social Foundations of Thought and Action: A Social Cognitive*

Theory, Prentice-Hall.

Bandura, A. (1997) *Self-efficacy: The Exercise of Control*, Worth Pub.

Deci, E. L. (1971) Effects of Externally Mediated Rewards on Intrinsic Motivation, *Journal of Personality and Social Psychology*, 18, pp.105-115.

Deci, E. L. & Ryan, R. M. (1995) Human Autonomy: The Basis for True Self-esteem, In M. H. Kernis (Ed.) *Plenum Series in Social/Clinical Psychology. Efficacy, Agency, and Self-esteem*, Plenum Press.

Deci, E. L. & Ryan, R. M. (2000) The "What" and "Why" of Goal Pursuits: Human Needs and the Self-determination of Behavior, *Psychological Inquiry*, 11, pp.227-268.

Dweck, C. S. (1975) The Role of Expectations and Attributions in the Alleviation of Learned Helplessness, *Journal of Personality and Social Psychology*, 31, pp.674-685.

Gray, J. A. (1970) The Psychophysiological Basis of Introversion-extraversion, *Behavioral Research and Therapy*, 8, pp.249-266.

Gray, J. A. (1981) A Critique of Eysenck's Theory of Personality, In H. J. Eysenck (Ed.) *A Model for Personality*, Springer.

Gray, J. A. (1982) *Neuropsychological Theory of Anxiety*, Oxford University Press.

Gray, J. A. (1987) *The Psychology of Fear and Stress*, Cambridge University Press.

Nakamura, J. & Csikszentmihalyi, M. (2002) The Concept of Flow, In C. R. Snyder & S. J. Lopez (Eds.) *Handbook of Positive Pssychology*, Oxford University Press.

Seligman, M. E. P. & Maier, S. F. (1967) Failure to Escape Traumatic Shock, *Journal of Experimental Psychology*, 74, pp.1-9.

White, R. W. (1959) Motivation Reconsidered: The Concept of Competence, *Psychological Review*, 66(5), pp.297-333.

青柳肇 (2007)「動機づけの発達」青柳肇・野田満編『ヒューマン・ディベロップメント』ナカニシヤ出版

小針誠 (2018)『アクティブラーニング―学校教育の理想と現実』講談社現代新書

坂野雄二 (2002)「人間行動とセルフエフィカシー」坂野雄二・前田基成編『セルフ・エフィカシーの臨床心理学』北大路書房

坂野雄二・東條光彦 (1986)「一般性セルフ・エフィカシー尺度作成の試み」『行動療法研究』第12巻, 73-82頁

櫻井茂男 (2012)「夢や目標をもって生きよう！―自己決定理論」鹿毛雅治編『モティベーションをまなぶ12の理論―ゼロからわかる「やる気の心理学」入門！』金剛出版

高橋雄介ら (2007)「Grayの気質モデル―BIS/BAS尺度日本語版の作成と双生児法による行動遺伝学的検討」『パーソナリティ研究』第15巻3号, 276-289頁

竹中晃二ら (2002)「高齢者における転倒セルフエフィカシー尺度の開発―信頼性および妥当性の検討」『体育学研究』第47巻1号, 1-13頁

西村多久磨ら (2011)「自律的な学習動機づけとメタ認知的方略が学業成績を予測するプロセス―内発的な学習動機づけは学業成績を予測することができるのか？」『教育心理学研究』第59巻1号, 77-87頁

【第8章】

Deutsch, M. & Gerard, H. B. (1955). A Study of Normative and Informational Social Influence upon Individual Judgment, *Journal of Abnormal and Social Psychology*, 51(3), pp.629–636.

Eisenberg, N.（1986）*Altruistic Emotion, Cognition, and Behavior*, Lawrence Erlbaum Associates.

Lewin, K.（1936）*Principles of Topological Psychology*, McGraw-Hill.

Lippitt, R. & White, R.（1953）Leader Behavior and Member Reaction in Three "Social Climates", In D. Cartwright & A. Zander（Eds.）*Group Dynamics: Research and Theory*, Row, Peterson.

Sawyer, R. K.（2011）*Structure and Improvisation in Creative Teaching*, Cambridge University Press.

明里康弘（2009）「友だちを知り，仲良くしたいときに　再度，仲間づくりに挑戦したいときに　構成的グループ・エンカウンター（個と集団を育てる　学級づくりスキルアップ）―（学級づくりの技法―こんなとき，この技法を）」『児童心理』第 63 巻 6 号，108-113 頁

金山元春（2009）「心地よい人間関係を育みたいときに，いつでもどこでも　ソーシャルスキルトレーニング（個と集団を育てる　学級づくりスキルアップ）―（学級づくりの技法―こんなとき，この技法を）」『児童心理』第 63 巻 6 号，114-118 頁

川島裕子編著（2017）『〈教師〉になる劇場―演劇的手法による学びとコミュニケーションのデザイン』フィルムアート社

河村茂雄編著（2010）『日本の学級集団と学級経営―集団の教育力を生かす学校システムの原理と展望』図書文化社

國分康孝（1981）『エンカウンター―心とこころのふれあい』誠信書房

子安増生（2003）「学級集団の理解」子安増生ら編『教育心理学』有斐閣

高尾隆（2006）『インプロ教育―即興演劇は創造性を育てるか？』フィルムアート社

高尾隆ら（2010）『ドラマ教育入門―創造的なグループ活動を通して「生きる力」を育む教育方法』図書文化社

高尾隆ら（2011）「SST・チームビルディング・インプロ教育のコラボレーション―方法論としてのコラボレーション」斎藤富由起編『児童期・思春期の SST―学校現場のコラボレーション』三恵社

富山県総合教育センター（2019）「学級経営」（http://www.tym.ed.jp/c10/kensyu/mitishirube/p11-24.pdf）

藤本学（2004）「ソシオプロフィール法―関係性の親密さから見る小集団の構造」『対人社会心理学研究』第 4 巻，77-85 頁

ホルツマン，L. 著，茂呂雄二訳（2014）『遊ぶヴィゴツキー―生成の心理学へ』新曜社（Holzman, L.〔2008〕*Vygotsky at Work and Play*, Routledge.）

三隅二不二（1966）『新しいリーダーシップ―集団指導の行動科学』ダイヤモンド社

三隅二不二ら（1977）「教師のリーダーシップ行動測定尺度の作成とその妥当性の研究」『教育心理学研究』第 25 巻 3 号，157-166 頁

【コラム 6】

山野良一（2008）『子どもの最貧国・日本―学力・心身・社会におよぶ諸影響』光文社新書

Hashima, P. Y. & Amato, P. R.（1994）Poverty, Social Support, and Parental Behavior, *Child Development*, 65（2）, pp.394-403.

【コラム7】

斎藤富由起・吉森丹衣子（2017）「日本におけるフリースクールの歴史と活動に関する質的研究」『千里金蘭大学紀要』第14巻，21-29頁

【第9章】

鎌原雅彦・竹綱誠一郎（2005）『やさしい教育心理学（改訂版）』有斐閣アルマ

櫻井茂男（2003）「教育評価の考え方と方法」櫻井茂男編『たのしく学べる最新教育心理学』図書文化社

寺西和子（2001）『総合的学習の開拓25　総合的学習の評価—ポートフォリオ評価の可能性』明治図書出版

寺西和子（2003）『確かな力を育てるポートフォリオ評価の方法と実践』黎明書房

西岡加名恵（2016）『教科と総合学習のカリキュラム設計—パフォーマンス評価をどう活かすか』図書文化社

文部科学省（2016）「幼稚園，小学校，中学校，高等学校及び特別支援学校の学習指導要領等の改善及び必要な方策等について（答申）（中教審第197号）」(http://www.mext.go.jp/b_menu/shingi/chukyo/chukyo0/toushin/1380731.htm)

文部科学省（2018）「学習評価に関する資料」(http://www.mext.go.jp/b_menu/shingi/chousa/shotou/133/shiryo/__icsFiles/afieldfile/2017/09/15/1396227_14_1.pdf)

【第10章】

上田敏（2002）「国際障害分類初版（ICIDH）から国際生活機能分類（ICF）へ—改定の経過・趣旨・内容・特徴」(http://www.dinf.ne.jp/doc/japanese/prdl/jsrd/norma/n251/n251_01-01.html)

学習障害及びこれに類似する学習上の困難を有する児童生徒の指導方法に関する調査研究協力者会議（1999）「学習障害児に対する指導について（報告）」(http://www.mext.go.jp/a_menu/shotou/tokubetu/material/002.htm)

国立特殊教育総合研究所（2006）「ICFについて」(http://www.mext.go.jp/b_menu/shingi/chukyo/chukyo3/032/siryo/06091306/002.htm)

斎藤富由起（2012）「特別支援教育と臨床心理学の現在」斎藤富由起・守谷賢二編『児童期・思春期のSST—特別支援教育編』三恵社

ベネッセ総合教育研究所（2015）「発達障害のある子どもたちの学びに関わる問題フォーラム　筑波大学附属大塚特別支援学校　安部博志先生（前編）」(https://berd.benesse.jp/special/co-bo/co-bo_theme3-5.php)

文部科学省（2002）「通常の学級に在籍する発達障害の可能性のある特別な教育的支援を必要とする児童生徒に関する調査結果」

文部科学省（2012）「通常の学級に在籍する発達障害の可能性のある特別な教育的支援を必要とする児童生徒に関する調査結果」

文部科学省（2017）「教育関係職員の定員の状況について」(http://www.soumu.go.jp/main_content/000497035.pdf)

【コラム8】

阿部利彦（2014）『通常学級のユニバーサルデザインプランZERO』東洋館出版社

国立特別支援教育総合研究所（2019）「基礎的環境整備」(http://icedd.nise.go.jp/index.

php?page_id=1454)

【第 11 章】

Bonwell, C. C. & Eison, J. A. (1991) *Active Learning: Creating Excitement in the Classroom, ASHE-ERIC Higher Education Report*, ERIC Clearinghouse on Higher Education.

WHO (2018) Gaming Disorder (http://www.who.int/features/qa/gaming-disorder/en/)

天野一哉 (2013)『中国はなぜ「学力世界一」になれたのか―格差社会の超エリート教育事情』中公新書ラクレ

内田洋行教育総合研究所 (2019)「意外と知らない "アクティブ・ラーニングのねらい" (vol. 1)」(https://www.manabinoba.com/edu_watch/24310.html)

神奈川県ら (2014)「子どもたちのネット利用に係る実態調査結果報告書」

木枝暢夫 (2017)「報告 コラボレーションルームを活用した反転型授業の試み」『湘南工科大学紀要』第 51 巻 1 号，101-104 頁

小針誠 (2018)『アクティブラーニング―学校教育の理想と現実』講談社現代新書

斎藤富由起ら (2007)「ニートの理解と対応に関する研究その 1―キャリア教育の視点から」『日本教育心理学会総会発表論文集』第 49 巻，509 頁

佐藤学 (2000)『「学び」から逃走する子どもたち』岩波ブックレット 524

澤井陽介 (2017)『授業の見方―「主体的・対話的で深い学び」の授業改善』東洋館出版社

茂野賢治 (2018)「アクティブ・ラーニング型の授業に向けた教師による児童の社会情緒面への働きかけとその機能―小学校 2 年生の算数授業のディスコースに焦点を当てて」『立命館教職教育研究』第 5 巻，63-70 頁

社浦竜太ら (2007)「ニートの理解と対応に関する研究その 2―ニートの不安に関する質的研究」『日本教育心理学会総会発表論文集』第 49 巻，510 頁

政府広報オンライン (2016)「ここにもあります！相談できる窓口が。『いじめ』しないさせない 見逃さない」(https://www.gov-online.go.jp/useful/article/201505/2.html)

総務省 (2014)「平成 26 年版 情報通信白書」

総務省情報通信政策研究所 (2013)「青少年のインターネット利用と依存傾向に関する調査」

高木徹・中山貴子 (2018)「CLIL を使った小学校英語活動実践―その効果と今後の課題について」『現代教育学部紀要』第 10 巻，95-104 頁

田上哲 (2016)「アクティブ・ラーニングとどう向き合うか」『教育と医学』第 64 巻 10 号，1-5 頁

中央教育審議会 (2012)「予測困難な時代において生涯学び続け，主体的に考える力を育成する大学へ」

中央教育審議会 (2015)「教育課程企画特別部会における論点整理について（報告）」

中央教育審議会 (2016a)「次期学習指導要領等に向けたこれまでの審議のまとめについて（報告）」

中央教育審議会 (2016b)「幼稚園，小学校，中学校，高等学校及び特別支援学校の学習指導要領等の改善及び必要な方策等について（答申）補足資料」

東京大学社会科学研究所・ベネッセ教育総合研究所 (2016)「子どもの生活と学びに関する調査 2016」

徳橋和人・水落芳明 (2018)「自己モニタリングが自律的な学習態度に与える効果に関する

事例的研究—アクティブ・ラーニングを促す小学校算数科の授業における学習者の変容」『臨床教科教育学会誌』第 17 巻 2 号，59–68 頁

中野民夫（2001）『ワークショップ』岩波新書

中邑賢龍・近藤武夫（2012）『発達障害の子を育てる本—ケータイ・パソコン活用編』講談社

西川純（2015）『アクティブ・ラーニング入門』明治図書出版

橋元良明・総務省情報通信政策研究所（2013）「2012 年日本人の情報行動　東京大学大学院情報学環情報学研究」

本田由紀ら（2006）『「ニート」って言うな！』光文社新書

三重大学高等教育研究所（2017）「ディープ・アクティブラーニングの理論と方法—Teaching から Learning へのパラダイムシフト」『三重大学高等教育研究別冊増刊号』

邑上裕子（2018）「アクティブ・ラーニングの基本となる国語科の指導—小学校『話すこと・聞くこと』の指導を中心に」『明星大学教職センター年報』第 1 巻，69–79 頁

文部科学省（1996）「第 15 期中央教育審議会第一次答申」

文部科学省（2016a）「児童生徒の問題行動・不登校等生徒指導上の諸課題に関する調査」

文部科学省（2016b）「情報に関わる資質・能力について　平成 26 年 1 月 18 日総則・評価特別部会　資料 2–1」

山田昌弘（2004）『希望格差社会—「負け組」の絶望感が日本を引き裂く』筑摩書房

米田佐紀子・太田美帆（2018）「学生は小学生に対する英語指導から何を学んだのか—地域連携事業における大学生のアクティブ・ラーニングの効果の検証」『玉川大学文学部紀要』第 58 巻，51–103 頁

【第 12 章】

Holmes, G. P. et al (1988) Chronic Fatigue Syndrome: A Working Case Definition, *Ann Intern Med*, 108, pp.387–389.

Holmes, T. H. & Rahe, R. H. (1967) The Social Readjustment Rating Scale, *Journal of Psychosomatic Research*, 11(2), pp.213–218.

Lewin, K. (1935) *A Dynamic Theory of Personality: Selected Papers*, McGraw-Hill.（相良守次・小川隆訳〔1957〕『パーソナリティの力学説』岩波書店）

新井邦二郎（1997）「欲求不満行動」新井邦二郎編著『図でわかる発達心理学』福村出版

学校不適応対策調査研究協力者会議（1992）「登校拒否（不登校）問題について—児童生徒の『心の居場所』づくりを目指して」

奇恵英ら（2018）「居場所型フリースクールにおける学びとはどういうものか」『福岡女学院大学大学院臨床心理学専攻紀要』第 15 巻，36–42 頁

警察庁（2016）「平成 28 年中における少年の補導及び保護の概況」（https://www.npa.go.jp/safetylife/syonen/hodouhogo_gaikyou/H28.pdf）

小泉英二（1973）『登校拒否—その心理と治療』学事出版

厚生労働省（2017）「自殺総合対策大綱—誰も自殺に追い込まれることのない社会の実現を目指して（平成 29 年 7 月 25 日閣議決定）」

國分康孝（1980）『カウンセリングの理論』誠信書房

小林正幸（1999）「不適応」中島義明ら編『心理学辞典』有斐閣

斎藤富由起（2011）「誤解される学校のニーズと SC の役割」斎藤富由起編『児童期・思春期の SST—学校現場のコラボレーション』三恵社

斎藤富由起（2016）「非行」斎藤富由起・守谷賢二編著『教育相談の最前線―歴史・理論・実践』八千代出版

斎藤富由起・吉森丹衣子（2017）「日本におけるフリースクールの歴史と活動に関する質的研究」『千里金蘭大学紀要』第 14 巻，21-29 頁

嶋信宏（1992）「大学生におけるソーシャルサポートの日常生活ストレスに対する効果」『社会心理学研究』第 7 巻 1 号，45-53 頁

セリエ, H. 著，杉靖三郎ら訳（1988）『現代社会とストレス』法政大学出版局

東京都立中部総合精神保健福祉センター（2019）「自殺についての 5 つの誤解」（http://www.fukushihoken.metro.tokyo.jp/chusou/jouhou/jisatsu/5gokai.html）

傳田健三（2002）『子どものうつ病―見逃されてきた重大な疾患』金剛出版

中井久夫（2016）『いじめのある世界に生きる君たちへ』中央公論新社

永光信一郎（2018）「健やか親子 21（第 2 次）を推進するための思春期の母性保健の向上を目的とした効果的な保健指導のあり方についての調査研究（平成 28 年度　厚生労働省子ども・子育て支援推進調査研究）」

西日本新聞（2018）「中高生 3 割『死にたいと思ったことがある』　久留米大　2 万 2000 人に調査　思春期に減る家族の会話　戸惑う親たち」（https://www.nishinippon.co.jp/feature/life_topics/article/386273/）

根ヶ山光一（1999）「適応」中島義明ら編『心理学辞典』有斐閣

不登校新聞（2018）11 月 15 日号「不登校はなぜ増え続けているのか」

三池輝久ら（2009）『不登校外来―眠育から不登校病態を理解する』診断と治療社

宮台真司・藤井誠二（2001）『「脱社会化」と少年犯罪』創出版

森田洋司（2010）『いじめとは何か―教室の問題，社会の問題』中公新書

森田洋司・清永賢二（1994）『いじめ―教室の病い』金子書房

文部科学省（2009）「教師が知っておきたい　子どもの自殺予防」（http://www.mext.go.jp/component/b_menu/shingi/toushin/__icsFiles/afieldfile/2009/04/13/1259190_12.pdf）

文部科学省（2013）「いじめの防止等のための基本的な方針　平成 25 年 10 月 11 日文部大臣決定」（http://www.mext.go.jp/component/a_menu/education/detail/__icsFiles/afieldfile/2018/03/19/1304156_02_2_1.pdf）

文部科学省（2015）「平成 26 年度『児童生徒の問題行動等生徒指導上の諸問題に関する調査』における『いじめ』に関する調査結果について」（http://www.mext.go.jp/b_menu/houdou/27/10/__icsFiles/afieldfile/2015/11/06/1363297_01_1.pdf）

文部科学省（2017）「いじめ防止基本方針改定案」

文部科学省（2018）「平成 29 年度　児童生徒の問題行動・不登校等生徒指導上の諸課題に関する調査」

文部省（1991）「平成 3 年度　児童生徒の問題行動等生徒指導上の諸問題に関する調査」

文部省（1992）「登校拒否（不登校）問題について―児童生徒の『心の居場所』づくりを目指して（学校不適応対策調査研究協力者会議報告書）」文部省初等中等教育局

文部省（1999）「平成 11 年度　学校基本調査」

ラザルス, R. S.・フォルクマン, S. 著，本明寛ら訳（1991）『ストレスの心理学―認知的評価と対処の研究』実務教育出版

【コラム 12】

東京都教育委員会（2017）「早期発見 2―いじめを初期段階で『見える化』できる学校づく

り」(http://www.metro.tokyo.jp/tosei/hodohappyo/press/2017/02/09/documents/08_01_02.pdf)

【第13章】

Sawyer, R. K.（2005）*Social Emergence: Societies As Complex Systems*, Cambridge University Press.

安達知郎（2012）「学校における心理教育実践研究の現状と課題—心理学と教育実践の交流としての心理教育」『心理臨床学研究』第30巻2号，246-255頁

菅野純（1996）「臨床心理学の考え方」坂野雄二ら『臨床心理学』有斐閣

國分康孝（1981）『カウンセリング・マインド』誠信書房

斎藤富由起（2011）『児童期・思春期のSST—学校現場のコラボレーション』三恵社

斎藤富由起（2016）「コミュニティアプローチ—居場所と協働モデル」斎藤富由起・守谷賢二編著『教育相談の最前線—歴史・理論・実践』八千代出版

中央教育審議会（2015）「チームとしての学校の在り方と今後の改善方策について（答申）」(http://www.mext.go.jp/b_menu/shingi/chukyo/chukyo0/toushin/__icsFiles/afieldfile/2016/02/05/1365657_00.pdf)

平野直己（2003）「『スクラム型』のアプローチ」伊藤美奈子・平野直己編『学校臨床心理学・入門—スクールカウンセラーによる実践の知恵』有斐閣アルマ

文部科学省（2007）「中学校学習指導要領解説：特別活動編」

文部科学省（2010）「生徒指導提要」

吉永省三（2014）「いじめ問題の解決イメージと学校・地域社会のアプローチ」『子どもの権利研究』第25巻，98-102頁

【コラム14】

国連開発計画（2012）「UNDP Annual Report 2012」

電通ダイバーシティラボ（2015）「LGBT調査2015」

文部科学省（2015）「性同一性障害に係る児童生徒に関するきめ細やかな対応の実施等について（通知）」

索　引

執筆者一覧

斎藤富由起　　千里金蘭大学准教授
はじめに，第 2 章 5，第 5 章 4，第 6 章 1(1)(2)・2，第 7 章 2，第 8 章 5，第 9 章 2，第 10 章 1〜3，第 11 章 1，第 12 章 1〜3(2)4)，第 13 章，コラム 6・7・8・11・12

守谷　賢二　　淑徳大学准教授
第 1 章，第 3 章，第 5 章 1〜3，あとがき

松岡　陽子　　大阪国際大学准教授
第 2 章 1〜4，第 7 章 1

社浦　竜太　　常葉大学専任講師
第 4 章

吉田　梨乃　　東京学芸大学大学院
第 6 章 1(3)，第 8 章 1〜4，第 9 章 1，第 11 章 3，コラム 4

小野　　淳　　千里金蘭大学准教授
第 9 章 3，第 11 章 4，コラム 9・10

小川　修史　　兵庫教育大学大学院准教授
第 10 章 4

江南　健志　　仁愛大学准教授
第 11 章 2

吉森丹衣子　　淑徳大学助教
第 12 章 3(2)5)，コラム 13・14

飯島　博之　　医療法人育生会篠塚病院
コラム 1・2・5

木村　大望　　成城学園初等学校教諭
コラム 3

編著者紹介

斎藤　富由起（さいとう　ふゆき）

千里金蘭大学生活科学部児童教育学科准教授。
早稲田大学大学院人間科学研究科博士後期課程行動科学・臨床心理学領域修了。
博士（人間科学）。
臨床心理士ならびに公認心理師。
東京都スクールカウンセラー，
練馬区立総合教育センターソーシャルスキルトレーニング指導員を兼務。
著書に『教育相談の最前線—歴史・理論・実践』（八千代出版），
『公認心理師のための臨床心理学』（福村出版）など。

守谷　賢二（もりや　けんじ）

淑徳大学教育学部こども教育学科准教授。
文教大学大学院人間科学研究科臨床心理学専攻博士課程単位取得満期退学。
臨床心理士ならびに公認心理師。
東京都公立中学校スクールカウンセラー，
三芳町保健センターカウンセラーなどを兼務。
著書に『教育相談の最前線—歴史・理論・実践』（八千代出版），
『公認心理師のための臨床心理学』（福村出版）など。

教育心理学の最前線

2019 年 6 月 28 日　第 1 版 1 刷発行

編著者—斎藤富由起・守谷賢二
発行者—森口恵美子
印刷所—美研プリンティング（株）
製本所—（株）グリーン
発行所—八千代出版株式会社

〒101-0061　東京都千代田区神田三崎町 2-2-13

TEL　03-3262-0420
FAX　03-3237-0723
振替　00190-4-168060

＊定価はカバーに表示してあります。
＊落丁・乱丁本はお取替えいたします。